普通高等院校航空服务类专业重点教材

航空服务
沟通技巧与艺术

主　编◎安　萍

副主编◎杨志慧　郑菲菲　王爱娥

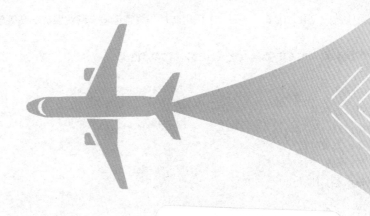

U0360544

清華大学出版社

北 京

内 容 简 介

本书共分为 4 个模块，首先介绍沟通的基础知识，然后分别从民航服务过程中经常出现的不同服务对象、不同服务处所以及民航服务过程中可能出现的突发情况等角度进行编写，针对上述情况提出民航服务过程中的服务要点及沟通艺术，并通过大量典型案例和拓展知识，开阔民航服务人员在民航服务过程中的沟通思路，帮助其掌握服务的要领及沟通的基本技能。

本书既可作为民航院校航空服务类专业课程的教学用书，也可作为航空公司培训员工的服务沟通艺术培训教材，还可作为有志于从事民航服务类职业人士求职面试的参考用书和在职人员的专业读物。

图书在版编目（CIP）数据

航空服务沟通技巧与艺术 / 安萍主编．—北京：清华大学出版社，2024.1（2025.1 重印）
普通高等院校航空服务类专业重点教材
ISBN 978-7-302-65112-3

Ⅰ．①航…　Ⅱ．①安…　Ⅲ．①民用航空—旅客运输—商业服务—高等学校—教材　Ⅳ．①F560.9

中国国家版本馆 CIP 数据核字（2023）第 235313 号

责任编辑：杜春杰
封面设计：刘　超
版式设计：文森时代
责任校对：马军令
责任印制：宋　林

出版发行：清华大学出版社
　　　　网　　址：https://www.tup.com.cn，https://www.wqxuetang.com
　　　　地　　址：北京清华大学学研大厦 A 座　　　　　邮　　编：100084
　　　　社 总 机：010-83470000　　　　　　　　　　邮　　购：010-62786544
　　　　投稿与读者服务：010-62776969，c-service@tup.tsinghua.edu.cn
　　　　质量反馈：010-62772015，zhiliang@tup.tsinghua.edu.cn
印 装 者：涿州市般润文化传播有限公司
经　　销：全国新华书店
开　　本：185mm×260mm　　　印　　张：14.25　　　字　　数：342 千字
版　　次：2024 年 1 月第 1 版　　　　　　　　　印　　次：2025 年 1 月第 3 次印刷
定　　价：59.80 元

产品编号：096001-01

普通高等院校航空服务类专业重点教材编委会

序　言

　　我国航空运输业高速持续发展，民航强国的战略意义不言而喻。特别是国产大飞机C919投入商业运营，必将推动我国民航业步入新的历史发展时期，也必将对高质量人才培养提出新的标准。现阶段，我国航空服务类专业发展呈现良好态势，专业开发水平得到迅猛提升，而人才培养过程不仅需要科学化、精细化的人才培养目标，更需要贯穿始终且不断创新的教育教学改革。教材作为人才培养的基础，不仅仅是体现教学内容和教学方法的知识载体，是开展教学活动不可缺少的基本工具，还是深化教育教学改革，全面推进素质教育，培养创新人才的重要保证。简言之，高质量的人才培养需要高水平的教材支撑，开发高质量的教材是新时代专业教育及人才培养之所需，是推动教育模式转变与创新的助力器，更是高等学校教师、行业人士，乃至出版社应有的责任担当。

　　优秀的教材至少需要具备传承、引领及可读性三个特征。传承就是把学科与专业建设中的优秀成果保留下来；引领就是密切结合专业的发展趋势，通过创新，对专业的发展具有导向作用；可读性就是教材易于学习，能更好地为教师服务、为学生服务、为教学服务。不可否认的是，教材往往滞后于专业与行业发展，因此，需要业界共同努力来改变这种状况，顺势而上，不断为教材增添新的内涵。为此，清华大学出版社经过精心准备，在充分调研、论证的基础上，力求打造出更具特色的航空服务类专业重点教材，发挥清华大学出版社在航空服务类专业教材建设方面的引领作用，为航空服务类专业建设与人才培养贡献力量。

　　为突出本系列教材的特色，我们着力于重点教材的深度开发，挖掘其潜力，在细节上做足功课，也在呈现形式上下足功夫，其开发思想体现在以下几方面：

　　第一，回归专业的本质属性。2018年教育部把本科层次的航空服务类专业规范为"航空服务艺术与管理"，学科归属为艺术类，但其内涵并非属于艺术。航空服务与管理是一种高端服务和管理，是一项系统的人与人接触的具有管理属性的技能型工作，在服务品质上有服务的艺术性体现，但不是表演性质的艺术。在之前的专业沿革中，表演艺术属性偏重，影响了人们对航空服务类专业的正确认知。为此，本次重点教材开发试图在此方面做努力。

　　第二，重视服务的自然属性。服务是社会文明程度的重要标志，特别是在满足人们对幸福生活追求的过程中，服务意识或行为发挥着不可替代的作用。培养航空服务人才，一方面是满足行业的需要，另一方面，航空服务人员作为具有青春活力的群体，既代表着个人形象，更代表着航空公司形象，在一定意义上、一定环境中还代表着国家形象，体现着整个社会的服务水平。因此，不能把航空服务类专业的人才培养狭义地理解为航空运输发展的要求，其实也是社会文明与进步不可缺少的要素。

第三，突出多学科交叉融合。航空服务艺术与管理专业属高等教育本科层次，隶属于新文科。结合新文科的发展需求，本专业更需要学科支撑，即多学科交叉融合促其发展，努力架构航空服务专业的学科体系，使服务技能建立在扎实的理论基础上，使所培养的人才更具职业发展潜质、更具开放性，不仅具有航空服务类专业技能的功底，更需要把技能掌握建立在更宽广的知识沃土上，知其然，更知其所以然。

第四，加强课程思政的植入。牢记"为党育人，为国育才"的初心使命，落实立德树人的根本任务，培养学生的爱国情怀与高尚人格，强化"民航人"品质的塑造，突出教材不但传授文化知识，更是塑造民族精神，增强文化自信的载体。

我们力求本次航空服务类专业重点教材的开发具备以下特色：

第一，充分体现专业属性，强化服务意识和国际化能力。实现本土人才国际化将极大地增强国际竞争力，航空服务人才国际化是一种过程。这种过程是各种文化交流碰撞的过程，是相互学习，相互渗透，互通有无。基于此，本系列教材注重思政育人，把思想政治教育贯穿在教材编写和人才培养的全过程。

第二，创新教材结构，打破传统教材壁垒。本系列教材均为新形态教材，根据教材内容，增加二维码（形式多样：文字、图片、录音、录像、自测客观题等）。

第三，重视学科交叉，突出学科归属与体现。尝试走出过度强调技能而忽视理论的倾向，使专业建设能更好地建立在学科发展的基础上。

第四，加强顶层系统定位，建立科学的课程门类。避免过度交叉与重叠，使教材简洁、清晰，既体现教材各自的功能，又体现教材之间的有机联系。

优秀教材的诞生需要编写团队千辛万苦的不懈努力和编辑人员一丝不苟的工作态度，我们相信，此次的付出定会开拓航空服务类专业教材的新局面。

普通高等院校航空服务类专业重点教材编委会

2023 年 6 月

前　言

改革开放以来，我国民航业的发展突飞猛进，作为国民经济的重要行业和社会发展过程中先进的交通运输方式，民航业伴随整个国民经济的发展而不断发展壮大。"十四五"期间，我国实现从"民航大国"向"民航强国"的转变，人民出行新需求要求全面优化提升民航服务能力和水平。优质高效的服务直接关系到民航企业的生存地位与发展前景，因此对从业人员的要求也越来越高。只有全面了解和掌握民航服务工作，才能成为一名合格的民航服务人员。

民航服务是一项与人打交道的工作，良好的沟通能力是民航服务人员的必备能力，也是需要好好研究和学习的一门艺术。目前，民航企业急需高素质的服务人员，针对这一社会需求，我们编写了这套具备前瞻性、科学性、实用性且思想性强的教材。本书具有如下4个特点。

1. 定位明确

本书旨在培养应用型民航服务人才，所以在内容上注重选取民航服务人员在服务对象、服务处所变化的过程中所要用到的理论知识和沟通技能。同时选取大量的典型案例以提高读者的学习兴趣，拓宽其沟通的思路，提高其操作能力。

2. 思政特色

全书包含4个模块共13个学习情境，每个模块和学习情境都明确了特定的思政学习目标，设计了思政拓展内容，将思政内容与专业知识深度融合，让读者在学习服务沟通艺术的同时，恪守职业道德，坚定职业理想，做一个具有"工匠精神"的民航人。

3. 内容充实

本书的4个模块包括沟通的基础知识、不同服务对象的服务沟通艺术、不同服务处所的沟通技巧、民航运输非正常情况下的服务沟通艺术，这些都是民航服务中基本的理论知识和重要的沟通技巧。

4. 体例新颖

本书在每个模块开篇率先提出了学习要点，紧接着安排了知识目标、素质目标以及能力目标。每个学习情境还设计了具体的学习目标，通过案例引出理论知识，每个模块结束后还设计了本章小结，便于读者对前文内容进行整体把握。每个学习情境后面又安排了思考与练习，间或穿插丰富的理论拓展、思政拓展、讨论拓展，信息量大，能力训练操作性强，避免了知识与能力的脱节。全书遵循由易到难、循序渐进和易教、易学、易练的原则结构成篇。

本书由沈阳师范大学安萍担任主编，负责全书的策划、统稿与修订，并编写了模块一等内容；南京旅游职业学院的郑菲菲和长沙航空职业技术学院的杨志慧分别编写了模块二、模块三的内容；长沙航空职业技术学院的王爱娥编写了模块四的内容。编者有着多年的教学经验，对企业的需求和专业的理解深刻而独到，但由于水平有限，书中难免存在疏漏和不尽如人意之处，恳请广大读者批评指正。

本书在编写过程中参考了大量的文献，在此向原作者致以诚挚的谢意！对于清华大学出版社的大力支持和帮助，也在此表示深深的感谢！

编　者

2023 年 11 月

目　　录

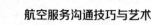

模块一　沟通的基础知识

【学习要点】

　　社会经济在不断进步与发展的过程中，也对各行各业的发展水平提出了更高的要求，要考虑到不同维度的影响因素，加强沟通与交流，这样才能够使整体的建设更加高效、科学与合理。民航服务工作也不例外，在对各项工作内容进行展现的过程中，面对的是客户、同事以及其他人员，所以做好沟通、加强沟通技巧的完善与展现是十分重要的。本章从沟通的基础知识出发，让读者认识沟通的本质和作用，了解如何有效沟通，从而为掌握后续的具体沟通艺术奠定基础。

【知识目标】

1. 了解沟通的特点、作用、结构和障碍。
2. 掌握民航服务沟通的作用、原则和障碍。

【素质目标】

1. 通过学习本章知识，了解民航服务人员应具备的业务素质。
2. 通过学习本章知识，树立职业理想，坚定职业信念，了解民航从业人员必备的职业道德。

【能力目标】

1. 掌握沟通的基本原理，克服沟通的障碍，做一个善于沟通的人。
2. 掌握有效沟通的技巧，熟练运用有效沟通的方法应对各种情境。
3. 掌握民航服务沟通艺术的基本策略，不断提升服务能力。

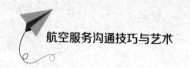
学习情境一　沟通概述

学习目标

1. 了解沟通的内涵，感受沟通在交往中的作用。
2. 了解沟通的基本知识，体会沟通的重要性。
3. 了解有效沟通的方法，避免沟通中容易出现的失误。
4. 掌握岗位沟通需要的基本能力，热爱本职工作。

导引案例

唯一的选择

某航班延误，乘务长在即将到达目的地之际，去向一位精英会员致歉，同时征求他的乘机感受和意见，这位旅客因航班延误，当天要处理的重要事情无奈被拖延了，所以比较生气地说了这么一句话："没办法啊，谁让这条航线只有你们公司在飞，你们是唯一的选择。"面对旅客的抱怨，乘务长却微笑说道："唯一在汉语里有'最好'的意思，所以您唯一的选择也是最好的选择啊，而且从您的选择中，我们看到了您做事的专注，这一点真值得我向您学习。在此，也请允许我代表公司感谢您始终如一的选择，并衷心希望在今后您将要出行的日子里，您都能一如既往地选择我们！"旅客听后不禁笑了……

资料来源：林师墨. 客舱安全与应急处置实证分析[J]. 智富时代，2018（6）：194.

服务提供者要使用礼貌用语、赞美用语，更要注意巧借词意，用移花接木的方式化解尴尬气氛。良好的服务沟通可以避免服务危机，刻板的服务会让自己处于难以应付的尴尬局面，因此民航服务沟通是一门艺术。

理论知识

众所周知，在信息化高速发展的通信时代，沟通是一件非常重要的事情。不论身在何处，面对什么样的人，良好的沟通都可以达到事半功倍的效果。相反，不良的沟通习惯不仅会伤害别人，更可能伤害自己。因此，要懂得运用恰当的沟通技巧来建立良好的人际关系。

一、沟通的内涵与作用

（一）沟通的内涵

沟通指的是两个或两个以上的人或者群体，通过一定的联系渠道，传递和交换各自的意见、观点、思想、情感及愿望，从而相互了解、相互认知的过程。

沟通主要是通过有声语言、表情、身体动作和书面介质等途径进行的，经过双方将自己的观点、意见、情感、态度及其他信息与对方交流，使双方相互了解，在相互了解的基础上，排除干扰，建立信任，增加相互合作的机会。由此可见，沟通包含以下三个含义。

（1）沟通是双方的行为，而且要有中介体。其中，"双方"既可以是"人"，也可以是"机"。本书主要阐述"人"与"人"的交流形式，并把重点放在民航服务人员与旅客的信息沟通上。这是民航服务工作的重要组成部分。

（2）沟通是一个过程。沟通过程指的是信息交流的全过程。人与人之间的沟通过程为：信息发出者把所要发送的信息按一定程序进行编码后，使信息沿一定通道传递，接收者收到信息后，首先进行译码处理，然后对信息进行解读，再将收到信息后的情况或反应发回信息发出者，即反馈。

（3）编码、译码和沟通渠道是有效沟通的关键环节。用语言、文字表达的信息，往往含有"字里行间"和"言外之意"的内容，甚至还会造成"说者无心，听者有意"的结果。而如果沟通渠道选择不当，往往会造成信息堵塞或信息失真现象，这些因素必须在沟通时加以注意。

（二）沟通的作用

沟通不仅是获知他人思想、感情、见解、价值观的一种途径，而且是一种重要的、有效的影响他人和改变他人的手段。在以人为本的企业文化中，沟通的地位越发重要，人们所做的每一件事都需要有信息沟通。

沟通的作用可以从信息、情绪表达、激励和控制四个方面去理解。

（1）收集信息能使决策更加合理和有效。沟通的过程实际上就是信息双向交流的过程，服务人员需根据信息做出判断，然后把信息转变为行动。准确可靠而迅速地收集、处理、传递和使用信息是决策的基础。

（2）改善人际关系。沟通是人际交往的重要组成部分，可以解除人们内心的紧张等不良情绪，使人感到愉悦。在相互沟通中，人们可以增进了解，改善关系，减少不必要的冲突。

（3）激励员工。沟通能使团队中的组织成员明确形势，告诉他们做什么，如何来做，没有达到标准时应该如何改进。在沟通的过程中，信息的接收者接收到信息并理解了发送者的意图之后，一般来讲会做出相应的反应，改变自身的行为。这时沟通的激励作用就体现出来了。

（4）沟通对组织成员的行为具有控制作用。组织的规则、章程、政策等是组织内每一个成员都必须遵守的，对成员的行为具有控制作用。而成员是通过不同形式的沟通来了解、领会这些规则、章程、政策的，因此沟通对组织成员的行为具有控制作用。

二、沟通的组成要素

整个沟通过程由五个要素组成，包括信息源、信息、通道、信息接收者、反馈。这五个要素之间的相互关系如图1-1所示。

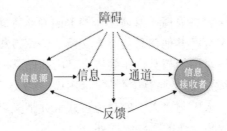

图 1-1　沟通五要素

（一）信息源

信息源是具有信息并试图进行沟通的人。他们发起沟通过程，决定以谁为沟通对象，并决定沟通的目的。沟通的目的可以是提供信息，也可以是影响别人，使别人改变态度，或者是与人建立某种联系或纯粹为了娱乐。作为信息源的沟通者，在实施沟通前，首先必须在自己丰富的记忆里选择出试图沟通的信息。然后，这些信息还必须转化为信息接收者可以接收的形式，如文字、语言或表情等。

（二）信息

从沟通意向的角度来说，信息是沟通者试图传达给别人的观念和情感。但个人的感受不能直接被信息接收者接收，因而它们必须转化为各种不同的可为别人所觉察的信号。在各种符号系统中，最为重要的是语词。语词可以是声音信号，也可以是形象（文字）符号，因而它们是可被觉察、可实现沟通的符号系统。更为重要的是，语词具有抽象指代功能，它们可以代表事物、人、观念和情感等自然存在的一切。因此，它们也为沟通在广度和深度上提供了最大的可能性。

语词沟通是以共同的语言经验为基础的。没有相应的语言经验，语词的声音符号就成了无意义的音节，形象符号也成了无意义的图画。如果对不懂中文的人讲汉语，那对方就不能从你的声音符号里面获得意义，沟通也就不能实现。另外，即使是使用同一种语言的人，对于同一个语词，不同的人在理解上也常常是有区别的。因为对于任何一个语词的意义，不同的人都有不同的经验背景。由于不同的人在词义理解上存在差异，实际上完全对应的沟通是很少的，更多的沟通都发生在大致对应的水平上。日常生活中人们时常出现误解，也往往是由于对同一个语词的理解不一致所引起的。

（三）通道

通道指的是沟通信息所传达的方式。我们的五种感觉器官都可以接收信息，但大量的信息是通过视听途径获得的。日常生活中所发生的沟通也主要是视听沟通。通常的沟通方式不仅有面对面的沟通，还有以不同媒体为中介的沟通。电视、广播、报纸、电话等都可被用作沟通的媒介。但是，心理学家研究发现，在各种方式的沟通中，影响力最大的仍是面对面的沟通方式。面对面沟通时除了语词本身的信息，还有沟通者整体心理状态的信息。这些信息使得沟通者与信息接收者可以发生情绪的相互感染。此外，在面对面沟通的过程中，沟通者还可以根据信息接收者的反馈及时调整自己的沟通过程，使其变得更适合于听众。由于面对面沟通能够更有效地对信息接收者产生影响，因此，即便是在通信技术高度发达的美国，总统大选时候选人也总是不辞劳苦地奔波各地去演讲。

（四）信息接收者

信息接收者是指接收来自信息源的信息的人。信息接收者在接收携带信息的各种特定音形符号之后，必须根据自己的已有经验，将其转译成信息源试图传达的知觉、观念或情感。这是一个复杂的过程，包括注意、知觉、转译和储存等一系列心理动作。由于信息源和信息接收者拥有两个不同但又具有相当共同经验的心理世界，因此信息接收者转译后的沟通内容与信息源原有内容之间的对应性是有限的。不过，这种有限的对应在更多的情况下足以使沟通的目的得以实现。

在面对面的沟通过程中，信息源与信息接收者的角色是不断转换的，前一个时期的信息接收者会成为下一个时期的信息源。在日常生活中，每一个人都必须很好地了解如何有效地理解别人和被别人理解，了解沟通过程中信息的转译和传递机制，只有这样，才能提高沟通的有效性和准确性。

（五）反馈

反馈的作用是使沟通成为一个交互过程。在沟通过程中，沟通的每一方都在不断地将信息回送至另一方，这种回返过程就称作反馈。反馈可以告诉信息发送者和信息接收者接收和理解每一信息的状态。如果反馈显示信息接收者接收并理解了信息，这种反馈为正反馈。如果反馈显示信息源的信息没有被接收和理解，则为负反馈。如果反馈显示信息接收者对于信息源的信息反应为不确定状态，则为模糊反馈。模糊反馈往往意味着来自信息源的信息尚不够充分。成功的沟通者对于反馈都十分敏感，并会根据反馈不断调整自己的信息。

反馈不一定来自对方，也可以从自己发送信息的过程或已发出的信息中获得反馈。当人们发现所说的话不够明确，或写出的句子难以理解时，自己就可以做出调整。对应于外来反馈，心理学家称这种反馈为自我反馈。

三、沟通的特点

沟通不同于机器间的信息传递，也不同于大众传播，有其自身独到的特点。

（一）过程性

通过对沟通要素的分析可以看到，沟通具有较强的过程性。如果人为阻断或有其他条件干扰过程的正常进行，沟通就无法实现。并且，沟通不仅要保持过程的完整性，还要注意过程各阶段的次序性。有时，仅仅打乱了次序就会歪曲信息的内容。接收了歪曲的信息，不仅达不到沟通的目的，甚至可能会起反作用。

（二）相制性

沟通的双方都是具有主观能动性的人，因而沟通的"受体"是具有"主观能动性"的"受体"。这就意味着不仅在沟通之前，人们要分析双方的动机、目的和心理定势等，为

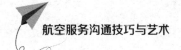

发出信息"定格"，而且在沟通过程中，双方也都企图通过符号系统的表达影响对方，期望引发相应的反应。因此，常见的现象是，双方都既是信息的发送者又是信息的接收者，从而使沟通过程具有明显的相互制约性，并且在沟通过程中，双方各自不同的经验背景等都可能介入，从而使这种制约作用进一步加强。

（三）情境性

沟通不是在"真空"中进行的，因而必然受到时间、地点和情境条件的制约。这里所说的情境主要包括时间、地点是否恰当，双方各自的心理状态如何，当时氛围如何，彼此是否尊重，物质环境如何等。这也体现了沟通的复杂性。

（四）后果性

在沟通过程中，信息一旦发出并被对方破译，就会引起对方的反应，即出现后果。虽然在发出不当信息之后可以努力去弥补，对前词加以解释或修正，但话一出口，覆水难收，想让对方没有印象是不可能的。有鉴于此，民航服务人员在跟旅客说话时一定要慎重，要对自己说出的话负责任，否则就会影响沟通。

（五）一致性

要实现沟通，必须借助双方共同掌握的同一编码、译码体系才能完成，即双方使用同一语言或双方相互了解的暗示符号。特别是在沟通过程中双方经常换位，更显示了这一点的重要性。

（六）无意识性

人们在沟通过程中常常会发生口误，或者下意识地做出某种动作，显现某种神情，这些都体现了沟通中的无意识性。这种无意识的流露在沟通中很重要，"说者无心，听者有意"，它常常是一个过程是否转向的关键，同时也为我们更准确地观察、了解对方的真实用意提供了可能和机会。例如，经过一段时间的研究发现，下意识地摸摸鼻子常体现尴尬，咬指甲显现出无聊，乱动腿反映出心绪不宁等。

四、沟通的类型

沟通的类型十分复杂，而且几乎每一种类型的沟通都与日常生活有着密切的联系。这里介绍几种人际沟通的主要类型。

（一）语词与非语词沟通

语词与非语词沟通常被译成语言与非语言或言语与非言语的沟通。语词沟通是指以语词符号实现的沟通。而借助于非语词符号，如姿势、动作、表情、接触及非语词的声音和空间距离等实现的沟通叫作非语词沟通。

语词沟通是沟通可能性最大的一种沟通。它使人的沟通过程可以超越时间和空间的限制。人不仅可以通过文字记载来研究古人的思想，也可以将当代人的成就留传给后代。借助于传播媒介，一个人的思想可以为很多人所分享。而所有这些，没有语词是无法实现的。

在人类的一切经验当中，共同性最大的就是语词。因此，语词沟通是最准确、最有效的沟通方式，也是运用最广泛的一种沟通方式。一个人如果缺乏语言能力，那么与人沟通的过程就变得十分困难，有些沟通则根本无法实现。

非语词沟通的实现有三种方式：第一种方式是通过动态无声性的目光、表情动作、手势语言和身体运动等实现沟通；第二种方式是通过静态无声性的身体姿势、空间距离及衣着打扮等实现沟通；第三种方式是通过非语词的声音，如重音、声调、哭、笑、停顿等实现沟通。

心理学家称非语词的声音信号为副语言（paralanguage）。有关的心理学研究成果揭示，副语言在沟通过程中起着十分重要的作用。一句话的含义常常不是决定于其字面的意义，而是决定于它的弦外之音。语言表达方式的变化，尤其是语调的变化，可以使字面相同的一句话具有完全不同的含义。例如，一句简单的口头语——"真棒"，当音调较低，语气肯定时，"真棒"表示由衷的赞赏；而当音调升高，语气抑扬时，"真棒"则完全变成了刻薄的讥讽和幸灾乐祸。

（二）口语沟通与书面沟通

口语沟通与书面沟通是语词沟通的基本方式。口语沟通是指借助于口头语言实现的沟通。通常提及口语沟通时，是指面对面的口语沟通。而通过广播、电视等实现的口语沟通称作大众沟通或大众传播。

口语沟通是日常生活中经常发生的沟通形式。交谈、讨论、开会、讲课等都属于口语沟通。口语沟通是保持整体信息交流的最好的沟通方式。在沟通过程中，除了语词，其他许多非语词性的表情、动作、姿势等都会对沟通的效果起积极的促进作用。并且，口语沟通时可以及时得到反馈并据此对沟通过程进行调节。在口语沟通中，沟通者之间相互作用充分，因而沟通的影响力也大。不过，与书面沟通相比，口语沟通中信息的保留全凭记忆，容易遗忘。同时，在沟通过程中，沟通者对说出的话没有反复斟酌的机会，因而容易失误。

书面沟通是指借助于书面文字材料实现的信息交流。通知、广告、文件、报纸、杂志等都属于书面沟通形式。书面沟通由于有机会修正内容和便于保留，因而沟通不易失误，准确性和持久性也较高。同时，由于阅读接收信息的速度远比听讲快，因而单位时间内的沟通效率也较高。但是，由于书面沟通缺乏信息提供者背景信息的支持，因而其信息对人的影响力较低。

（三）有意沟通与无意沟通

在大多数情况下，沟通都具有一定的目的，这种沟通是有意沟通。但是，有时我们事实上在与别人进行着信息交流，而我们并没有意识到沟通的发生，这种沟通是无意沟通。当然，沟通者有时为了某种特定的目的，也会故意使自己的有意沟通在信息接收者那里造成错觉，使他们看成无意沟通。便衣诱捕扒手时，常常故意把钱包放在容易被扒手觉察的口袋里，甚至使钱包从口袋中露出一截，就属于这种情况。

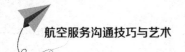

有意沟通很容易理解。每一个沟通者对自己沟通的目的都会有所意识，通常的谈话、打电话、讲课、写信、写文章，甚至闲聊，都是有意沟通。表面上，闲聊好像没有沟通目的，而实际上，闲聊本身就是沟通目的，沟通者可以通过闲聊消磨时光、排解孤独。

无意沟通不容易为人们所认识。事实上，出现在我们感觉范围内的任何一个人都会与我们存在某种信息交流。心理学家发现，如果你一个人在路上跑步或骑车，速度常常较慢；而如果有别人（不管你认识或不认识）与你一起跑步，或一起骑车，你的速度就会不自觉地加快。同样的过程也发生在别人身上。显然，你们彼此有了信息沟通，发生了相互影响。当你走在大街上时，无论来往行人的密度有多么大，你也很少与别人相撞。因为你与其他人在走路的过程中，随时都在调整彼此的位置，你在与许多人保持着信息交流。

（四）正式沟通与非正式沟通

正式沟通是指在正式社交情境中发生的沟通，而非正式沟通是指在非正式社交情境中发生的信息交流。每个人在日常生活中都离不开这两种沟通。在正式沟通过程中，如参加会议、情人初次会面、发表讲话等，人们对于语词性的、非语词性的信息都会高度注意，语言上用词会更准确，并会注意语法的规范化，对于衣着、姿势和目光接触等也会十分注意。人们希望通过这些表现来为自己塑造一个良好的形象，以便给别人留下良好的印象。在正式沟通过程中，往往存在典型的"面具"效应，即人们试图掩盖自己的不足，在行为举止上也会变得更符合社会期望。

在非正式沟通过程中，如小群体闲谈、夫妻居家生活等，人们会更加放松，行为举止也更接近其本来面目，沟通者对于语词和非语词信息的使用都比正式沟通随便。每个人都会有所体会，在自己家里或亲密好友家里同在上司家做客的感觉有着明显的区别，不仅心理紧张程度不同，整个沟通过程也具有不同的性质。

（五）个人内沟通与人际沟通

沟通不仅可以在个人与他人之间发生，也可以在个人自身内部发生。这种在个人自身内部发生的沟通过程就是个人内沟通或自我沟通。例如，人去抓握一个东西，全部过程都是由反复的内部沟通构成的：首先是眼睛看到东西，信息由传入神经传到大脑，然后由大脑根据肌体需要发出抓握指令，指令经传出神经到达肌肉，被肌肉接收并引起收缩。如果抓握动作第一次不够准确，还会发生一系列的信息反馈调节。

自言自语是最明显的自觉的个人内沟通过程。一个人在做事时常常对自己不断发出命令，自己又接受或拒绝命令。例如，小孩搭积木时，口中常念念有词："这一块应该放这儿。不对，应该放这儿。对，就是放这儿。"这是典型的自我沟通过程。

自我沟通过程是一切沟通的基础。事实上，人们在对别人说出一句话或做出一个举动前，就已经经历了复杂的自我沟通过程。不过，只有在必须对一句话进行反复斟酌，或对一个举动反复考虑时，才能清楚地意识到这种过程的存在。自我沟通过程是其他形式的人与人之间沟通成功的基础。精神分裂症患者由于自我沟通过程出现了混乱，因而也不能与别人有真正成功的沟通。

五、有效沟通

所谓有效沟通，是通过听、说、读、写等载体，通过演讲、会见、对话、讨论、信件等方式，将思维准确、恰当地表达出来，以促使对方接受。

达成有效沟通须具备两个必要条件：首先，信息发送者清晰地表达信息的内涵，以便信息接收者能确切理解；其次，信息发送者重视信息接收者的反应并根据其反应及时修正信息的传递，免除不必要的误解，两者缺一不可。

有效沟通能否成立关键在于信息的有效性，信息的有效程度决定了沟通的有效程度。信息的有效程度主要取决于以下两个方面。

（一）信息的透明程度

当一则信息作为公共信息时，就不应该出现信息的不对称性。信息必须是公开的，公开的信息并不意味着简单的信息传递，而要确保信息接收者能理解信息的内涵。如果以一种模棱两可的、含糊不清的文字语言传递一种不清晰的、难以使人理解的信息，对于信息接收者而言没有任何意义。另外，信息接收者也有权获得与自身利益相关的信息内涵，否则有可能导致信息接收者对信息发送者的行为动机产生怀疑。

（二）信息的反馈程度

有效沟通是一种动态的双向行为，而双向的沟通对信息发送者来说应得到充分的反馈。只有沟通的主、客体双方都充分表达了对某一问题的看法，才真正具备有效沟通的意义。

六、沟通中应避免的行为

在日常生活和工作中，人们需要与各种不同层次的人沟通，如果发现自己与人交流沟通不当，想一想是否因为自己没能重视沟通。有了良好的沟通，办起事来才能畅行无阻。沟通涉及获取信息或提供信息，在这种或那种之间，对他人施以影响以理解你的意图并愿意根据你的愿望行事。然而，许多问题都是由沟通不当或缺少沟通而引起的，结果会不可避免地导致误传或误解。

（一）指出对方的缺点或错误

人们往往认为指出一个人的缺点或错误会让对方不高兴，所以通常对此保持沉默。确实在很多情况下，我们无论在礼节上还是在顾及对方感受上，都不应直接指责别人的错误，因为这不仅会让谈话气氛尴尬，还会使对方产生敌对心理，但是这并不意味着要隐瞒他人的错误。当发现对方有错误时，应该利用合适的时机指出来，而不是对此无视与沉默。

沟通的目的是相互提升和维护人际关系的圆满。如果能够发现对方的错误，并且用委婉、适当的方法告诉他，一般情况下对方是会欣然接受的。因为实际上他可以因为接受指正而变得更好，他可能会感谢你，也可能更加佩服你，对双方关系来说都有加分。

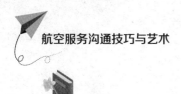

案例 1-1

不会沟通，同事成冤家

小贾是公司销售部的一名员工，为人比较随和，不喜争执，和同事的关系处得都比较好。但是，前一段时间，不知道为什么，同一部门的小李处处和他过不去，有时候还故意在别人面前指桑骂槐，对跟他合作的工作任务也都有意让小贾做得多，甚至还抢了小贾的好几个老客户。

起初，小贾觉得都是同事，没什么大不了的，忍一忍就算了。但是，看到小李如此嚣张，小贾一赌气，告到了经理那儿。经理把小李批评了一通，从此，小贾和小李成了绝对的冤家。

资料来源：沟通案例分析[EB/OL].（2011-11-24）[2023-04-23]. https://www.docin.com/p-293779145.html.

我们每一个人都应该学会主动地沟通、真诚地沟通、有策略地沟通，如此一来就可以化解很多工作与生活中完全可以避免的误会和矛盾。

（二）太快做出简单的评价

在遇到事情时，人们常会凭直觉或经验做出一个判断和评价。当对方叙述某件事情时，我们总是急于说出自己的意见，总喜欢给别人一个"好"或者"不好"的评语，就好像我们的意见是价值判断的原点一样。

或许我们内心会忍不住希望通过评论别人来满足自己的优越感和自尊心，因为当我们评论别人时，首先就自认为已经取得了评价别人的资格。然而，任何人都会对一个姿态高高在上的人感到反感。谈话的地位是平等的，对方可能只是想谈某个关于自己的问题，他告诉你，并不是因为他需要一个评价（他自己可能已经有了评价），或想知道如何解决问题，也可能他只是需要一个陈述发泄的渠道而已。

另外，当我们不得不发表自己的意见，对别人进行评价时，不应该隐瞒自己真正的想法。但如果只是"你是一个好人"或"你说得好"这类不痛不痒的评价，不仅不会使对方满意，也可能让对方变得不重视你的想法。因为这也表示你并不那么重视对方。因此，你必须针对需要具体评价的事，真正地"就事论事"，不敷衍，也不针对任何一个人。

在评价一件事情之前，不能带有任何成见，更重要的是，我们无法仅从一件事就能对某人进行简单的评价。

（三）对别人盲目说教

我们总喜欢告诉别人应该这么做，不应该那么做，这样做是明智的，那样做是错误的、愚蠢的。我们总是自认为知道的事情比对方多，看得比别人清楚，因此完全有资格去告诉别人应该怎么做。如此一来，常常让一般的谈话变成了课堂对话，双方的角色也变成了老师和学生。

有时候，我们并不了解对方做一件事情的原委和情况。当别人犯错时，我们总喜欢用过于简单的道理说明对方做得并不正确。对于很多人来说，指出别人的错误是一件"诱人"

的事，即使会牺牲谈话的和谐气氛也在所不惜。但其实你应该试着从别人的角度看问题，这样你也许就不会想说教，而更加倾向于使用理解、尊重和欣赏的方式和对方互动。因此，就算真的想要帮助别人，也尽量不要用说教的方式令人不快。

（四）自以为是的"心理学家"

在潜意识里，我们都希望成为一个心理学家。我们经常对别人说"你知道得不够"或者"你想得太多了"。即使我们并没有受过专门的心理训练，也觉得自己有一种天生的心理学家的本领，并且认为这样是正确的。

要知道，即使是心理学家也并不是仅仅从表面上的判断就能推测出每个人的心理状态，而是必须结合相当多的事实，才能谨慎得出结论。因此，不要在没有太多事实依据时无端地推测对方的心理，否则很可能因此让对方感到不悦。你能够看到的多是现象而已，只有透过这些现象，才有可能读懂一个人在想什么。

（五）有话就说的"直肠子"

我们经常说："我是个直肠子，说错话请大家别见怪。"好像以为说完这句话就能毫无顾忌地犯错一样。尽管对方可能会鼓励："有话就直说。"事实上，我们常因这样的说话方式和别人产生芥蒂，甚至发生激烈冲突。当谈话进行时，气氛看似融洽，但之后你可能很惊讶地从他人口中知道对方其实并不满意这次谈话。这说明了"直肠子"并不是真的对沟通有帮助，实际上甚至破坏了双方的关系，只是当时对方碍于情面没表现出来而已。

直接指出对方的错误会在不自觉间伤害对方。同时，也可能在不适当的场合说了不适当的话，而对别人造成伤害。因此，谈话中要尽可能委婉地表达想法。

（六）将意愿强加于人

命令就是当想要别人做某件事时，用非常肯定的语气告知对方，让人感到毫无商量的余地。另外，想要别人同意你的意见时，你可能会采取不容置疑的态度去取得他人同意。整个过程中，你看起来像在与对方商量，但对方并没有表达意见的机会。

这两种形式给人一种威慑的力量，使对方无法反对你的意见。前者，对方会做你交派的事，但不会全力以赴，并且只希望这件事情尽快结束。后者，对方其实没有机会提出不同意见，你们只是表面上达成了一致。要让人为你做事，需要赢得他们真正的同意，但只有他们能说服他们自己，你必须把你的愿望变成他们的愿望。

案例 1-2

小王的苦恼

小王刚刚从名校管理学硕士毕业，出任某大型企业的制造部门经理。小王一上任，就对制造部门进行改造。小王发现生产现场的数据很难及时反馈上来，于是决定从生产报表上开始改造。借鉴跨国公司的生产报表，小王设计了一份非常完美的生产报表，从报表中可以看出生产中的任何一个细节。

每天早上，所有的生产数据都会被及时地放在小王的桌子上，小王很高兴，认为他拿到了生产的第一手数据。但没过几天，出现了一次大的质量事故，而报表上根本没有反映出来，小王这才知道，报表的数据都是随意填写上去的。

为了这件事情，小王多次开会强调认真填写报表的重要性。但每次只在开始几天可以起到一定的效果，过不了几天又回到原来的状态。小王怎么也想不通。

资料来源：沟通案例分析[EB/OL].（2011-11-24）[2023-04-23]. https://www.docin.com/p-293779145.html.

在沟通中，不要简单地认为所有人都和自己的认识、看法、高度是一致的。对待不同的人，要采取不同的模式，要用听得懂的"语言"与别人沟通。

（七）唱"独角戏"或让别人唱

有些人喜欢将自己或对方当成一面墙壁，让谈话的一方长篇大论，而另一方保持沉默。在整场谈话中，沉默的一方不发表任何意见，但并不表示他们真的没有意见，而是当时的情况让他们只能沉默。这种情况并不可取。

所谓的沟通，已预设了一个前提，即谈话是双方的事。一场完美的谈话，必须双方积极参与，共同营造和谐的气氛。真正的谈话中，"独角戏"是唱不起来的。

（八）不注重细节

日常交谈中很容易不小心犯一些小错误。例如，穿着打扮其实很重要，却常不被重视。我们常认为才华、知识比较重要，而不是谈吐，即把一件事中属于"内容"部分的作用无限放大，而看轻了"技术"层面。殊不知，被看轻为细节的事物直接影响着谈吐。不注重细节的结果是，容易让人不喜欢与你交谈，甚至产生反感。

（九）没有搞懂就表达

如果无法准确地表达自己的想法，就会让对方感到疑惑，或者降低对方的专注力。因此，必须尽量明确、完整地表达自己的想法。表达的内容之所以含糊不清，很可能是因为你并没有真正弄懂、厘清自己的想法。想要表达得清楚而完整，一定要先弄清楚自己的想法，然后按一定的技巧顺序表达出来。

（十）转移话题

与他人交流时，难免会遇到较敏感或讨厌的话题，此时你可能会想换个话题。一般情况下，最好不要轻易转移话题，因为轻易转移话题除了会让谈话者感到错愕，也可能使气氛变得尴尬。与人谈话时，如果不是太无礼的问题，尽量不要转移话题。

思政拓展

东航客舱常态化思政课　把思想的力量传递给空乘队伍全员

民航空勤人员的思政建设因为行业特点和工作特殊性，经常要面对工作时间和地点分散在全国乃至全球各地且存在时差、难以集中统一安排学习的难题。为了解决这一难题、提升思政工作的有效性，东航客舱部当前正通过研发有针对性的思政课课件、"线上+线下"推开常态化思政课的形式，进一步创新发力。

东航客舱部于2021年9月选派精干人员组建了常态化思政课项目组，由东航客舱的劳模、党员干部等组成，将党史教育、团史教育与企业发展、蓝天岗位、时事热点互相融合，旨在打造让不同年龄段的乘务员都乐于关注、互动的思政课件。

项目组成员们各自牵头设立了子项目团队，围绕"四史"教育、形势教育、"四德"教育、职业精神教育四个板块，以团队合作方式每季度研发课件，上线亮相。由此，常态化思政课的课件开发本身也成为一次调动更大范围党员干部、业务骨干更深入开展学习、更好发挥带头作用的有力支点。"我发动我们乘务四部各党支部的党员干部和我一起围绕安全主题，共同研发了安全系列思政课，通过视频会议和三会一课开展学习和交流，深植安全理念。"

在项目组成员和子项目团队的努力下，2021年国庆来临之际的《共和国的旗》、着眼于中国民航英雄机组和萨利机长事迹的《敬畏生命》……这些以视频为主的思政课件纷纷推出，时间通常不超过10分钟，以便乘务员可以利用各种碎片时间，因地制宜开展学习。思政课项目组成员们还定期组织沟通会，共同研讨能吸引乘务员关注的当下热门：中国女足勇夺亚洲冠军的往返包机是由东航执飞的，项目组成员就把女足夺冠的过程、护航女足参赛和凯旋的服务保障作为切入口，将学习女足精神与立足客舱岗位建功相结合，打造热点课件；一次大雨天气，又逢远机位，带班客舱经理组织乘务员走出客舱，列队为旅客打伞，又给冒雨乘务员准备了暖身姜茶，消息传出，赢得了公众和同事们的一致点赞，"一座伞桥的故事"随后推出，用案例诠释东航客舱所鼓励的"积极温暖客舱人"的价值观；项目组成员、劳模刘仕英关注到电信诈骗成为年轻乘务员们可能会遭遇的安全风险，就利用自身掌握的专业法律知识编制了防电信诈骗课程，通过思政教育分享，给乘务员特别是年轻空乘送上关心。

在这些内容丰富、线上与线下学习均能支持的课件研发基础上，东航客舱部通过钉钉、微信公众号、航前准备会等线上与线下相结合的模式，让思政课在全国乃至全球各地航点都能随时随地地传递给空乘，在常态化的润物无声之中传递思想的力量。

目前，东航客舱部已经将思政课程进一步融入新进乘务员岗前培训、乘务员资质类培训等教育培养过程中，像业务课程一样，将思政课程也都嵌入其间，以更好地指引乘务员的成长。今后，东航客舱部还将在乘务员业务等级晋级中，探索实施党组织参与测评打分和审核把关的工作机制，推动实现乘务员政治素质、岗位职责与专业能力相统一。

资料来源：金杰妮. 东航客舱常态化思政课　把思想的力量传递给空乘队伍全员[EB/OL].（2022-08-08）[2023-01-23]. http://www.caacnews.com.cn/1/6/202208/t20220808_1350512.html.

思考与借鉴：

将民航安全、总体国家安全观教育融入"大思政"体系；立足于知识传授、能力培养、价值塑造有机统一的教育目标，让思政元素"溶盐于水"；通过思政课讲授、浸润，使其融入思想政治工作之中；从理论、情感、历史和现实多维度引领大学生爱党、爱国、爱人民。

思考与练习

一、填空题

1. 所谓_____，是通过听、说、读、写等载体，通过演讲、会见、对话、讨论、信件等方式将思维准确、恰当地表达出来，以促使对方接受。

2. 沟通不同于机器间的信息传递，也不同于大众传播，有其自身独到的特点，即_____、相制性、情境性、后果性、_____、无意识性。

3. 口语沟通是指借助于_____实现的沟通。通常提及口语沟通时，一般都是指面对面的口语沟通。而通过广播、电视等实现的口语沟通通常称作_____或_____。

二、判断题

1. 有效沟通能否成立关键在于信息的有效性。（　　）

2. 沟通只能在个人与他人之间发生，不可能在个人自身内部发生。（　　）

3. 口语沟通是保持整体信息交流的最好沟通方式。在沟通过程中，除了语词，其他许多非语词性的表情、动作、姿势等也会对沟通的效果起积极的促进作用。（　　）

三、思考题

1. 沟通的作用是什么？

2. 沟通的要素有哪些？

3. 何谓有效沟通？怎样实现有效沟通？

四、技能题

（一）典型案例1

沟通不当造成的航班延误

某航班，一个老年旅行团上了飞机。其中一位老人看到自己座位上方的行李架上放满了东西（机载应急设备），就将行李架上的防烟面罩连同套子取下，放在地板上，将自己的行李放在该应急设备的位置上。2号乘务员发现后，未调查设备移动的原因，就直接报告乘务长，且报告内容过于简单，造成乘务长判断失误，认为情况失控。乘务长未再次确认就报告机长，机长接到报告后，通知地面处理，最后该旅行团导游被带下飞机，造成航班延误52分钟。

思考：

针对这一事件，谈谈在沟通中存在哪些问题，如果是你，如何就此事进行沟通？

（二）典型案例2

遇到找碴儿的乘客怎么处理

飞机下降安全检查时，22排A/C座的两位旅客还在打扑克，乘务员上前提醒旅客飞机已经下降，请他们将小桌板收起。这时C座的旅客说："没有关系啦！"二人没有收桌板的意思。乘务员便跟旅客解释说："再过几分钟飞机就要着陆了，为了您的安全，还是先请您将小桌板收起来。飞机落地后会有惯性，小桌板正好对着胸腹部，万一发生紧急情况是十分危险的，而且堵住了 C 座旅客的通道。"A 座的旅客仍然不听劝告，乘务员见状，二话不说，伸手将扑克牌收好交给 A 座旅客，并扣上小桌板。C 座旅客马上嚷道："你们的服务实在太差了！一个航班就送一包小吃来打发我们。"乘务员向他解释因为这不是送餐航班，所以没提供餐食，旅客又嘟囔了几句，乘务员觉得他是在找碴儿，便不自觉地脱口而出："你说什么"，且说话语气生硬，表情也很差。C 座旅客更生气了，说要投诉，乘务员这时才向旅客道歉，事情最后平息下去，旅客没有投诉。

资料来源：李永，张澜. 民航服务心理学[M]. 北京：中国民航出版社，2006.

思考：

针对上述服务案例，谈谈服务沟通中有哪些需要注意的地方。

学习情境二　沟通的基本技能

学习目标

1. 学习倾听的基本知识，掌握沟通中的同理性倾听技巧。
2. 学习口语沟通的基本知识，了解民航服务人员服务中的口语沟通技巧。
3. 学习身体语言沟通的基本知识，了解民航服务人员在旅客服务中的身体语言沟通技巧。
4. 学习沟通的基本技能，提高航空服务人员的职业能力与素质，做爱岗敬业的民航人。

导引案例

巧用比较，借题发挥转移注意力

某旅客登机后，看了看飞机的座位、内饰……立刻大声说道："这飞机可真老啊！"没想到站在一旁的那位乘务员是这样回话的："先生，飞机是不会老的，只有乘务员才会老啊！"当时乘务长正好在清点人数，站在身后接口说道："乘务员也不会老，乘务长才会老。"旅客听后，再转头一看，立刻哈哈大笑起来，注意力也随之转移了。

飞机老旧是乘客比较担心的问题，面对这种情况，乘务员巧妙比较，化解乘客的焦虑和不满，语言轻松活泼。此种情况，需要乘务员具备高超的沟通技巧和应变能力，以此转移乘客的注意力。

理论知识

沟通在民航服务中占有重要地位，掌握沟通的技巧在服务过程中会事半功倍，我们可

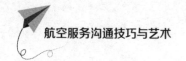

以从以下几方面来学习。

一、建立良好的信任关系

　　民航服务的目的是帮助旅客顺利出行并抵达目的地，服务人员与旅客建立良好关系是实现这一目的的重要基础。大多数情况下，旅客的不满其实是由有关服务人员处理事情的方法与旅客的消费权益相互抵触而引发的。旅客对航空公司的不信任大多数发生在航班延误的时候，航空公司不主动告知旅客有获得赔偿的权利，等到旅客抱怨、吵闹甚至和工作人员发生冲突后才给予赔偿，企图息事宁人，出现一种"大闹大赔，小闹小赔，不闹不赔"的怪象。航班延误，工作人员多不告知旅客，等到延误时间太长实在说不过去了，才通知旅客延误，但也不说原因；等到旅客不耐烦了，才告知延误原因，多以"天气原因、航空管制"等理由搪塞；等到旅客耐心殆尽时才说出实情。由于航空公司的遮掩，造成了旅客对其的信任危机，使旅客和航空公司之间的关系日趋紧张。

　　心理学研究表明，一个人的情绪反应和他对突发事件的理解与判断有关。旅客主要通过机场和航空公司发布的信息，理解和判断事件的"真实"情况以及个人的处境。如果工作人员发布的信息、表现的行为和周遭的氛围都是很正面且积极的，旅客就会信任航空公司和机场，比较愿意合作和接受有关服务安排。因此，航空公司和机场如何在第一时间取得旅客的信任，就显得尤为重要。

思政拓展

诚信者，天下之结也

　　"诚信者，天下之结也"出自《管子·枢言》，结即关键，这句话的意思是恪守诚信是天下行为准则的关键。

　　管子非常重视诚信，在《管子》一书中有大量篇幅从不同角度论述了诚信。《管子·乘马》中有："非诚贾不得食于贾，非诚工不得食于工，非诚农不得食于农，非信士不得立于朝。"他强调士农工商都要讲诚信，否则就无法立足于本行业。

　　春秋末期，老子首倡"信德"，孔子主张"民无信不立""人而无信，不知其可也"，墨子认为"言不信者，行不果"。孟子进而提出"诚者，天之道也；思诚者，人之道也"。《左传》则指出"信，国之宝也，民之所庇也"，把诚信作为治理国家、维系民心的根本保证。

　　思考与借鉴：

　　"诚信"既是一种世界观，又是一种社会价值观和道德观，无论对于社会还是个人，都具有重要的意义。随着我国经济高速发展进程的推进，社会及用人单位对人才的职业品质要求也越来越高。职业诚信就是坚守职业道德的品质，反映了一个人在从事某种职业时的工作水平和对工作、客户等的认真负责态度。诚信是个人必须具备的道德素质和品格。一个人如果没有诚信的品德和素质，不仅难以形成内在统一的完备的自我，而且很难发挥自己的潜能和取得成功。

讨论拓展

讨论题目——"随心飞"变成"闹心飞"，航空公司的契约精神去哪儿了

自 2020 年 6 月起，东航、国航、南航、海航等多家航空公司先后推出不限次数的"飞行套餐"。产品一经推出，销售异常火爆。

然而，与此同时，对于包括"周末随心飞"在内的多款产品的投诉也逐渐增多。近日，有媒体调查发现，兑换机票数量不透明的情况在多家航空公司普遍存在。消费者买的时候以为能"随心飞"，换票的时候却发现都没票。在使用过程中，个别消费者还发现，一旦自己预订的航班取消或者延误，即使完全不是自己的责任，也要算作消费者违约，甚至被直接取消"随心飞"资格。

提示要点：

1. 针对航空公司的做法，谈谈你的感受或体会。

2. 面对此种情况，如果你是航空公司的管理者，你会如何处理与消费者的纠纷，怎样进行沟通？

二、倾听

（一）倾听的含义

倾听属于有效沟通的必要部分，以求思想达成一致和感情的通畅。狭义的倾听是指凭借听觉器官接收言语信息，进而通过思维活动达到认知、理解的全过程；广义的倾听包括文字交流等方式。倾听的主体者是听者，而倾诉的主体者是诉说者。

倾听不是简单地用耳朵来听，它是一门艺术，也是一种技巧。倾听不仅仅是要用耳朵来听说话者的言辞，还需要全身心地去感受对方在谈话过程中表达的言语信息和非言语信息。倾听是高效沟通的关键，而又恰恰是一般人最容易忽略的一项美德。倾听是一种修养，更是一门学问。用心倾听他人的声音，就是对对方最好的关怀和体贴。

倾听可以分为五个层次。一个人从层次一的倾听者成为层次五的倾听者的过程，就是其沟通能力、交流效率不断提高的过程。

1. 倾听的五个层次

（1）完全没有听——对方讲的话一点都听不进去，听者也完全没有注意说话人所说的话。

（2）假装听——人在心不在，听者其实在考虑其他毫无关联的事，或内心想辩驳，他们的兴趣点并不是听，这样容易导致关系破裂、出现冲突和制定拙劣的决策。

（3）选择地听——他们只选爱听的、中意的、有利的、无害的听，其余都当作耳边风，听而不讲。

（4）专心地听——听者主要倾听所有的字词和内容，但很多时候还是错过了讲话者通过语调、身体姿势、手势、脸部表情等所要表达的意思，一般听者是通过点头同意表示正在倾听，而不用询问澄清问题，所以讲话者很容易误解为对方已完全听懂并理解。

（5）同理倾听——以"同理心"的细密感受去体会对方的需求，听者容易在说话者的信息中寻找感兴趣的部分，获取新的和有用的信息。

2．同理倾听的障碍

（1）高估说话的能力：有效的沟通不是说服，而是先倾听，倾听应该是说的两倍。

（2）没有重点：如果想要成为成功的倾听者，你需要专注在讲话者身上。

（3）精神疲惫：当你持续一段时间听人说话时，你可能会觉得自己精疲力竭，而且任何一种精疲力竭都会抵消你的倾听能力。

（4）先入为主的看法：先入为主是倾听的最大障碍，只听到自己期待的话，而不是对方真正想表达主题的话。

（5）背负几个人的包袱：如果你常专注于某些事情，或者某个话题特别让你防卫自己，或者你经常把自己的意见强加在其他人身上，你可能需要先改正或调整自己，才能成为卓越的倾听者。

（6）沉浸于自我中：不倾听所带来的对自己的伤害比对他人的伤害还要多得多。

（二）民航服务中的倾听

1．同理倾听

在民航服务中，服务人员与旅客建立良好关系的重要元素就是倾听和同理心。在服务过程中，服务人员要学会同理倾听，才能实现优质服务。

同理心又叫作换位思考、神入、共情。同理心来源于希腊词汇，它的意思是"情绪进入"，表示一种理解能力——觉察他人的个人经验的能力。通俗地说，同理心就是要学会换位思考，能够体会他人的情绪和想法、理解他人的立场和感受，并站在他人的角度去思考和处理问题。所谓同理倾听，就是情绪上与理智上全然投入，不是单纯、单一地听，它涵盖的范围较广，是用耳朵、眼睛和心来倾听；是情感与旅客同步，对旅客做出适当积极的回应，充分理解旅客的意图与思想，通过倾听与旅客建立和谐的服务关系。

2．同理倾听的技巧

（1）全神贯注，心无旁骛。旅客在说话时要全神贯注地听，即使这个问题可能已经被许多旅客问过上百次。同时身体前倾并直视对方，注意力要集中在脸、嘴和眼睛上，不要做其他事。在听的过程中不要插嘴，打断他人说话是对他人的不尊重。要表现出对旅客的看法非常重视，使对方产生依赖和好感，使讲话形成愉悦、宽容的心理。

（2）适当地反馈。一个优秀的服务人员总是能有效地讲述并发问，赞同和附和旅客讲话的内容时，要恰当地轻声说"是""嗯"，或点头表示同意。在开口之前先停顿一下，可以鼓励旅客继续说下去，也让自己拥有更多的倾听机会，更容易明白旅客话中的含义，还能让自己在对方眼里变成一个更体贴的人，获得对方的信任。

（3）重复对方的话。服务人员用自己的话重新叙述旅客刚说的话，可以让旅客感受到你非常重视他，比如说："我重复一遍，看看这是您的意思吗？"这种方法可以让服务人员主导倾听部分，旅客主导谈话部分，据此来判断旅客的需要，提供富有针对性的服务。

（4）控制情绪。耐心倾听旅客叙说事情，然后迅速分析出事情的前因后果，有针对性地提出好的建议和解决方法。在工作中，由于航班延误等情形的发生，使得有些旅客情绪很难控制，而将怨气发泄到服务人员身上，这时候服务人员一定要冷静，切忌冲动。另外，服务工作单调，容易产生厌烦情绪，所以服务人员在服务过程中要注意不要把不良情绪发泄在旅客身上，要让对方说话，等对方发表完观点、看法，自己再发言。

（5）忘掉自我。在沟通过程中要多倾听旅客意见，站在旅客角度思考问题。不要有旅客的需求"与我无关"的想法，不能追求与旅客的"平等"，更不能以我的心情、我的利益作为处理问题的出发点，按照"我"的标准去倾听和反馈。

 案例 1-3

客舱服务技巧之心契合

执行日本大阪至我国无锡航线的头等舱乘务员在登机前准备迎宾饮料时，日本地服送来头等舱旅客的信息，他看到一位不止一次遇见的日本籍旅客 MR YANASE，从未想过今天的这次服务能让 MR YANASE 敞开心扉，讲述其一段埋藏在心底的故事。

日本航线的旅客非常有礼貌、有素养，这也让我对于自身的服务细节要求更为苛刻。MR YANASE 的座位是 1F，引导其入座后，我立刻送上热腾腾的乌龙茶和热毛巾，MR YANASE 喜欢中国的茶，所以不必多问便知道其喜好。他向我点头示意表示感谢的时候，并不像之前几次搭机时会跟我讲"thanks"，今天只是一个点头，这让我感受到了几许不安。

为 MR YANASE 挂好羽绒服及西装，送上毛毯，将他的皮鞋亲自放进鞋套，整理好他身边的一切。飞机正点起飞，从门帘的侧边，我看到他一直凝望窗外，平时他上飞机后基本都是睡觉，而今天却表情沉重。我不知道他发生了什么事情，但是我想去关心他，却又找不到一个契合点。

日本旅客不同于国内旅客，日本旅客懂得用各种途径让自己成为公司的高端客户，如累积各种积分以便达到尊贵客户的身份，而国内旅客成为会员身份后经常忘记累积或查询自己的积分，这点和日本旅客重视个人权益的特色截然不同。在日本航线上不需要积极推销会员卡便会有旅客主动询问办理会员卡，以便累积里程。MR YANASE 也是一样，长年奋斗在大阪—无锡航线上，成为白金卡客户。这也让我对服务质量及其体验服务后的心理感受更为重视。毕竟他们常年感受各国航空公司的服务，深航的服务硬件虽无法与国际一流航空公司媲美，但我不服输的性格依然期望能够用最佳的状态让其感受到中国航空公司的机上软件服务，不算一流至少也要得到认可。这是我对自己的要求。

2 小时 30 分的航程，当我们的飞机飞抵上海上空时，我为其送上热毛巾，告知其落地时间及当地的温度。当然我很庆幸，MR YANASE 的英语水平到了一个能够让我接受的程度，很多日本旅客的英文让我很难去进行联想与辨认，而我又不会日语。对于高端客户的服务，这是一个弊端，但我极力想改变因为语言沟通不畅的原因而导致的日籍旅客不想过多与中国籍乘务员沟通的这样一个事实。是的，我一直在找契合点。

很庆幸，我们的飞机正在飞越上海的黄浦江，我便蹲下来告诉 MR YANASE，我们现在正在飞越上海，舷窗下方便是黄浦江，黄浦江两岸一边是浦东，一边是浦西。当然我们全用英文沟通，我尽量让自己的英文变得简单，语速变得缓慢，以让其能够听懂。此刻，MR YANASE 说："你是我见过的最不一样的空中乘务员，我能感受到你的用心，从你帮

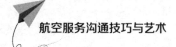

我将鞋子放进鞋套的那一刻，我就发现你与其他乘务员不一样。谢谢你，让我从空中看到黄浦江！"此刻，MR YANASE 一直在凝望窗外，通过他脸上的表情，我能用心读懂一点其中的变化。

MR YANASE 告诉我，他儿时第一次来中国，是跟随其父亲坐轮船到上海，也是在黄浦江，那里有他儿时的记忆。父亲因为在上海及江南一带经商失败客死异乡，是母亲带着他们兄妹 5 人艰苦生活，他永远无法忘记儿时有父亲陪伴的岁月，而今他已年近 70 高龄，他说不知道自己能够活多久，但是，他就想多去父亲曾经去过的地方，寻找曾经的记忆。

听到这里，心情凝重的我看见他在整个航程中第一次露出了笑容。他在责问自己，为什么跟我讲这些，他不知为何会跟我滔滔不绝。他让我拿来纸笔，让我教他写一句中文，还看了一下我的工牌，让我拿着工牌，好对照着写出我的姓氏。那一刻，我真的被感动了，就是一个平凡的航班，一次平凡的服务，触动的却是自己的心灵，我能感受到"人到黄昏后"的那种孤寂与对于曾经的期望，我想给他一个热情的拥抱，我想告诉他，这个世界很美好。

落地后，我拿到他送来的一张留言卡，上面写着"好的服务，我很满意"，其实是他让我教他写的中文字，但是后面的日文我看不懂，问了会日语的同事才知道意思是：我对他的服务很满意，经常乘坐深圳航班往返于无锡与大阪之间，这样的服务是第一次，从未享受过如此专业的服务。

我想，完美的服务不在于硬件设施的完善程度，而在于是否能够与旅客真心交流，哪怕语言不通，也能让心与心相连，让旅客深刻地感受到我的用心服务。

找准契合点，跟旅客来一次心与心的交流，我相信，感动只属于你。

资料来源：周华. 客舱服务技巧之心契合[EB/OL].（2017-02-09）[2023-02-09]. http://news.cnair.com/c/201702/76445.html.

三、口语沟通技能

（一）口语沟通的含义

口语沟通是指借助于口头语言实现的沟通。通常提及口语沟通时，是指面对面的沟通，而通过广播、电视等实现的口语沟通通常称作大众沟通或大众传播。

口语沟通是日常生活中最常见的沟通方式。交谈、讨论、开会、讲课等都属于口语沟通。口语沟通是保持整体信息交流的最好的沟通方式。在沟通过程中，除了语词，其他许多非语词性的表情、动作、姿势等都会对沟通的效果起积极的促进作用。并且，口语沟通可以及时得到反馈并据此对沟通过程进行调节。在口语沟通中，沟通者之间相互作用，因而沟通的影响力也大。不过，与书面沟通相比，口语沟通中信息的保留全凭记忆，容易忘记。

（二）口语沟通的基本要求

1. 说对方想听的

首先弄清楚对方想听什么，积极探询说者想说什么。其次以对方感兴趣的方式表达，用对方乐于接受的方式去倾听，然后控制情绪，积极、适时回应与反馈，确认理解，听完复述或澄清。

案例1-4

机上服务的语言技巧

在供餐期间，由于飞机上只有两种热食可供旅客选择，当供应到某位旅客时，他所要的餐食品种刚好没有了，这时乘务员去找了一份头等舱的餐食拿给乘客，说："刚好头等舱多了一份餐，我就给您送来了。"旅客一听很不高兴，说："什么意思，头等舱吃不了的给我吃？我也不吃。"乘务员的好心得到的反而是乘客的不理解，可究其原因，还是我们没有掌握说话的技巧，即使是要对方接受，也要让对方高兴地接受。如果换个方式说："真对不起，您要的餐刚好没有了，您看我将头等舱的餐食提供给您，希望您能喜欢，在下一段航程的时候，我会首先请您选择我们的餐食品种，我将非常愿意为您服务。"效果就不一样了。如何才能让对方乐于接受，让对方理解你的拒绝，这就体现在说话的艺术上。

资料来源：黄晶晶．乘务长浅谈机上服务的语言技巧[EB/OL]．（2015-06-23）[2023-01-23]．http://news.carnoc.com/list/316/316946.html.

2．懂得理解和尊重对方

理解是交际的基础，只有在相互间充分理解的基础上，彼此才能够心心相印，情投意合。尊重对方就要尊重对方的意见，在和对方沟通的过程中要善于听取对方的意见。理解和尊重对方，就要站在对方的角度和立场看问题或体会对方的感受和对方的想法。

3．避开涉及个人隐私的话题

每个人都有隐私，都有自己不愿公开的秘密。如果在公众场合谈论他人的隐私，不但会让人失去面子，还会阻碍彼此交际活动的进行。

4．找到与对方的"共鸣"

每个人的性情和志趣都存在着很大的不同，但也有共同之处。共同的兴趣和爱好、共同的目标和志向都能够使人走到一起。能否跟对方很好地沟通，在很大程度上取决于能否找到与对方的共鸣点。

5．避免争论和批评对方

很多人喜欢争论，因为一个问题或观点争得面红耳赤，大有"针尖对麦芒"之势。在跟对方沟通时，此举最不宜出现，否则可能会直接导致沟通的失败。善意的批评，一般人都能够接受，但绝大多数人还是比较喜欢听好听的话。因此，在没有完全了解对方的性格特点之前，最好不要对对方进行批评，以免不欢而散。

6．尽量把说话的权利让给对方

俗话说："沉默是金。"一个人的言语实际上就是他行为的影子，我们常因言多而伤人，"恶语伤人恨不消"。做一个冷静的倾听者处处受人欢迎，且会不断了解许多事情；喋喋不休者，则言多必失。在社会交际中，不说话也不行，但需说自己有把握的话，说温暖的话，说衷心的话，说能替人排忧解难的话，总之，一定要说恰当的话。

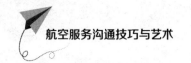

（三）民航服务中的口语沟通技能

不同的职业都有适用于该职业的沟通要求，民航服务中的口语沟通要求主要指在服务过程中，语言要适当、得体，让旅客有愉快、舒适之感，对服务工作产生良好的反应。

1. 民航服务中的口语沟通要求

（1）谈吐文雅，语调亲切。民航服务人员的沟通对象主要是旅客，在沟通的过程中要彬彬有礼、温文尔雅、不粗俗。说话时语调平和、声音甜美、音量适中、语速不急不缓，在平稳中使人感受到热情。

（2）用词简练，清楚明确。在沟通的过程中不啰唆，简单明了，能用一句话说清楚就不用两句话。同时不能因为简单明了就让人捉摸不透、模棱两可，要使人一听就懂。

（3）说话委婉、热情，要用尊称。在服务中说话不要太直接，表情不要呆板、生硬。回答旅客问题要热情，用良好的说话方式赢得旅客的理解和赞同。对旅客说话时都应该采用尊称，言辞中要加"请""您"等字，如"您请坐""请您稍等一下""您还需要点什么"等。

（4）善用亲和力。服务人员与旅客讲话时，一定要以相应的举止和表情与之配合。仅仅依靠语言是无法充分展现服务人员的修养的，也难以达到优质服务的要求。最好的表情就是微笑，微笑是具有多重意义的语言，是最好的名片。微笑是人人皆会流露的礼貌表情，是人们亲切友好、最具美感的表情。优质服务不仅蕴含在语言中，也寓于说话的举止和神态中。

2. 民航服务中的口语沟通技巧

民航服务人员每天都在与成千上万、形形色色的乘客交流、沟通，一句温暖的话可能会给航空公司带来很多回头客，但也可能由于一句不得体的话让公司失去很多忠实的客户，所以沟通就显得格外重要。民航服务人员必须多学习口语沟通技巧，提高语言沟通能力。

（1）声音要清晰、柔和。在对旅客服务满意度的调查中显示，服务语言是旅客对服务质量评价的重要标志之一。在服务过程中，语言适当得体、清晰、悦耳，就会使旅客有柔和、愉快、亲切之感，对服务工作产生良好的印象；反之，服务语言不中听、生硬、唐突、刺耳，会让旅客难以接受，有可能引起旅客的不满与投诉，给航空公司的信誉带来严重的影响。

（2）态度要真诚。与旅客沟通，贵在真诚。口语沟通中，真诚的语言不论对说者还是对听者来说都至关重要。因为每个人都有基本的分辨能力，虚假的语言只会让人觉得不舒服，甚至会在谎言被揭穿时引起不必要的争吵或投诉。只有认真诚恳，才能使人信赖，只有使人信赖，才能达到使旅客满意的效果。服务沟通中，语言的真诚就是要有真实的情感和诚恳的态度，当然，这种真诚并不是一点技巧也不讲，一五一十地告诉旅客，而是以真诚为基础，掌握一点语言技巧，再加上恰到好处的表达方式。

（3）不要把自己的想法强加于人。工作中，民航服务人员总是想尽办法要把某个问题向旅客解释清楚，希望旅客能充分理解自己的好意，但结果往往是并不被旅客接受，还经常因为自己说话时用词不当而得罪了旅客。因此，在与旅客沟通的过程中，应充分尊重旅客的想法，不能单方面地将自己的意见强加给旅客。服务人员必须注意采用易于让旅客接受的说话方式，让其心情愉悦。

案例 1-5

巧转主体，换位思考赢赞誉

有一位乘务员在客舱巡视时，观察到一排座位坐着一家三口，那个婴儿已经熟睡在母亲怀里，旁边还有一位旅客。乘务员想如果把坐在旁边的那个旅客调开，孩子就可以平躺下来，这样不仅孩子能休息得更好，母亲也不用那么劳累。于是乘务员走上前跟旁边的那位旅客客气地商量："先生，您看，这位母亲抱着孩子太辛苦了，今天航班中还有空座位，我帮您调换一下，可以吗？"没想到这个建议竟然被旅客断然拒绝："我只喜欢坐自己的座位。"乘务员愕然，心想怎么遇到这样不知道体谅别人的旅客，却没有想到问题是出现在自己的沟通语言技巧上。同样的场景，另一个乘务员却是这样说的："先生，您旁边的这位母亲抱着孩子，你们坐得都比较挤，今天航班中还有空座位，我帮您调换一下，您可能会更舒服些，您愿意吗？"这位旅客不仅欣然同意，还称赞该乘务员想得周到，那位母亲也很感激并向乘务员致谢。两个乘务员面对的是一样的问题，但仅仅因为其中一个乘务员在问题的处理上多了一些换位思考，将沟通的需要主体和立场由母亲换成了旁边的这位旅客，结果就完全不一样了。

资料来源：张方芳. 乘务巧妙应用沟通应变术　构建和谐客舱氛围[EB/OL]. （2011-03-30）[2023-01-30]. http://news.carnoc.com/list/187/187249.html.

（4）不要轻易允诺旅客。在与旅客交流的过程中，谈天说地都可以轻松愉快，但是在给旅客服务的过程中，或者是交流到有关航空公司的内容时，就要慎之又慎。说话之前要三思，有些话一旦说出口，旅客就会认为你说的事情一定能办到，如果你做不到，那么就是不守信用，很有可能会引起投诉，并会给航空公司带来不好的影响。

（5）不要轻易拒绝旅客。服务人员在为旅客服务的过程中，经常会遇到有些旅客提出这样或那样的要求或条件，有些是服务人员能做到的，但有些就会超出服务人员的能力范围。为了给旅客留有余地，也为了给自己留下一个考虑的空间，一般不要一口回绝，这样既能够显示对旅客的重视，也能利用时间争取主动。我们可以想办法尽量满足旅客的要求，或者用婉转的语言告诉旅客，我们虽然不能满足他的要求，但可以用其他方式代替，然后征询旅客的意见，看这样的解决方式是否能被接受。即使不能为旅客解决问题，他也会因为你的真诚，因为你以旅客为出发点的态度，而对你的服务给予充分的肯定，从而会留下较好的印象。

（6）不要把话说绝。与乘客沟通时，话不能说得过于绝对，这是服务用语的基本要点，目的是要给自己留下回旋的余地。如果当场表态：这个绝对不行，那个绝对不可，这样再想回旋已经没有余地了，也会使自己陷入被动的局面，所以不要轻易判断孰是孰非，避免用"绝对""一定"等词语。

讨论拓展

讨论题目——小语言大感受：乘务员客舱口语沟通技巧

在客舱里和旅客沟通时，乘务员的语言技巧是关键。在实际工作中，辛勤的乘务员有

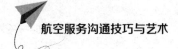
可能因一句无心之语令客人勃然大怒，也有可能因为一句话化干戈为玉帛。下面和乘务员一起分享一些客舱的小语言。

1. 欢迎登机 VS 欢迎乘机

这里只有一个字的区别，改变源于一次航班延误。我搭乘同事执行的航班，在登机过程中，同事在登机门欢迎客人："您好，欢迎登机！"已经饱受等待煎熬的客人没好气地回了一句："登机，登基，做皇帝呀！延误这么久！"虽说这句话很逗笑，但也觉得难受。后又一次搭乘其他公司的航班，乘务长说："您好，欢迎乘机！"一个字的改变，顿感新鲜。登机只是一瞬间的过程，乘机却是在航班中的全过程。

2. 您想要什么 VS 您喜欢什么

在航班中的餐饮服务中，乘务员会向客人介绍："我们有红烧牛肉饭、宫保鸡丁饭……您要点什么？""我要××饭。"这是一次程序化的服务。在客舱里乘务员问外国友人时，我们的用语是"Would you like…"。"like"是喜欢的意思，把想要点什么变成喜欢什么，试一下，客人的感受就会不一样。

3. 请等一下 VS 好的，马上来

餐饮服务后，用餐快的客人希望乘务员马上清理餐桌。可惜乘务员没有三头六臂，在忙碌的同时基本会对客人说"请等一下"。听到这句话的客人会有些失落，等一下，等多久？换一种回答说"好的，马上来"，客人会觉得很好，心想："她马上就会来，很快就可以解决我的餐桌问题了！"

4. 您有事吗 VS 我可以帮您做什么

有一次，航班客舱里的呼唤铃响起时，乘务员对客人说："您有事吗？""没事，好玩的！"双方都不高兴……从服务者的角度，变换一下："我可以帮您做什么？"如果您是客人，会觉得哪种问法好呢？

5. 请您小心 VS 请注意安全

同样是提醒客人注意安全的话，文化背景不同的客人听起来就会有差异。曾有航班中的港台客人听到这句话后提示我："在我们听起来，可能会觉得是在受威胁。"在不安全状态的时段用一句"请注意安全"来提示客人会显得更加专业。

短短一句话，一个字的变换就会给客人带来不同的感受。

曾经有一句话说：服务没有最好，只有更好！怎样做得更好？就是要为客人着想，从服务者的角度演绎。客人的需求总是在不断变化的，对服务者的要求也是多元的。用心，用智慧，客舱服务也是很有乐趣的。

资料来源：杨玮. 小语言大感受：浅谈乘务员客舱服务语言技巧[EB/OL]. （2011-01-24）[2023-04-03]. http://news.carnoc.com/list/181/181177.html.

提示要点：
1. 仔细阅读上文，谈谈用词差异能给沟通带来哪些影响。
2. 服务用语和其他用语有哪些不同？

四、身体语言沟通技能

身体语言在人际沟通中有着口头语言所不能替代的作用。何谓身体语言？身体语言是指非语词性的身体信号。身体语言沟通就是通过动态无声的目光、表情、手势语言等身体运动，或者静态无声的身体姿势、空间距离及衣着打扮等形式来实现沟通。例如，鼓掌表示兴奋，顿足代表生气，搓手表示焦虑，垂头代表沮丧，摊手表示无奈，捶胸代表痛苦。我们在与人交流沟通时，即使不说话，也可以凭借对方的身体语言来探索他内心的秘密，对方也同样可以通过身体语言了解到我们的真实想法。

（一）身体语言的象征意义

1. 目光

眼睛是心灵的窗户，是透露一个人心灵最好的途径。喜怒哀乐都可以从一个人的眼神中流露出来，我们经常说"眼睛会说话""眉目传情""暗送秋波"等，都说明了目光在人们情感交流中的重要作用。

心理学家发现，目光接触是最为重要的身体语言沟通方式。许多其他身体语言沟通常常直接与目光接触有关。人们都有经验，如果在沟通中缺乏目光接触的支持，那么沟通就会变成一个令人不快、高度困难的过程。看不到对方的眼睛，就无法了解对方说话时处于怎样的状态，也难以确认对方对自己的谈话究竟有怎样的反应。

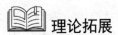 **理论拓展**

眼神交流的重要性

眼神交流在人际沟通中有极其重要的作用。在客舱服务过程中，构成表情的主要因素有眼神和微笑。其中，眼神通常被认为是情感表现和沟通交流最直接的体现，在面部表情中具有重要作用。

（一）眼神与微笑服务

迎着乘客的眼神进行目光交流，目光友善，亲切坦然，加之得体的服务用语，可以有效提升空乘的亲和力，拉近与旅客间的距离。通常所说的眼神传达笑意的方式有两种："眼形笑"和"眼神笑"，需要注意眼神与微笑的配合，否则会给人以"皮笑肉不笑"的感觉。眼神能够透露出心灵深处的情感，具有传情达意的微妙作用。

需要注意的是，不同国家和地区的人们由于文化差异，往往呈现出的眼神表达形式有所不同。

（二）眼神与服务意识

人们可以通过眼神来了解外面的世界，了解未知的人和事物，了解他人的真实想法和情感诉求。服务意识实际上是对服务从业人员职责、义务、规范的一系列认识，它要求从业者时刻把旅客放在心中。在客舱服务过程中，注意合理运用眼神，来达到与旅客心灵之间的沟通，这样可以由点及面、有效塑造空乘服务意识。

（三）眼神与表情管理

面部表情中的眼神运用是人际交往中最常见的沟通方式。眼神的接触方式不同，通常传达的意义也不一样，如长时间盯着对方或上下扫视，表示审视、打量；完全不看对方，则可能是对对方不感兴趣。但是，眼神传递的真实含义，需视具体的情况而定。

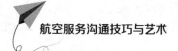

不同文化背景的人，同一眼神可能表达不同含义。掌握客舱服务中的表情艺术，眼神的合理运用必不可少。

在客舱服务过程中，眼神与服务质量的关系如下：交谈时眼睛尽量看着对方，这是对他人的一种尊重。通过与旅客眼神交流，可以表达出自己的想法，给对方一种亲切感。当与旅客面对面进行交流时，过度地东张西望，说明没有在认真聆听，同时也会影响到对方的思维。通过主动用眼神交流，可以提升客舱沟通的效率；通过眼神交流，可以给旅客留下一种礼貌、谦和的感觉。因此，在客舱服务时，可以尝试主动与旅客通过眼神来交流，但切忌过于频繁。

2. 表情

表情一般指面部表情。面部表情是另一个可以实现精细信息沟通的身体语言途径。人的面部有数十块肌肉，可以做出上千种表情，准确地传达出各种不同的内心情感状态。来自面部的表情更容易为人们所察觉，但同时由于表情肌的运动是自觉的，人们可以随意控制，因而也出现了虚假表情问题。很少有人能控制眼睛的变化，使其故意显示与内心状态不相一致的信息，但几乎所有人都能够随意控制自己的表情肌，使之做出与内心真实体验不相对应的虚假表情。

与目光一样，表情可以有效地表现肯定与否定、接纳与拒绝、积极与消极、强烈与轻微等各种难度的情感。由于表情可以随意控制、迅速变化，而且表情的变化容易觉察，因而它是十分有效的身体语言途径。人们可以通过表情来表达各种情感，也可以通过表情表达自己对别人的兴趣；可以通过表情来显示对一件事情的理解状态，也可以经由表情表达自己的明确判断。在人们的沟通过程中，表情是人们运用最多的肢体沟通语言之一。

 理论拓展

微笑的重要性

微笑是一种面部表情艺术，也是一种沟通艺术，它能反映出人的情绪状态和精神面貌，传达友好的心愿。

（一）微笑与客舱服务

在当代社会，民航服务与微笑是密不可分的，空乘以真诚的笑容向旅客提供服务，同时也可以反映出空乘的综合素养。提供微笑服务并非一蹴而就，微笑是需要练习的，通过微笑训练，可以更加职业化。但是真正的微笑服务并非机械化地展示笑容，而是由内而外的、真诚的，能让旅客感受到亲和力的微笑。

1. 微笑服务是热情服务的具体表现，可以融洽工作氛围

如今旅客对服务的要求不断提高，这要求微笑服务要站在旅客立场上，本着热情、关怀的态度帮助旅客解决问题，满足旅客的情感诉求，可以带领旅客更快地适应客舱这一特殊环境。

2. 微笑服务是文明服务的具体体现，可以展现空乘职业素养

微笑是友善、谦恭、真诚等美好感情最直接的表达方式。在客舱服务过程中，空乘难免会遇到心情不佳、说话难听的旅客，微笑是一种礼貌和涵养的表现，能有效地缩短与旅

客之间的心理距离，打破隔阂。

3. 微笑服务是真诚服务的具体展现，可以彰显航空公司服务能力

微笑传递着友好、愉悦等积极向上的内容。通过微笑渲染客舱工作氛围，展现出真诚服务的魅力，可以彰显航空公司的综合服务能力，树立积极的企业形象。

（二）微笑服务意识

服务意识的形成是由内而外地强化认知，微笑服务意识对空乘的要求更高一些。

1. 用心服务，面带微笑，及时为旅客排忧解难

微笑服务意识是由内而外地、自发地完成服务工作的一种理念，它是驱动实施优质服务的动力，它发自空乘人员的内心。乘机旅客的首要需求是安全到达目的地，因此在客舱服务过程中，乘务员要学会用心服务，要在不违背安全的原则下，为旅客提供细致周到的服务。

2. 主动服务，热情服务，细心观察旅客所需

想在旅客前面，让旅客有宾至如归的感觉。乘务员不仅需要具备热情、主动为他人服务的意识，还需要具备一双会发现旅客需求的眼睛，想旅客之未想，用行动呈现出优质服务，以赢得旅客的满意，获得好的服务效果。

3. 灵活服务，规范标准，顾客满意才是目标

微笑服务是客舱服务的基本功，航班上会遇到各种不同需求的旅客，遇到各种不同的情况，乘务员应在规范服务的基础上，通过分析所处场景，把握住服务的细节，根据实际情况灵活处理，为旅客提供舒心的服务。

（三）微笑与表情管理

学会管理面部表情，其核心是学会微笑。放松自己的心态，遇到高兴的事情时，不要让兴奋的表情流露于外表；遇到让人情绪低落的事情时，也不要频繁皱眉。在平时生活或工作时，若感到焦躁不安，就可以用自己的双手抚摸自己左右两半部分的脸庞，对着镜子多尝试微笑，使表情变得从容起来，保持一颗平常心去对待生活中的各种事情。

在民航服务链中，客舱服务质量需要从多方面考虑，其评估是在服务传递过程中进行的。客舱过道狭窄，环境的狭小带来的是服务细节被放大。因此，在客舱服务过程中，乘务人员的面部表情尤为重要。管理好面部表情是空乘开展服务工作的基本要求，是空乘职业精神的具体表现，是空乘职业形象与职业素养的最佳体现途径。

如何做好微笑服务，提升客舱服务质量？首先，要提供微笑服务，应养成微笑服务意识和时常微笑的习惯。微笑可以传递积极向上的信息，可以潜移默化地影响周围同事及旅客，对营造和谐的客舱氛围具有重要的意义。其次，微笑服务需要真诚，注重细节。一个甜美的发自内心的微笑能让旅客心中倍感温暖，可以给后续的工作做好铺垫，让工作更顺利地进行。最后，明白同理心的重要性，学会设身处地为旅客着想。例如，在旅客悲伤或愤怒时，不要不经思考始终微笑。要想真正运用好面部表情，提升客舱服务质量，还需眼神与微笑配合。

3. 身体动作

身体动作是最容易被觉察的一种身体语言，因而身体的动作更容易引起人们的注意。

身体动作与语言沟通的关系非常密切。一般低头表示陈述句的结束；抬头表示问句的

结束；而较大幅度的体态改变表示相互关系的结束，表示思维过程或较长的表达的结束。如果体态的改变到了不再正视对方的地步，则表示不愿再交谈下去，想把注意力转移到其他对象上。表 1-1 所示为常见情绪以及相对应的身体语言。

表 1-1　常见情绪以及相对应的身体语言

常 见 情 绪	身 体 语 言
紧张或害怕	睁大眼睛、好动、回避目光接触、手乱动
愤怒或受挫	皱眉、瞪眼、表情严肃、走路很快、来回踱步、握拳
急躁	叹气、点头、走来走去、跺脚
悲伤或严肃	哭泣、皱眉、耸肩、转过身去
不知所措	挠头、皱眉、摆手
撒谎	避免目光接触、以手掩口
怀疑	摇头、睁大眼睛
忧虑	双肩收紧、出汗、惊恐的表情、摆手
心不在焉	没有目光接触、行动缓慢、四下张望
厌倦	叹气、脑袋乱动、不耐烦的样子
生病	痛苦的表情、双臂胸前交叉、肩部收紧
窘迫	回避目光接触、咬嘴唇、咬手指、身体挪来挪去、拉扯衣服
疲倦或者筋疲力尽	闭眼或眯着眼、移动缓慢、用手抚弄头发、摸脸、放松肩部和脖子
积极、幸福或快乐	张嘴、睁大眼睛、张开双手、微笑
兴奋或惊奇	头部后仰、嘴巴微张、眉毛上扬
轻松或舒适	表情愉悦、双肩放松、跷起二郎腿
思考	一手托腮、皱眉
自信	身体挺直、目光接触、抬头、快走、肩部放松、微笑

（二）民航服务中的身体语言沟通技巧

真正将身体语言有效地运用到为旅客服务中去不是一件很容易的事，这需要做到两点：一是理解旅客的身体语言；二是恰当使用自己的身体语言。理解别人的身体语言必须注意以下两点：同样的身体语言在不同性格的人身上意义可能不同；同样的身体语言在不同情境中意义也可能不同。恰当地使用自己的身体语言应做到以下几点：经常自省自己的身体语言；有意识地运用身体语言；注意身体语言的使用情境；注意自己的角色与身体语言相称；注意言行一致；改掉不良的身体语言习惯。自省的目的是检验我们自己以往使用身体语言是否有效，是否自然，是否使人产生过误解。了解了这些，有助于我们随时对自己的身体语言进行调节，使其有效地为我们的日常交往和旅客服务。

1. 目光沟通技巧

民航服务人员在与旅客的沟通中要进行正常、自然的目光接触，否则会让人感到被拒于千里之外，会使自己得不到别人的信任，会使自己与别人的沟通成为一个冰冷的、没有感情和生机的过程。在为对方服务时，眼睛不可走神，也不要将视线放在对方的胸线以下，不要老盯着旅客上下打量，更不能注意或久视旅客的生理缺陷，否则会让旅客感到服务人员对其不感兴趣、不尊重对方，或让对方产生紧张、压迫感，甚至感到难堪、窘迫或尴尬。

另外也不要乱用眼神，如对异性挤眼，在西方表示调皮诙谐，而在东方则表示调情；瞪大眼睛在西方表示惊讶，而在东方则表示愤怒。

2. 表情沟通技巧

在民航服务中，最好的表情沟通技巧就是微笑和真诚。当旅客走来时，应该抛开一切杂念，把精神集中在他们身上，并真诚地向他们微笑，仅仅靠面部肌肉的堆积是不够的，还要用微笑传达这份真诚。民航服务人员应思旅客之所思，想旅客之所想，站在他们的角度感知、体会、思考服务中的问题和不足，学会体谅旅客、感激旅客，一切为旅客着想，洞察先机，将最优质的服务呈现在旅客面前。

讨论拓展

讨论题目——微笑在脸，服务在心

一次在北京至珠海的航班上，头等舱满客，其中有 5 名是 VIP 旅客。乘务组自然不敢掉以轻心。2 排 D 座是一位外籍旅客，入座后对乘务员还很友善，并不时和乘务员做个鬼脸开开玩笑。起飞后，这名外籍客人一直在睡觉，乘务员忙碌着为 VIP 一行和其他客人提供餐饮服务。然而两个小时后，这名外籍旅客忽然怒气冲冲地走到前服务台，大发雷霆，用英语对乘务员说道："两个小时的空中旅行时间里，你们竟然不为我提供任何服务，甚至连一杯水都没有！"说完就返回座位了。旅客突如其来的愤怒使乘务员们很吃惊。头等舱乘务员很委屈地说："乘务长，他一直在睡觉，我不便打扰他呀！"说完立即端了杯水送过去，被这位旅客拒绝；接着她又送去一盘点心，旅客仍然不予理睬。作为乘务长，眼看着飞机将进入下降阶段，不能让旅客带着怒气下飞机，于是灵机一动和头等舱乘务员用水果制作了一个委屈脸型的水果盘端到客人的面前，慢慢蹲下来轻声说道："先生，我非常难过！"旅客看到水果拼盘制成的脸谱很吃惊："真的？为什么难过呀？"旅客问道。"其实在航班中我们一直都在关注您，起飞后，您就睡觉了，我们为您盖上了毛毯，关闭了通风孔，后来我发现您把毛毯拿开了，继续闭目休息。"旅客情绪开始缓和，并微笑着说道："是的！你们如此真诚，我误解你们了，或许你们也很难辨别我到底是睡着了还是闭目休息，我为我的粗鲁向你们道歉，请原谅！"说完他把那个表示难过的水果盘重新摆放了一遍，立即展现出一个开心的笑脸。

资料来源：佚名. 乘务员言谈举止对客舱服务的重要性[EB/OL]. （2022-03-19）[2023-01-23]. https://www.sbvv.cn/chachong/16910.html.

提示要点：
1. 请列举其他表情沟通的案例与同学分享，体会表情沟通的作用。
2. 谈谈怎样理解微笑在脸，服务在心。
3. 民航服务从业人员怎样用微笑传递温度与能量？

3. 身体动作沟通技巧

身体动作沟通技巧主要指恰当使用手、肩、臂、腰、腹、背、腿、足等部位。在人际交往中，最常用且较为典型的身体语言为手势语和姿态语。手势语可以表达友好、祝贺、欢迎、惜别、不同意、为难等多种语义。例如，民航服务人员在与旅客沟通过程中要能规范地使用不同弯腰度数的鞠躬礼表达欢迎或歉意，为旅客指示方向要使用标准的引导手势以示尊敬。当旅客咨询或提出问题时要微微点头表明自己在认真倾听，显示对旅客的尊重与理解。

理论拓展

手 势 语 言

"手势"指的是人在运用手臂和手指运动时所出现的具体动作与姿势。而在民航业中，手势被赋予了种种特定的含义，为飞行员和机务之间的沟通提供了高效、便利的表达方式，手势语言也应用在飞行的多个阶段中。

飞行过程中，手势的标准与否直接关系到飞行员与机务之间协同的效果，也直接关系到飞行的安全。一个个标准的手势传递出我们工作的严谨，一次次礼貌的挥动寄托了彼此工作协同的理解与感激。

在飞机准备好滑出，管制给出滑行指令后，飞行员便会伸出一只手与机务沟通，表示飞机上一切正常，准备好滑出了。而机务会将手伸向滑出的方向，表示可以滑出，飞机外部一切正常。在飞机移动以后，飞行员与机务会"摆手再见"，这一次又一次的"再见"给予了飞行员保障飞行安全的希望与动力，也蕴含了所有地面保障人员对本次飞行安全的希冀。

思考与练习

一、填空题

1. 倾听的五个层次包括完全没有听、＿＿＿＿＿＿、选择地听、专心地听、＿＿＿＿＿＿。

2. 同理倾听的技巧有＿＿＿＿＿＿、适当地反馈、重复对方的话、控制情绪、＿＿＿＿＿＿。

3. ＿＿＿＿＿＿是指非语词性的身体信号，＿＿＿＿＿＿就是通过动态无声的目光、表情、手势语言等身体运动，或者是静态无声的身体姿势、空间距离及衣着打扮等形式来实现沟通。

二、判断题

1. 民航服务人员在与旅客的沟通中要进行正常、自然的目光接触，否则会让人感到被拒于千里之外，会使自己得不到别人的信任，会使自己与别人的沟通成为一个冰冷的、没有感情和生机的过程。（　　　）

2. 一个好的服务人员总是能有效地讲述并发问，赞同和附和讲话的内容时，要恰当地轻声说"是""嗯"，或点头表示同意。（　　　）

3. 在人际沟通中要多参与，意味着要多说少听。（　　　）

三、思考题

1. 何谓倾听？民航服务中如何进行倾听？

2. 如何运用身体语言沟通技能进行民航服务？

3．谈谈微笑在民航服务沟通中的重要作用。

四、技能题

（一）典型案例1

某航班从乌鲁木齐飞往上海，在乘务组巡视客舱时，24F 的一名旅客问正在巡视客舱的男乘务员："现在飞到哪儿了？"乘务员回答："我也不知道。"旅客听后对于乘务员的回答非常不满，于是愤怒地说："你是吃啥饭的！"乘务员因为没听清就回头问了一下，旅客当时正看着窗户外面没有理会乘务员说什么，于是乘务员就拉了一下旅客的袖子，继续询问旅客："先生，您刚才说什么？有什么事吗？"于是旅客就说："你是吃啥饭的？你白干这工作的？"乘务员听后有些生气，没有很好地控制情绪而与旅客发生了争执，最后该旅客要意见卡投诉乘务员，经乘务长努力调解后，旅客仍表示不接受道歉。

思考：

上述事件中既有语言沟通方式的使用，又有动作沟通方式的使用，请你说说有哪些不妥之处。

（二）典型案例2

供餐结束，外场乘务员小 G 正在收取餐具和杯子。"呀！"旅客 T 突然发出了一声尖叫。原来小 G 不慎将水洒在了旅客 T 的计算机键盘上，小 G 立刻拿来餐巾纸，说："先生，对不起，实在不好意思，我帮您擦干，真的太对不起了。""没关系，没什么事的。"旅客 T 态度平和地说。见到旅客如此客气，小 G 十分内疚却也很高兴，为表示诚意，她主动将自己的电话留给旅客 T 并表示如有问题找其解决。随即，小 G 便私下告诉外场乘务员 S 说："这位旅客这么好，我们就不要告诉乘务长了，不会有事的。"乘务员 S 听闻旅客如此客气，便欣然同意。然而，航班结束后，小 G 却接到了旅客 T 的电话，他表示计算机键盘进水，乘务员小 G 必须将整台计算机买下，不然就投诉。小 G 表示不同意，但仍然没有向乘务长和乘务部进行汇报。次日，旅客 T 便拨打了 95530 进行投诉。

思考：

发生上述事件，令人非常遗憾，请你从沟通的角度说说小 G 在处理事情上有什么不妥之处。

学习情境三　民航服务的沟通艺术

学习目标

1．理解民航服务沟通的内涵、作用、原则、层次以及屏障。
2．掌握民航服务沟通的艺术及策略，做善于沟通的民航人。
3．提升职业能力，坚定职业信念，做合格的民航人。

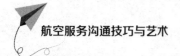

导引案例

首都机场贵宾公司开展旅客服务沟通技巧挑战赛

为进一步提升员工与旅客的沟通技能，近日，贵宾公司 96158 首都机场服务热线班组开展了主题为"沟通始于心，妙语传真情"的旅客服务沟通技巧挑战赛，全员进入了紧张而刺激的业务知识、企业文化、安全知识、突发应急事件处理相结合的沟通技巧挑战环节。

挑战赛共分为一星、二星、三星三个等级，挑战题库均由各层级管理人员结合全员服务质量提升关键点精心准备。一星作为此次挑战的最低标准，全员必须通过挑战，每个月均有一次挑战机会，考官为培训师；二星则是促进员工在一星基础上再提升的阶段，挑战考题难度相对比较高，考官为各班组副班，挑战通过率控制在总人数的 30%；三星是此次挑战赛挑战的最高点，考题难度系数比二星级别更高，考官为主任和班长，通过率控制在 10%左右。

"真情服务，温暖相伴"辩论赛后，全员对于服务技巧和服务意识有了深刻的了解和认识，同时也对第二阶段沟通技巧挑战赛充满信心和期待，挑战预热期员工都做了充足的自我提升准备工作，铆足了力气挑战自己。一星挑战可以说是员工提升自我的"热身"，二星则是用实力和最有力的表现争得认可，三星就是运用娴熟的服务沟通技巧和较高的专业素质获得内外的高度评价。

通过举办沟通挑战赛，进一步提高了员工的语言服务技能，转变了员工的服务方式。善于运用妙语沟通服务有助于与旅客建立良好的人际服务关系，对于热线的服务提升将起到很大的积极作用。

资料来源：首都机场贵宾公司开展旅客服务沟通技巧挑战赛[EB/OL]（2017-05-24）[2023-04-15].http://www.caacnews.com.cn/1/5/201705/t20170524_1215059.html.

民航企业重视培养员工的服务沟通技巧，通过各种方式提升员工的服务沟通艺术，帮助员工与旅客建立良好的服务关系。

理论知识

一、民航服务沟通的内涵

民航服务沟通主要是指航空公司、民航服务人员与旅客之间的交流和沟通。民航服务沟通是航空公司与旅客的信息交流，具体的沟通方式有广告宣传、公共关系、人员推销、销售促进，除了人员推销是双向沟通，其他三种方式都是单向沟通。对于民航运输服务来说，服务提供者在沟通时扮演着重要的双向沟通角色。服务沟通不仅能刺激需求，还有助于建立适当的旅客期望，是服务营销中必不可少的一个组成部分。

二、民航服务沟通的作用

（一）能让旅客获得有关产品的信息

航空公司通过使用多种沟通方式，可以增加旅客对公司产品的了解，获取更多关于企业的信息。例如，澳洲航空公司在广州的报纸、电视台、地铁站等媒体上做广告宣传，让更多的中国消费者认识该企业，同时也在广告宣传中提供了航空公司的电话号码、电子邮箱、官方网站等信息，让消费者更方便地联系该公司，从而增加了购买该航空公司机票的可能性。

（二）降低旅客的购买风险

民航服务的无形性增加了旅客的购买风险。服务沟通能够通过一些有形的展示为旅客提供有关的信息，减少旅客的感知风险。例如，图文并茂的宣传册能让旅客对航空公司有一个感性的认识，从而更详细地了解航空公司，图片上崭新、巨大的飞机可以增加旅客的安全感；笑容亲切、彬彬有礼的服务人员会让旅客感受到较高的服务质量，增强旅客购买的信心。

（三）管理旅客期望，实现旅客满意

旅客是否对一项产品或服务满意，取决于旅客实际感受到的价值与旅客期望价值的关系。如果旅客实际感受到的价值与期望价值一致或者高于期望价值，旅客就会满意，否则旅客就会不满意。旅客的期望受到航空公司对旅客的承诺的影响，如果航空公司对旅客承诺太多，旅客的期望就会很高，一旦航空公司无法兑现承诺，旅客就会产生不满情绪。航空公司与旅客的良好沟通能够使旅客获得适当的信息，产生合适的期望。

（四）树立公众形象，获得公众信任

服务沟通不仅向消费者、社会公众传递航空公司的信息，也向内部员工传递信息，使员工增强公司荣誉感，提升服务水准；同时，通过各种媒介进行信息的传播，可以树立航空公司良好的公众形象，在公众心目中留下正面、积极的印象，从而获得公众的信任与支持。

三、民航服务沟通的原则

沟通是思想在两个或两个以上人群中的传递或交换的过程，常见的形式是信息的传递、反馈、互动的过程。其目的是实现人与人之间的相互影响、相互理解，以有效的沟通达到双赢。沟通的基本原则包括相互尊重、相互理解、主动沟通和包容沟通等。

（一）相互尊重

要想获得旅客的尊重，首先就要尊重他人。人们的思想和言行以至文化背景都是有差异的，承认这种差异的存在是一种理性思维。被尊重是人的本质需要，美国心理学家威廉·詹姆斯说："人性中最强烈的欲望便是希望得到他人的敬慕。"人们渴望获得他人的认可和肯定，包括被给予尊重、赞美、赏识和承认地位。

尊重是一种修养，尊重是不分对象的，无论对方的身份和社会地位如何，都值得被尊重，而在心理上处于弱势的群体或身处逆境的人更需要得到尊重。尊重是相互的，只有尊重他人才能赢得他人的尊重，只有相互尊重才会有真正意义上的沟通。

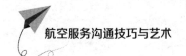

民航服务人员应该通过对旅客提供优质服务来获得旅客的尊重。每家航空公司无论在地面还是空中都有严格的服务流程，针对不同旅客群体提供富有个性化的服务。民航服务专业性极强，旅客在接受服务的各个场所都有知情权，如航班延误、取消、客舱服务等。只有专业的服务，才能得到旅客的认同，进而得到旅客的尊重。因此，实现相互尊重是旅客与服务人员良好沟通的前提。

（二）相互理解

每一个人看世界的角度都不尽相同，每一种审美的眼光都体现了自己的修养。素质好，文明程度高；素质差，文明程度低。差异的存在是世界多样化的特征。孔子说："君子和而不同，小人同而不和。"这句话的意思是求同存异，不必求全。我们应该有胸怀去理解别人的不同观点，做到换位思考，在相互尊重的基础上相互理解，这样才有利于进行有效沟通。

民航服务人员应从旅客的角度出发，尽可能多地去了解旅客的生理和精神需求，理解旅客的情绪状态。旅客在出行中，遇到航班延误等情况很容易出现消极负面情绪，对此，民航服务人员不仅要给予充分理解，还要多关心、多疏导不良情绪，通过自己的努力和优质服务赢得旅客的理解与信任。

（三）主动沟通

主动就是"没有人告诉你而你正做着恰当的事情"。主动沟通是沟通的发起者主动寻找话题与沟通对象交流。在民航服务中，主动沟通可以满足旅客的知情权，可以避免旅客误会，可以化解矛盾，还可以将危机消灭在萌芽状态。

（四）包容沟通

中华文明历来崇尚"上善若水""有容乃大"等情操，这些思想表明了包容是一种胸怀、一种修养、一种人生境界。世界是多元的，人的个性又是多样的，哲学家提到"我们争论是因为我们看世界的角度不同"，因而学会用他人的眼光看问题，有利于更好地理解彼此的态度。

作为服务人员，我们会接触到各种各样的旅客，他们的爱好和需求千差万别。这就要求我们学会包容，包容他人的不同喜好，包容他人的挑剔。我们需要锻炼同理心，需要去接纳和包容差异。

四、民航服务沟通的层次

沟通一般可以划分为四个层次：一是不沟不通；二是沟而不通；三是沟而能通；四是不沟而通。

（一）不沟不通

从本质上讲，不沟不通算不上沟通，甚至可以说是沟通的反面。但是之所以将不沟不通作为沟通的起点，是因为任何沟通进行前都是不沟不通的状态。不沟不通是指人们没有沟通的欲望或沟通的必要，处于不相往来的状态。例如，两人虽然彼此认识，但是工作、生活基本没有交集，不需要"通"，所以也没有"沟"的必要。在民航服务中，服务人员与旅客之间必须避免这种状态，没有沟通，服务根本无法完成。

（二）沟而不通

中西方人在沟通方面存在很大差异，西方人有什么事都会讲出来，其看法是"我有事情，想跟你讲"；中国人有什么事一般不会讲出来，其看法是"我有事情，但不跟你讲"——我有事，为什么要跟你讲？由此可见，西方人的出发点是"我要说"，中国人的出发点则是"我不跟你说"。因为出发点不一样，所以结果也不一样。很多中国人学习了西方的沟通理论后，想在中国社会广泛应用，却往往造成沟而不通的现象。以西方人的沟通原则为基础，无论你开口说话，或者闭嘴不说，都可能沟而不通。在现实生活中，很多人都停留在沟而不通的层次，说了很多话，却达不到效果，无法达成预期的沟通目标。

要想改变沟而不通，最好是站在对方的立场来沟通，凡事以对方的利益为出发点，这样就算你说的话他不接受，至少他会思量一下。久而久之，你就能获得对方的信任，这样沟通起来就方便得多。如果得不到对方的信任，你说的每一句话他都要考虑一下是何用意，沟通起来就相当困难。在民航服务过程中，经常遇到沟而不通的局面，如航班长时间延误，航空公司又没有给乘客合理的理由和妥善的安置，就会出现航空公司无论怎么沟通，旅客都不买账的局面，甚至有些时候会惊动机场公安参与解决问题。

（三）沟而能通

沟而能通当然是人们喜闻乐见的情况。误会也好，分歧也好，只要沟而能通，都不是问题。中国人之所以不易沟通，首先是因为面子问题。也就是说，当对方觉得很有面子时，大多比较容易沟通。其次情绪问题也是影响沟通的因素。当情绪好的时候，不管说话的人如何唐突、冒犯、无礼，都能够心平气和地合理响应。如果双方都有诚意、能包容、不计较，当然沟而能通，一点障碍都没有。在民航服务过程中，与旅客沟通时要注意把面子让给旅客，不要与旅客追求"平等"，这样即使旅客有不满意的地方，也会不好意思继续追究，否则只会换来旅客的不满甚至投诉。

（四）不沟而通

不沟而通是一种艺术，是沟通的较高层次。高度的默契便是不沟而通，是一种难得的沟通美景。有时候人们不需要说话，光靠眼神、动作就能传达意思。不沟而通的关键在于双方的默契，而要建立默契，就要关注对方，随时随地注意对方的举动，不依赖对方的言语表达，而主动地捕捉对方的肢体语言。毫不关心对方，不注意观察对方的举动，当然无法不沟而通。只有将心比心，才能通过心与心的感应，使对方的心意能够畅通地传过来，心意相通，自然不沟而通。好的民航服务应该是预先服务，所谓预先服务，就是在旅客没有提出要求之前，服务人员就已经预见了旅客的要求。预先服务要求服务人员善于观察旅客，换位思考，从而判断旅客的需要，进而提供服务。旅客享受到服务后，会惊讶于没有提出服务要求，服务人员就做到了，从而为服务点赞，这在民航服务中就是不沟而通。

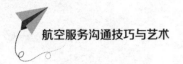
五、民航服务沟通的屏障

讨论拓展

讨论题目——仅仅几句话就能决定生与死的命运

1990年1月25日，由于阿维安卡52航班飞行员与纽约肯尼迪机场航空交通管理员之间的沟通障碍，导致了一场空难事故，机上73名人员全部遇难。

1月25日晚7点40分，阿维安卡52航班飞行在南新泽西海岸上空11 277.7米的高空。机上的油量可以维持近两个小时的航程，在正常情况下飞机降落至纽约肯尼迪机场仅需不到半小时的时间，可以说飞机上的油量足够维持飞机的飞行直至降落。然而，此后发生了一系列耽搁。

晚上8点整，机场管理人员通知52航班，由于严重的交通问题，他们必须在机场上空盘旋待命。晚上8点45分，52航班的副驾驶员向肯尼迪机场报告他们的"燃料快用完了"。管理员收到了这一信息，但在晚上9点24分之前，没有批准飞机降落。在此之前，阿维安卡机组成员再没有向肯尼迪机场传递任何情况十分危急的信息。

晚上9点24分，由于飞行高度太低以及能见度太差，飞机第一次试降失败。当机场指示飞机进行第二次试降时，机组成员再次提醒燃料将要用尽，但飞行员却告诉管理员新分配的跑道"可行"。晚上9点32分，飞机的两个引擎失灵，1分钟后，另外两个引擎也停止工作，耗尽燃料的飞机于晚上9点34分坠毁于长岛。

调查人员找到了失事飞机的黑匣子，并与当事的管理员进行了交谈，他们发现导致这场悲剧的原因是沟通的障碍。

资料来源：阿维安卡52航班的悲剧[EB/OL]．（2018-04-23）[2023-04-23]．http://www.doc88.com/p-082717869349.html.

提示要点：

1．从飞行员角度谈谈其与机场航空交通管理员沟通过程中出现的失误。

2．列举民航服务过程中由于沟通障碍引发的服务失败案例。

3．从企业角度谈谈如何提升民航从业人员的沟通能力。

（一）语言障碍

世界语言丰富多彩，即使同一语言也存在不同的地方语系。语言不通或对语言表达的歧义，也会使我们的服务沟通出现巨大的困难。因此，作为民航服务的提供者，随着我国由"民航大国"向"民航强国"迈进，学习多国语言、了解语言的基本含义是做好服务工作的前提。

（二）经验障碍

过去的经验在某些时候可以帮我们解决服务沟通中遇到的难题，所以师傅带徒弟式的经验教育在民航企业中依然是很重要的培养服务人员的手段。但是，面对变化的市场、变化的旅客群体，过去的经验容易让我们固执己见，从而形成服务偏见，这时候的经验就成了服务沟通的障碍。

（三）文化障碍

在文化服务中，文化障碍是最大的沟通障碍之一。对文化障碍有两方面的理解：一是旅客的文化层次的差异、服务者的文化教育程度的差异；二是旅客、服务者不同的文化成长背景带来的对同一事物、现象的不同理解。现阶段的民航服务冲突大部分是由这一障碍造成的。

（四）情绪障碍

人是有情绪的，而情绪又会影响人的正常思维和行为。当人处于郁闷、悲伤、愤怒等情绪中时，沟通障碍就已经产生了。

（五）沟通方式不当

不同的沟通对象，适合使用不同的沟通方式。如果选择了不当的沟通方式，双方的沟通就会不太愉快，甚至难以正常进行。

六、民航服务沟通的策略

（一）民航服务人员的沟通策略

1. 规范职业用语

服务人员与旅客交流使用的职业用语应通俗易懂，服务人员应用简洁、规范的语言提供耐心、细心的服务。

（1）服务常用的礼貌称呼：您、先生、小姐、女士、老大爷、大妈等。

（2）问候用语：欢迎、早安、晚上好、您好、再见、欢迎登机等。

（3）服务用语：

① 请问，您需要毛毯吗？

② 很抱歉，航班由于天气原因延误了，我们会及时为您提供最新信息。

③ 让您久等了。

④ 请稍等，我会尽力解决。

⑤ 请问，还需要我帮助吗？

⑥ 对不起，我可以收拾小桌板吗？

⑦ 洗手间现在有人，请您稍后。

⑧ 对不起，机组没有医生，这就为您广播找医生。

⑨ 对不起，是我弄错了，我立刻给您找一份。

⑩ 是，马上给您拿来。

⑪ 感谢乘坐本次航班，希望再次见到您。

（4）特殊情况下使用的服务用语：

① 对不起，请您收起小桌板，就要着陆了。

②飞机 10 分钟后着陆，请您系上安全带。

③请别让孩子在过道走，飞机颠簸得厉害。

④对不起，女士，我能看看您的登机牌吗？

⑤请不要这样。

⑥听从指挥。

⑦到这边来。

⑧服从我的命令。

⑨请您注意，不要在客舱内使用手机。

（5）禁止使用的服务用语："嘿！""老头儿！""土老帽儿！""供应没了！""你去告好了！""这不关我的事！""你问我，我问谁去？""不是告诉你了吗，怎么还不明白。""我忙不过来。""有能耐你告去，随便告哪儿都不怕。"

2．多听少说，给旅客留有余地

一般人在倾听时常常出现以下情况：一是很容易打断对方讲话；二是发出认同对方的"嗯……""是……"等一类的声音。较佳的倾听是完全没有声音，而且不打断对方讲话，两眼注视对方，等到对方停止发言时，再发表自己的意见。民航服务人员在与旅客沟通的过程中，理想的情况是让旅客多发言，服务人员多倾听，这样才会握有控制权。说话时用自在的态度和缓和的语调，旅客会更容易接受。

有些民航服务人员在与旅客沟通时，常常一开始就有意无意地否定了旅客的说法。服务人员虽然只是下意识地说出了一句或两句话，但这些话却十分不礼貌，不体贴对方，而且对旅客的言行予以全盘否定，不留一点余地，让旅客感到很尴尬。如果遇到旅客心情不好、状态不佳、身体不适等情况，当听到服务人员说出不留余地的话语后，一定会感到更加刺耳，从而火冒三丈。因此，民航服务人员在与旅客沟通的过程中要多听少说，更不能说完全否定旅客言行的不良话语。

3．说错话后及时补过

人非圣贤，难免出现错误。民航服务人员也是人，不论如何小心、注意，有时忙起来，也会不由自主地说出一些令旅客不悦的话。说错了话，得罪了旅客，应该怎么办好呢？最好的办法是，一旦发现自己说错话，就要马上改过或者道歉，千万不能一错再错。人的心理状态会随着对方语言的变化而发生变化，假如你不小心说了伤害对方自尊心的话，但马上追补一句得体的或是道歉的话，让对方感觉到你的诚意或者歉意，那么之前的伤害会减少许多。

4．善于运用沟通三大要素

人与人面对面沟通的三大要素是文字、声音以及肢体动作。经过行为科学家 60 年的研究发现，三大要素在面对面沟通时各自的影响力所占的比率是文字 7%、声音 38%、肢体语言 55%。一般人与人面对面沟通时，常常强调讲话内容，却忽视了声音和肢体语言的重要性。其实，沟通便是要努力和对方达到一致性以及进入别人的频道，也就是你的声音和肢体语言要让对方感觉到你所讲和所想的十分一致，否则对方无法收到正确信息。

民航服务人员在服务的过程中要善于使用微笑服务，微笑是最坦荡和最有吸引力的表情，是服务人员美好心灵和友好诚恳态度的外化表现，是服务中与客人交流、沟通的美好桥梁，是民航服务人员化解服务矛盾的有效方式。

思政拓展

民航业的"工匠精神"

首先，要让民航人爱上自己的职业。我们目前最大的问题就是经常选用并不热爱这个行业的人，他们选择民航业的目的过于功利。当一个人带着功利之心选择职业的时候，已经为将来的发展带来了不可避免的隐患。要对每个从事民航工作的人进行内心与灵魂的彻底洗礼，让他们了解自己从事的行业的历史、现状和未来，并和它一起同兴衰、共荣辱。对于一个年轻人来讲，在其世界观、人生观和价值观正在形成的时期，如果这种职业教育做得好，将会是让他们受益终生的大事和好事。

其次，要把经验的传承当作历史使命。如果你能在你的行业坚守三十年，敬业三十年，努力三十年，在很多外人眼里，你就是一个"工匠"。很多人之所以没成为工匠，不是因为他们没努力，而是因为他们没坚守，他们一直在寻找最适合自己的职业，一直漂泊在路上。特别是在现代社会，人们经常受到外界的引导和诱惑，去尝试各种各样的人生经历，到后来，人生的精彩变成了阅历的广度，而不是生命的厚度。

最后，在坚守中实现不断突破和创新。人们常说"青出于蓝而胜于蓝"。在时代的演变中，后来者会变得越来越优秀，这也是人类不断进步的地方。民航职业教育的最大目的就是要将越来越多的人培养成吃得了苦、做得了事、耐得住寂寞、守得住内心的"民航工匠"。

思考与借鉴：

"工匠精神"的解读包含了四层意思：一是绝对的求精，注重细节；二是绝对的严谨，一丝不苟；三是绝对的耐心，专注坚持；四是绝对的专业，优秀权威。在现代人看来，"工匠精神"的核心和本质可以用现代术语"职业技能和职业精神的高度融合"来进行相应的诠释。这种融合不但包含实践性和操作性的技能，而且发扬了执着磨砺、百炼成匠的坚守精神。在民航业快速发展的今天，各类人才大量、快速会集在民航业领域，如何让这些心怀理想的人们成为民航业的"工匠"，历练出带有民航业自己特色的"工匠精神"，是迫在眉睫需要思考和重视的问题。

（二）航空公司的服务沟通策略

旅客购买航空公司的服务分为购买前、消费、购买后三个阶段，每个阶段的服务沟通重点不同，其沟通策略也有所不同。

1. 购买前阶段的沟通策略

旅客购买航空运输服务之前，航空公司就要开始与旅客沟通了。这一阶段的沟通策略主要有以下两个方面。

（1）树立企业形象。旅客购买航空公司的服务之前，由于对于无形的服务了解不多，因此会感知到不确定性和风险性。航空公司在这个阶段与旅客沟通的重点在于降低旅客感知风险，可以通过树立企业形象来实现这个目标。航空公司可以建立企业形象识别系统，设计独特的品牌标志，通过广告宣传将企业形象和服务产品广泛传播；还可以进行各种公关活动，增加与公众的接触，与公众建立良好的关系，在公众心目中形成良好印象，如倡导环保节能、为社会提供资助、开展企业活动并召开新闻发布会等。

（2）注重承诺管理。购买前阶段的沟通，必须十分重视承诺的管理。第一，航空公司可以通过制作更有效的沟通广告，广泛宣传企业的特征与优势，对旅客做出承诺；第二，在沟通中可以使用专人或建立团队来确保信息的协调一致，便于旅客建立一致的印象；第三，承诺必须切实可靠，必须做出切合实际的服务承诺，切忌海口承诺，海口承诺只会提高旅客的期望，甚至使他们产生不切实际的期望，当航空公司未能满足这些不现实的期望时，最终会影响他们的满意度；第四，通过提供服务保证（如保证在三天内送达货物，否则赔偿运费等）来增加旅客对企业的信任感，进而增加他们选择公司的概率。

2. 消费阶段的沟通策略

在消费阶段，旅客或多或少参与了服务的生产过程，为了使旅客的感知质量有所提高，航空公司与旅客的沟通重点在于通过向旅客提供清晰的服务流程，将服务信息传递给旅客，使旅客顺利接受服务。服务人员在服务过程中要根据自己的角色与旅客进行有效的沟通。由于旅客的参与，所以航空公司应该让旅客清楚地了解整个服务流程，如旅客到达机场出发大厅时，航空公司应该配备咨询柜台，由专门的服务人员为有需要的旅客解释乘坐飞机的流程，让旅客能够快速地办理相关手续，登上指定的航班到达目的地。对于航空公司来说，旅客要在涉及订票、登机、飞行直至着陆的相当长的时间里，接触到不同的员工，在这段时间里，旅客可能会遇上各种各样的问题，需要有关人员的帮助。因此，在这个过程中，航空公司的服务人员要根据自己的岗位特点与旅客进行沟通，向旅客解释服务流程中的各个环节，让旅客获得所需的信息和协助。例如，登机柜台的服务人员需要征求旅客想要座位的意见、解释随身行李的规定、询问是否有需要托运的行李，使旅客成功办理登机手续；机舱服务人员通过语言或手势指引旅客尽快找到自己的座位，耐心介绍机上的餐饮项目并为旅客提供所需的餐饮。服务人员与旅客的沟通活动会影响到旅客感知的服务质量，最终影响旅客的满意度。如果沟通顺畅，旅客能获取相关信息，服务过程就会比较顺利，他们感知的服务质量就会较高，满意度就会提高；否则，旅客感知的服务质量会较低，满意度就会下降，甚至产生不满。

3. 购买后阶段的沟通策略

在购买和消费服务之后，旅客会对服务进行评价，这次服务的经历会影响到他们对今后服务的期望和是否要继续进行购买。如果评价很高，旅客则很可能会继续购买该公司的服务，这样就会增加品牌忠诚度，同时会产生好的口碑，强化航空公司的良好形象。航空公司与旅客继续沟通，能够减少旅客的认知冲突或不满，有利于产生好的口碑。这个阶段的沟通重点在于减少旅客不满，与旅客建立良好关系。要减少旅客不满，建立良好关系，就要在服务沟通过程中积极对待旅客的投诉与抱怨，通过了解旅客的不满，进行及时的服务补救，向旅客展示航空公司的诚意，挽回旅客的信心；或者通过征询的旅客意见，找出工作中的问题所在，进行有针对性的改进，避免同样的问题发生。服务产品的生产过程也是旅客消费服务的过程，旅客的参与增加了服务的难度，沟通能够使航空公司与旅客进行信息交流，实现相互认识与理解，可以减少彼此间的误解和冲突，所以航空公司必须重视服务沟通。通过与旅客的沟通，将自身信息传递给旅客，并了解旅客的需要与想法，为旅客提供有针对性的服务，提高服务质量，提升服务水平，以获得更高的旅客满意度与忠诚度，进而带来更多的企业效益。

 思考与练习

一、填空题

1. 沟通原则包括相互尊重、相互理解、_____、_____。

2. 民航服务沟通的屏障有_____、_____、文化障碍、情绪障碍、沟通方式不当。

3. 航空公司的服务沟通策略包括：_____、消费阶段的沟通策略、购买后阶段的沟通策略。

二、判断题

1. 主动就是"没有人告诉你而你正做着恰当的事情"。主动沟通就是主动和旅客打招呼，主动为旅客提供服务。（　　　）

2. 作为服务人员，我们会接触到各种各样的旅客，他们的爱好和需求千差万别。这就要求我们学会包容，包容他人的不同喜好，包容他人的挑剔，但对于无理客人，我们不必包容。（　　　）

3. 承诺必须切实可靠，必须做出切合实际的服务承诺，切忌海口承诺，海口承诺只会提高旅客的期望，甚至使他们产生不切实际的期望，当航空公司未能满足这些不现实的期望时，就会最终影响他们的满意度。（　　　）

三、思考题

1. 怎样理解民航服务沟通的内涵？

2. 民航服务沟通的作用与层次有哪些？

3. 怎样理解民航服务中的"工匠精神"？青年学生毕业前可以做好哪些准备？

四、技能题

（一）典型案例1

近日，完成公干后的我们从昆明乘机返回北京，由于飞机滑行的晃动，我很快进入了甜甜的梦乡，醒来后飞行已经过去了快一小时的航程。看着邻座同事的饮料，我本能地看向前方，没有发现乘务员的"温馨"提示卡，心里想着可能他们太忙，也不太希望睡醒的旅客打扰吧，于是我克制住口干舌燥的情绪选择等待，等待他们来到我身边的时候再寻要一杯"甘甜可口"的果汁解渴。

终于等来了发餐服务，当我接过机上餐食时，本能地寻找那杯小小的、密封的果汁，老天就喜欢开玩笑，越盼望越失望，找不到果汁的我快速呼唤了乘务员，乘务员一边关闭呼唤铃，一边回应我："我们送完餐再给你水好吗？""OK"，我愉快地回答。

半小时过去了，一小时过去了，送几个航班的餐食都该送完了，还是等不到那杯解渴的水……我看着剩下的多半难以下咽的餐食，忍受着喉咙肿痛的压力，想再次寻求"水"的滋润，意外发现乘务员开始送饮料了，于是我忙不迭地看向乘务员，像见到救星一样幸福，可我心目中的救星没有搭理我，仍然按部就班地进行着工作程序。我随口说了一句："美女，您答应给我的水呢？"乘务员冷冷地回答："忘了。"

想到飞机落地后的"超长"滑行时间，为了避免落地后排队如厕的尴尬，我在飞机快降落前半小时起身准备前往机上卫生间。没有想到，另外的奇迹发生了，旅客们在客舱过道上排起长队等待如厕，我看向后舱卫生间的指示灯，发现都是"绿"色。怎么回事？难道如厕的旅客没有锁门？再收回目光看到长队前面是一辆水车，乘务员依然不顾排队如厕旅客的需求，按部就班地发放饮料。我终于没有克制住，越过队伍来到乘务员身边，善意地提醒："美女，让大家先过去，然后你们再服务好吗？"乘务员看着我不容置疑的目光，只好把水车先推到后舱，给如厕的旅客留出通道。

资料来源：陈淑君. 话说案例　用心是真情服务的基础[EB/OL]. （2019-03-28）[2023-04-03]. http://www.caacnews.com.cn/zk/zj/csj/201903/t20190328_1270211.html.

思考：
模拟上述沟通情境，并试着从民航服务沟通的角度分析该案例。

（二）典型案例2

2021年4月我去了一趟沈阳。回成都时，朋友帮忙订了某航空公司的早班飞机，是Z舱（也就是高端经济舱），这种舱级是可以直接去值机主任柜台办理手续的。由于担心箱子会超重，所以我心里还有点纠结。8点我来到沈阳桃仙国际机场T2航站楼值机主任柜台，几位工作人员在说话，我把身份证给一位工作人员后，他很快就把登机牌给我换了。之前我在网上选过靠窗的座位，他却没有询问我是否已经打印过，然后托运行李时只是简单地问我有没有易碎品，我说有，他就在我的箱子上贴了一张易碎品标志，没有叫我签免责条，也没有告诉我登机口。

资料来源：张黎. 用心服务　沟通你我[EB/OL]. （2011-12-19）[2023-04-03]. http://news.carnoc.com/list/208/208493.html.

思考：
根据案例中值机柜台服务人员与旅客之间的沟通，谈谈此次服务沟通的欠缺在哪里。

 本章小结

本章讲述了沟通的基本原理、有效沟通的技巧和民航服务沟通的基本知识，在知识点的阐述中结合具体沟通案例强化对该知识点的理解，是全书的总起，为后续章节的展开做了铺垫。本章关于思政拓展、讨论拓展、理论拓展的相关内容既可以课上讨论也可以自主阅读，学生在学习过程中可根据实际情况灵活使用。沟通能力对任何人来说都是非常重要的能力，无论你是否从事民航职业，掌握这一能力都是幸福生活的开始。

荐读

1．陈淑君．这才叫服务[M]．北京：人民日报出版社，2011.

2．陈淑君．民航服务、沟通与危机管理[M]．北京：中国民航出版社，2006.

3．凡禹．沟通技能的训练[M]．北京：北京工业大学出版社，2004.

模块二　不同服务对象的服务沟通艺术

【学习要点】

为适应正在推进的民航强国战略，各大航空公司加大力度提高航空服务标准与要求。无论是从事地面服务的工作人员，还是在飞机客舱中的空中乘务员，他们都会频繁地接触到各种各样的旅客，这不仅需要民航服务人员有过硬的专业素质与技能，更需要他们具有高尚的职业道德、强烈的服务意识以及良好的沟通理解能力。掌握不同服务对象的群体特征、服务需要与服务规范，以及服务沟通要点，合理运用科学、有效的沟通方式、沟通技巧和人性化、柔性化的沟通艺术，成为民航业服务人员高质量服务沟通的必要条件。

【知识目标】

1. 能识记不同服务对象的群体特征。
2. 能列举不同服务对象的服务要求与规范。
3. 能理解不同服务对象沟通要点的异与同。

【素质目标】

1. 培养民航人高尚的职业道德。
2. 树立民航人强烈的服务意识。
3. 培养民航人良好的沟通理解能力。

【能力目标】

1. 能结合典型案例，分析归纳出不同服务对象的沟通要点。
2. 能通过收集资料，分类提出不同服务对象的情境沟通话术。
3. 能运用团队协作，协同有序地处理不同服务对象的沟通难点。

学习情境一　特殊旅客的服务沟通艺术

 **学习目标**

1. 掌握重要旅客的服务要求与沟通艺术。
2. 掌握儿童旅客的服务要求与沟通艺术。
3. 掌握孕妇旅客的服务要求与沟通艺术。
4. 掌握病残旅客的服务要求与沟通艺术。
5. 掌握老年旅客的服务要求与沟通艺术。
6. 具备良好的团队合作能力，为和谐民航做贡献。

 **导引案例**

暖心陪伴　真情服务　幸福航空全力保障旅客安全出行

2022 年 1 月 14 日，幸福航空 JR1592 昆明—长沙航班的机组成员及时为一名患有肾结石的旅客提供送药服务，获得了旅客的真情感谢。

当日，幸福航空 JR1592 航班做好一切准备，正等待塔台指令，从昆明飞往长沙。在迎客阶段，乘务长潘丽蓉发现有一名女士面色苍白、用手捂着肚子进入客舱。潘丽蓉立即上前询问该名女士是否需要帮助，并接过旅客行李将其安排在前舱第一排座位悉心照顾。为缓解乘客不适，乘务员付玉娥为该名旅客提供了温水。与旅客沟通后，客舱乘务员了解到该名旅客是由于肾结石突发导致身体不适，但旅客的药品已随行李箱托运。乘务长潘丽蓉立刻将此情况告知机长，机组协调地面工作人员以最快的速度将药品送到旅客面前。服药后旅客身体状况明显好转，乘务长潘丽蓉与乘务员付玉娥全程细心照顾该名旅客，直至飞机平安抵达长沙。

航班下客时，该名旅客亲切地拉着乘务长潘丽蓉和乘务员付玉娥的手表示感谢。次日，旅客专程致电幸福航空再次表达感谢："十分感谢当日航班上的工作人员对我的照顾，她们用专业和细心为我解决了困难，也给了我一次舒适、温暖的出行体验。我希望把感谢再次传达给当班的全体机组人员。"

幸福航空作为西安本土航空公司，不忘初心，牢记使命，铭记"三个敬畏"，以真情服务践行"人民航空为人民"，用心保障每一位旅客安全出行。

资料来源：庞琼晓. 暖心陪伴　真情服务　幸福航空全力保障旅客安全出行[EB/OL]. （2022-01-17）[2023-04-16]. https://www.163.com/dy/article/GTUBGDVT05148ALS.html.

除了上述案例中提到的病残旅客，重要旅客、儿童旅客、孕妇旅客、老年旅客等都是航空公司在提供服务的过程中需要特殊照顾的人群，对这类旅客的服务沟通技巧不同于普通旅客，本章重点介绍这些特殊群体的服务要求与沟通艺术。

面向特殊旅客的有效沟通是民航服务人员综合素质和操作技能的具体体现，是民航服务人员的重难点工作，既考查服务人员对群体特征、服务要求的熟知程度，又考查服务人员对服务规范的熟练程度，更考验其基于特征、需求与规范的沟通艺术。因此，面对不同类型的特殊旅客沟通，民航服务人员要做好三点：第一，要明确群体特征；第二，要明晰服务要求与服务规范；第三，依据沟通要点进行个性化、灵活化的沟通。

什么是特殊旅客呢？特殊旅客是需要给予特殊礼遇和照顾的旅客，或由于其身体和精神状况需要给予特殊照料，或在一定条件下才能运输的旅客。特殊旅客的范围包括重要旅客、婴儿和儿童、孕妇、残障旅客、生病旅客、老年旅客、超胖旅客、犯罪嫌疑人及其押解者、被驱逐出境者和无签证过境旅客。

特殊旅客因其在年龄、身体、身份地位等方面情况比较特殊，有别于其他旅客，因而也会提出较为特殊的服务要求。根据实际情况，我们对特殊旅客进行了一定的归纳与分类，总结出以下几种情况。

一、重要旅客的服务沟通艺术

（一）重要旅客的概念及分类

重要旅客是指有较高身份、地位和知名度，在相关国家和地区或者对航空公司本身等有较大影响力的人物，或者是与航空公司关系密切的政府、企事业单位的决策人。因此，重要旅客服务也称为要客服务或者贵宾服务。

重要旅客一般分为三类：第一类为最重要旅客（very very important person，VVIP），第二类为一般重要旅客（very important person，VIP），第三类为工商界重要旅客（company important person，CIP）。

1. 最重要旅客

（1）中共中央总书记、中央政治局常委、中央政治局委员、中央政治局候补委员；国家主席、国家副主席、全国人大常委会委员长、全国人大常委会副委员长；国务院总理、国务院副总理、国务委员；全国政协主席、全国政协副主席；中央军委主席、中央军委副主席；最高人民检察院检察长；最高人民法院院长。

（2）外国国家元首、政府首脑、议会议长、联合国秘书长、国家指定保密要客。

2. 一般重要旅客

（1）部级（含副级）党政负责人、在职军级少将（含）以上军队领导；国家武警、公安、消防部队主要领导；港、澳特别行政区政府首席执行领导。

（2）外国政府部长（含副职）、国际组织（包括联合国、国际民航组织）的领导、外国大使和公使级外交使节。

（3）省部级（含）以上单位或我国驻外使馆提出要求按 VIP 接待的客人。

（4）著名科学家、中国科学院院士、社会活动家、社会上具有重要影响的人士。

（5）北京市、上海市、天津市、重庆市及各省主要领导。

3. 工商界重要旅客

工商界重要旅客包括工商业界、经济和金融界有重要影响的人士。

对于机场来说，真正的 VIP 是国家领导人、党政机关军队的高级官员、两院院士等。而某些银行与机场有合作，作为银行白金卡持卡人，银行请机场把持卡者当 CIP 对待，所以银行的 VIP 就是机场的 CIP。

一般而言，机场 CIP 服务的配置是：专人协助办理登机牌（大部分有独立柜台）、专用安检通道（大部分机场和头等/商务公用）、普通休息室（一般在安检后）、一般不需要预约。

而机场 VIP 服务的豪华套餐一般包括：独立候机楼/候机入口、独立办理登机牌柜台、安检前休息室（方便同行人员送机）、独立安检通道、安检通道后有小车送到登机口、一般需要预约。

（二）重要旅客的群体特征

重要旅客有着一定的身份和地位，希望得到应有的尊重。由于重要旅客乘坐飞机的机会比较多，他们在乘机的过程中会对机上服务进行有意无意的比较。民航服务人员为他们服务时要热情、语言得体、落落大方，针对他们的需求要更耐心周到、细致和用心。例如，重要旅客一上飞机，民航服务人员就能准确无误地叫出他们的姓氏、职务；当重要旅客递给民航服务人员名片时，民航服务人员应当面读出来，这样可使重要旅客有一定的心理满足感。

与普通旅客相比，重要旅客通常有如下特征。

1．社会地位方面

（1）三者的身份地位都是较高的。

（2）VVIP 和 VIP 都是有一定的政治地位的领导及干部，两者相比较，VVIP 地位高，基本都是国家高级领导人。

（3）CIP 是在商业上有较高影响的人士。

 **理论拓展**

谁是民航班机的重要旅客？重要旅客服务需要注意些什么

金银卡旅客、工商界重要旅客（CIP）是航空公司的顶级会员，虽然在职位上不同于重要旅客（VVIP、VIP），但他们是能够为航空公司带来巨大收益的高端旅客。

金银卡旅客和 CIP 的心理特点及服务要求如下。

金银卡旅客、CIP 对其航空公司的忠诚度很高，其需求具有个性化、高层次的特征。这些客户大多为商务旅客，他们希望享受区别于普通旅客的更为舒适、差异化的增值服务，譬如宽松些的座位、多品种的报纸和餐食。他们希望在飞机上静静地看看文件、闭目养神、不受干扰，所以客舱民航服务人员要为他们提供更加精细、个性化的服务，在航程中营造温馨舒适的商务乘机氛围。

如机上有金银卡旅客、CIP，带班乘务长应及时获取金银卡旅客、CIP 的乘机人数和信息，接收金银卡旅客、CIP 名单，并将信息通告区域乘务长和客舱民航服务人员，由其对本区域的金银卡旅客、CIP 提供全程的姓氏服务、优先选餐、预留餐食及其他个性化服务。

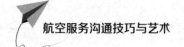

带班乘务长应亲自向金银卡旅客、CIP 做自我介绍，了解他们对服务的感受，征求意见，收集金银卡旅客、CIP 相关信息并反馈到相关部门。

航班结束后，带班乘务长要将金银卡旅客、CIP 信息单、要客的反馈信息填写在乘务日志上并带回有关部门。

2. 心理方面

（1）更注重环境的舒适和接待服务时的感觉。他们的自尊心、自我意识强烈，希望得到与身份相符的额外尊重。

（2）更希望能够得到服务人员提供的个性化服务、精细化服务。VVIP 更加注重服务上绝对尊重且周到，休息环境绝对安全且优雅；VIP 更加注重被人尊重，环境舒适；CIP 更加注重热情、认同感。

（3）更注意精神上的沟通。民航服务人员要掌握更多得体的言谈举止、更优雅的气度风范、更灵活的变通能力，使重要旅客在整个航程中都心情愉悦。

（三）重要旅客的服务要求与规范

1. 座位安排

对重要旅客在飞机上的座位应予以预留，通常会安排在其相应座位等级的可用区域的第一排或其他旅客的前排。当同一航班有多批重要旅客时，应按其身份级别高低从前向后安排，即重要旅客的座位排序应该为 VVIP—VIP—CIP，但要兼顾旅客的意愿及实际情况。

2. 候机服务

（1）重要旅客乘机行程预报。建立重要旅客信息数据库，与客运部服务系统对接重要旅客信息数据库，布置安排休息厅，组织当天的服务人员学习重要旅客的信息。

（2）重要旅客信息内部流转。根据重要旅客的座位需求，提前预留座位，通知值机人员重要旅客的座位预留情况，并提前打印重要旅客登机牌。服务人员将重要旅客信息及旅客需求交接给民航服务人员。服务人员填写《服务日志》完善重要旅客数据库信息。

（3）引导员服务。主动迎接，提供姓氏服务，引导至相应休息厅。确认重要旅客信息，递交登机牌并询问座位是否满意，是否需要更改。与随行人员交流，询问是否有行李需要托运，并告知最新安检规定。办理托运手续。协助填写贵宾服务卡，简要了解旅客对于候机服务的需求。将随行人员引导至休息厅，登机时间前 10 分钟通知专用摆渡车到位，提示旅客准备登机。前 5 分钟到达休息厅，提示旅客注意安全。引导重要旅客至座位，放好行李后礼貌告别。将重要旅客服务卡交接给民航服务人员，填写《服务日志》。

（4）休息厅服务。安排贵宾休息室时，应根据当时的 VIP 情况按照级别安排，如贵宾座位有限或不便多批贵宾集中安排，可安排到头等舱休息室候机，但应按贵宾等级服务。重要旅客本人无论是否持有头等舱客票，均应安排在当地机场头等舱休息室候机。

①准备迎客：布置清扫休息厅，检查服务设备是否完好、服务器具是否齐全。提前预热毛巾，开启设备，准备好茶点，微笑站立在休息厅前等候客人。

②服务过程：自我介绍，礼貌询问。快速为客人提供茶点，送至客人面前，并采用蹲式服务。简单了解旅客乘机时的服务要求。服务人员退至服务间入口处，随时关注旅客用

餐情况，及时为旅客提供服务。注意监听旅客所乘航班信息，并主动告知旅客。对旅客提出的意见和建议耐心听，认真记，及时反馈和改正。

③送客及善后工作：提示立刻开始登机。将客人交予引导员，礼貌道别，并目送客人离开。检查休息厅内是否有旅客遗留物，并及时通知引导员，填写《服务日志》。

案例 2-1

东航落实重要旅客保障工作，打造高端服务品牌

"这是邓先生落在飞机上的表，之前已经电话与邓先生联系并核实过具体情况了，请您收好并尽快转交邓先生。"当西南客舱值班经理樊雪将这块精美的男士手表交到邓先生的秘书手中时，对方连说了好几声"谢谢"，并告诉樊雪："邓先生非常感谢 CA4110 乘务组的拾金不昧，也非常感谢能这么快就物归原主！"

2 月 22 日 23 点 30 分，由国航西南客舱部李莉乘务组执行的北京至成都 CA4110 航班在成都双流机场平稳着陆。当头等舱旅客陆续下机后，乘务员吕鑫和杜婉嫣在清舱过程中发现其中一个座位上有一块非常精美的男士手表。"这一定是刚刚坐在这里的男士不小心落下的，这么精美的表应该价格不菲，要尽快找到失主，免得他着急。"想到这里，吕鑫立即报告了主任乘务长李莉，并快速跑下机到头等舱 VIP 车去寻找失主。可是此时 VIP 车已经离开，已无法第一时间将表物归原主，只能暂时将表交给主任乘务长李莉。李莉接过这块表粗略一看，发现这是一款非常名贵的表，想着这么名贵的表一定要想办法尽快联系上失主。于是李莉将手表带回了客舱部，交到了值班经理樊雪手中，请樊雪经理帮忙找到旅客的信息并尽快归还给旅客。

樊雪经理仔细询问了李莉该旅客的座位、年龄并通过系统查到了旅客的姓名，接下来应该怎样才能获得旅客的联系方式，尽快联系到旅客并告诉他表已经遗落了呢？樊雪突然想到生产运行室的经理以前在地面服务部工作，应该能够请地服部的同事帮忙调取旅客联系方式，与旅客取得联系。在两位经理共同努力和跨部门间的通力配合下，很快就得到了失主的联系方式。为了不影响旅客休息，樊雪经理在第二天七点联系到了失主邓先生，在经过电话里对手表特征的各项确认之后，邓先生对于手表能够失而复得非常欣喜，立即安排了秘书到客舱部取回遗失的手表，并且送去了对乘务组和西南客舱的感谢，于是出现了文章开头的一幕。

资料来源：余捷，樊雪. 头等舱旅客遗落名表　国航西南客舱快速归还[EB/OL]．（2017-02-23）[2023-04-16]. http://news.carnoc.com/list/393/393185.html.

3. 登机服务

通常安排重要旅客在其他旅客登机完毕后再行登机。在国务委员、副总理级别以上重要旅客乘坐的航班上，严禁押送犯人或有精神病患者乘坐。登机时应派专人将其引导至机舱内，并与当班乘务长交接。如飞机停靠在远机位，应派专人将其送至飞机下并引导至机舱内，与当班乘务长交接。航班离港前，应填写"特殊旅客乘机通知单"，将重要旅客及其座位号等信息通知乘务长。航班离港后，应拍发重要旅客电报，将其乘机信息通知经停站和到达站。当 VIP 专车到达时，民航服务人员要在机舱门口迎接问候、安放行李，旅客

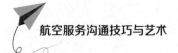
入座后，立刻提供报纸杂志、温热小毛巾和饮料。

案例2-2

尽善尽美的服务

一般来说，要客享受到的照料从他订机票的那一刻就已经开始了。

民航局规定，要客订座、购票应该优先保证。接受《南方周末》记者采访的航空界人士均表示，每个航空公司的内部系统都有一个长长的要客名单。按照民航局上述规定，如果订票者的身份是省、部级（含副职）以上官员，军队在职正军职少将以上军官，公使、大使级别外交官这样的重要客人（在一些航空公司的要客目录中，两院院士也榜上有名），系统就会提醒：要客来了。

起飞前一天，各大始发站都得将次日航班的要客名单表送至民航局、航空公司、机场及所有业务单位，其中最操心、最核心的部门是航空公司。

对于要客来说，有头等舱的航班坐头等舱，没头等舱的，按照民航局规定，航空公司也会给他们挑个舒适的座位。

刚刚坐下，是想来点面条，还是米饭？是吃软食，还是硬点的？是中餐，还是西餐？这些很多时候无须要客操心，上飞机之前，空乘人员已经对很多重要客人的喜好有所了解。

如果是在包机上，要客们还可以享受点餐服务。

如果飞行旅途中要客想好好休息一下，空乘人员则会最大限度地保持安静。《南方周末》记者采访的民航服务人员回忆，他们在有要客的客舱巡视时往往是脚掌着地，没一点"咚咚"的声音，关洗手间门也是极轻极慢地拉动门闩，不发出一点刺耳的噪声。

经过几个小时的飞行，飞机缓缓降落，按规定，要客会先走；民航局还规定，贴有VIP标志牌的行李应放置在靠近舱门口的位置，以便到达后优先卸机。

资料来源：南方周末. 有99%的人在假装坐飞机[EB/OL].（2017-08-13）[2023-04-16]. https://www.sohu.com/a/164224665_355012.

4. 到达服务

到达站应注意掌握重要旅客所乘航班的到达信息动态，接到其所乘航班到达信息后，应通知接待单位。航班到达后，应派专人引导重要旅客。贵宾接待人员应按规定程序在航班着陆前10分钟到达停机位，并准备好贵宾摆渡车。

（四）重要旅客的服务沟通要点

1. 服务语言要规范

重要旅客的服务表达是以行动、语言为表达手段的富有创造性的工作。从事这项工作的服务人员要字正腔圆地进行表达，还必须在此基础上对语音、语调、语感、语速以及语言组织能力进行提高。

服务人员在为要客服务时可称呼职务；对国务院、政协等领导可称呼"首长"；对要客夫人可称呼"夫人"；对要客的陪同可称呼职务；对外宾的称呼要尊重其本国的习惯。重要旅客服务的工作标准和话术范例如表2-1所示。

表 2-1 重要旅客服务的工作标准和话术范例

项　目	工　作　标　准	话　术　范　例
姓氏尊称	全程提供姓氏尊称服务，若知道旅客职务，则优先使用"姓氏+职务"称呼	"王总，您好！/早上/中午/晚上好！"
介绍	有领导同行接待，与要客不熟悉，先向要客介绍领导	"王总，您好！这位是中国南方航空公司××总经理！"
	自我介绍，阐述清楚身份	"王总，您好！我是南方航空公司服务人员×××，很荣幸为您服务！" "王总，您好！欢迎来到××。我是南方航空公司服务人员×××，很荣幸为您服务！"
信息告知	引导过程中，耐心、准确地回答旅客的询问。首次见面时应主动告知航班动态	"王总，您好！您乘坐的航班/衔接的中转航班目前正点。"
中途离开	如应要客要求，不需陪同，则要为要客指明方向，并提供咨询方式；同时告知下一流程点要客的特征、路线，做好全程跟进服务	"王总，您好！向前走 50 米就是×××登机口/明珠休息室，沿路有清晰的指引。如果有任何疑问，可向工作人员咨询或者拨打我们的服务电话。"（递上印有现场服务支持电话的卡片等）
道别	主动和要客礼貌道别	客舱："王总，祝您旅途愉快！" 旅途结束："王总，欢迎您再次乘坐南航航班！"

资料来源：中国南方航空公司. 重要旅客服务工作标准[S]. 广州：中国南方航空公司，2011.

2．服务态度显尊重和关注

服务要顾及重要旅客的身份和面子，通过微笑服务、问候服务、姓氏服务等来表现出更多的关切，提供文明、主动、礼貌热情、周到的服务。如在称呼要客时，全程使用姓氏尊称来服务，征求旅客意见后，通常用其姓氏+职位或军衔来称呼国内的重要旅客。表 2-2 所示为微笑与问候的工作标准和话术范例。

表 2-2 微笑与问候的工作标准和话术范例

工　作　标　准	话　术　范　例
十步微笑：在距离旅客十步左右，工作人员应接触旅客的眼神，展示微笑 五步问候：在距离旅客五步左右，工作人员应起立、主动问好	先生/小姐，早上/下午/晚上好！请出示您的证件及机票 Good morning/afternoon/evening Sir/Madam, please show me your ID card/passport and ticket

资料来源：中国南方航空公司. 重要旅客服务工作标准[S]. 广州：中国南方航空公司，2011.

案例 2-3

好的服务，打动人心

2020 年 8 月 15 日，执行 MU5745 昆明到广州的航班。我发现，头等舱 6L 旅客上机时就低着头，身体微微发颤，面色微红。我觉得这位旅客可能身体不适，便立即赶过去，向他询问情况。"您好，先生，您是有哪里不舒服吗？"该旅客回答道："登机前和商业伙伴喝了点酒，因为时间太紧张了，几乎也没吃晚饭，现在感觉头有点晕。"我观察到，这位男士说话很慢，似乎口很渴，于是马上给他先倒了一杯温水，把情况报告给乘务长后，又冲泡了一杯糖水给旅客喝下，并用冰毛巾擦拭该旅客的额头等。考虑到这位旅客没有吃饭，我就把起飞后发的点心先拿去送给了他，并协助他调节好座椅，在飞机平飞后让他躺下休息，并为他垫上枕头、盖好毛毯，微笑着安慰旅客说："我们是专业的，会一直为您提供帮助，请您放心。"在近两个小时的飞行中，我每隔几分钟都会去头等舱里查看这位旅客的情况。看到旅客安详地睡着了，情况有所好转，我才松了一口气。飞机降落后，我又过去给他倒了一杯温水，这位旅客十分感动，连连说着："谢谢，给你们添麻烦了，你的服务我看在眼里，辛苦你了，你们的敬业精神值得赞扬！希望下次有机会再次乘坐你们的航班。"

作为一名空乘人员，看到旅客有一个满意的旅程，我倍感欣慰，这是我们作为空乘人员的义务，也是我们的责任。在以后的工作中，我们将继续怀着一颗感恩的心，用真诚去打动每名旅客，为旅客提供无微不至的服务。

资料来源：中国东方航空公司. 中国东方航空公司客舱案例手册[M]. 上海：中国东方航空公司，2021.

3. 提前了解旅客信息

在航行前接到重要旅客信息后，带班乘务长可事先通过公司旅客信息库、互联网等相关媒介了解该旅客的各类信息，特别是喜好，登机后尽早向其随行人员了解他们的饮食习惯、生活习惯，为服务工作提供参考。

案例 2-4

在主动服务模式下收集中转旅客信息

面向中转旅客，机场内部四个典型部门，包括市场部、地服部、航站楼和信息部会同航空公司、OTA 两个外部组织通过一个平台协同，为在机场中转的旅客提供高质量的中转服务，通过有效提升旅客中转体验和满意度，吸引更多的旅客在本场中转，进而有效拉动机场客运吞吐量。

旅客数据收集问题在民航领域甚至在整个数据领域看似是一个不应该公开讨论的问题，很多人把此问题归为知道但不能说的这一类，但伴随信息科技在人们日常生活中的日益普及，以及政府对短信诈骗、信息犯罪和 P2P 金融甚至是不正常航班签转短信诈骗的宣传教育，人们或多或少已经开始思考"我的信息"的授权与使用问题，而且"我的信息"已经上升到国家治理层面，是社会数字化转型（治理）的必要前提，中转协同服务平台的设计和架构必须面对和解决这个问题。

旅客数据收集的本质是产品运营的两个核心内容，一是旅客（流量）从哪里来，二是旅客（流量）如何留下来。可以采用以下途径，让旅客授权信息并将其应用于中转服务中。

（1）在合作 OTA 售票平台上，由旅客单次授权身份信息和航程信息。旅客订购机场中转产品后，可以及时通过弹窗形式告知旅客机场中转服务内容，引导旅客提供身份信息、客票信息，以便旅客能够更好地享受机场提供的各项增值或配套中转服务，一般情况下旅客不会拒绝。之后由 OTA 推送旅客本次订单信息到机场。

（2）在机场小程序或公众号上，由旅客匿名单次授权身份信息和航程信息。用户匿名使用机场小程序或公众号时，高亮显示特色中转服务，明确告知旅客自助提交相关信息后，即可享受机场提供的各项服务。

（3）在机场小程序或公众号上，由旅客实名注册会员，并授权本场航程信息。用户实名注册后，可以引导用户授权其 OTA 行程信息自动分享到机场，当然用户可以随时关闭授权。授权期内，由 OTA 推送旅客相关订单信息到机场。

资料来源：如何在主动服务模式下收集中转旅客信息[EB/OL].（2020-09-14）[2023-04-16]. https://www.sohu.com/a/418327289_311208.

4. 服务环节要细致

不能因服务内容随意打扰重要旅客的休息。一旦发现旅客想要休息，客舱服务人员要尽快将客舱的灯光调暗，调低音乐的音量，提供良好的休息环境。特别是夜间飞行的航班更要注意这些服务细节，服务人员一定要灵活，要能随时观察到旅客变化的需求，以满足他们瞬间的需要。在销售免税商品时，应该请重要旅客优先挑选。

案例 2-5

要客服务出错巧应对

从三亚飞往上海的南方航空公司的 3835 次航班上，有一位在普通舱前排就座的旅客。当该旅客刚走进公务舱，欲上前舱洗手间时，受到了前舱安全员和民航服务人员的劝阻。客人有些不悦，轻轻地问了一句："地面没有报给你们吗？"便很有涵养和风度地去了中舱。"报什么？"一句话弄得安全员和前舱民航服务人员高梦元一头雾水。高梦元带着疑虑把这件事及时地报告给乘务长张警予。富有多年乘务工作经验的张警予没有忽视旅客的这句话，而是等到该旅客坐好后，耐心细致地询问了该旅客的情况。原来该旅客是海南省某部门的领导，在乘机的空地服务中应该享受 VIP 的待遇，而且在候机楼时就是这样做的，可是不知是什么原因，上飞机时地面人员没有报告给机组，所以飞机上就没有把该旅客按照 VIP 的规格进行接待，使得该旅客有些茫然。该怎么办？如果现在贸然地把该旅客安排到公务舱，显然不符合有关规定；如果把他当成一般的旅客对待，对他来说显然有些委屈。

如何对待这位没有报名单的 VIP 呢？本次航班，公务舱没有客人。张警予就让公务舱的服务人员高梦元重点关照这位旅客，一会儿送来咖啡、茶水，一会儿送来热乎乎的毛巾。该旅客要看报纸，高梦元又从飞机上给他找来各种报纸。张警予在征求该旅客对服务的意见时也向他表示："在飞机上如有什么要求请提出来，只要不违反规定，在我们机组的权限范围内，我们尽量帮助解决。"

该旅客被张警予的真诚所感动，提出因为自己下飞机后要赶时间，能不能把托运的行李尽快取出。服务人员王浩东自告奋勇地来负责完成这项工作，使该旅客流露出满意的笑容。在两个多小时的旅途中，该旅客虽然被漏报了 VIP，但是他同样享受了南方航空公司签约的优质服务。飞机刚停靠廊桥不久，王浩东便把该旅客的托运行李提到了他的面前，

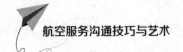
为他的下一步计划赢得了时间。旅客下飞机时和前来飞机旁接他的朋友们一再对机组的热情服务表示感谢。

资料来源：吴春魁. 细心空姐发现了被"遗漏"的VIP[EB/OL].（2005-05-01）[2023-04-16]. http://news.carnoc.com/list/52/52119.html.

二、儿童旅客的服务沟通艺术

（一）儿童旅客的定义

儿童旅客是指在旅行开始日尚未达到12周岁生日但已达到或超过2周岁生日的旅客。儿童旅客按照年龄可以分为婴儿、幼儿、学龄儿童，按照有无成人陪同也可以分为无陪儿童（年满5周岁但不满12周岁，没有年满18周岁且有民事行为能力的成年人陪伴、独自乘机的儿童）、有陪儿童等。

儿童旅客的运输要求如下：出生不到14天的婴儿不予承运。单独乘机的儿童，5周岁以下的无陪儿童不予承运。无陪儿童是指5周岁至12周岁以下无成人陪伴的儿童，无陪儿童必须符合航空公司的运输条件方可运输。一个成人旅客携带4名或4名以上的儿童乘机时，应在乘机前7天向售票处提出申请，经有关部门同意后方可办理订票手续。

（二）儿童旅客的群体特征

1. 婴儿旅客的特征

出生14天至2周岁以下的婴儿应有成年旅客陪伴方可乘机，不单独占用座位。两周岁以下的婴儿必须由其陪护人抱着，或乘坐在经局方批准的在其陪护的成年人座位旁的儿童限制装置内。

2. 有陪儿童旅客的特征

儿童性格活泼好动，天真幼稚，好奇心强，善于模仿，判断能力差，做事不计后果。鉴于儿童旅客的这些特点，民航服务人员在服务时，尤其要注意防止一些不安全因素的发生。例如，要防止活泼好动的小旅客乱摸乱碰飞机上的设施；航班起飞、降落时要注意防止小旅客四处跑动；给小旅客提供热饮时，要防止他们碰洒、烫伤等。

案例 2-6

海南航空以真情服务儿童旅客　温暖每段旅程

随着暑运旺季到来，儿童旅客比例大幅增加，海航集团旗下的海南航空在做好常态防疫的基础上，始终秉承海航的"店小二"服务精神，用真情服务旅客。

某日海南航空由长沙飞往哈尔滨的HU7785航班，乘务长航前准备时查询到当段航班有8名普通儿童旅客，于是根据儿童旅客的出行特点提前对乘务员进行了部署安排。儿童旅客登机后，乘务组向小旅客及家长们介绍了飞机机型、航路天气、目的地气温，认真讲解了乘机注意事项，主动提供毛毯、饮料食品，适宜调节小旅客就座区域的客舱温度，并和小旅客讲故事互动，缓解小旅客们的紧张情绪。下机时，小旅客们纷纷向乘务组热情挥手道别。

资料来源：贾茹. 海南航空以真情服务儿童旅客　温暖每段旅程[EB/OL]. （2020-08-24）[2023-04-16]. http://www.cannews.com.cn/2020/08/24/99309902.html.

3. 无陪儿童旅客的特征

无陪儿童独自一人旅行会惊奇、担忧、害羞、恐惧。伴随着父母或亲人离开，有的孩子还可能表现出烦躁、坐立不安、不听解释，吵闹着要见父母。面对不同年龄层、不同乘机经历的无陪儿童，我们的沟通方式也应随之变化。客舱服务人员应格外注意无陪儿童的言行，给予无陪儿童特殊的照顾。

案例 2-7

哭闹的无陪宝宝

（三）儿童旅客的服务要求与规范

1. 婴儿旅客的服务要求与规范

（1）调整好通风器，注意不要让通风口直接对着婴儿及其陪伴人员。

（2）在飞机起飞、下降过程中可能出现压耳症状时，告诉陪同人员唤醒婴儿，提醒抱婴儿的旅客给婴儿喂水或奶做吞咽动作，来帮助婴儿缓解压耳症状。

（3）迎接他们进入客舱，帮他们找座位、安排行李，不可将抱婴儿的旅客安排在紧急出口的座位。

（4）提醒坐在过道旁的带婴儿的旅客，婴儿的头部不可朝向过道方向，以免被过往的旅客和餐车碰到。提醒成年旅客不要将通风口吹向婴儿，以防婴儿着凉。

（5）主动向婴儿的母亲介绍机内紧急设备和服务设备（如呼唤铃、通风器），以及厕所中婴儿换尿布的设备等的使用方法。例如，飞机洗手间可供婴儿旅客使用，服务人员应告知成人旅客厕所内婴儿板的使用方法。

（6）将旅客安排在前排或能放摇篮的地方，妥善安排好旅客的随身携带物品，帮忙系好安全带，用小枕头垫在婴儿的头部，提醒婴儿的母亲在飞机起飞、下降和颠簸时保护好婴儿。

（7）向监护人征询婴儿喂食、喝水的时间和用量，有无特殊要求，将奶瓶、奶嘴洗净消毒，根据其要求协助冲好牛奶。

（8）许多航空公司在一些国际航班上可为不占用机上座位的婴儿提供机上婴儿摇篮。同时，为使资源得到更合理的利用，规定只接受一岁以下、身高 70 厘米以下、体重 15 千克以下的婴儿。

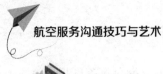

婴儿饿肚在航班上哭闹　南航乘务长借奶救急

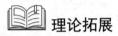理论拓展

婴儿乘机须提前申请

为了宝宝的旅行安全，航空公司规定出生 14 天以内的婴儿和出生不足 90 天的早产婴儿是不能乘坐飞机的。只要超过出生日 14 天，宝宝的身体机能便可以适应乘机环境。但也有医生建议，婴儿应在满月以后且无任何疾病表现时才可乘坐飞机。理由是未满月的宝宝比较娇嫩，对外界还不太适应，起居环境变化最好不要太大，也不太适宜长途旅行，所以旅行还是等宝宝满月以后为好。

如果带宝宝乘机，需要携带婴儿护照、出生证明或者户口簿等证件。乘机当日未满两周岁的婴儿，可按成人正常票价的 10%购买婴儿客票，不单独占用座位。如旅客希望宝宝单独占用座位，那么就需要购买儿童票价客票了。需要注意的是，每名同行陪护成人只能享受一名婴儿的特殊票价，超过限额的婴儿应按相应的儿童票价计收。同时，为确保飞行安全，根据民航局制定的各机型旅客载运数量安全规定，每类机型每条航线的婴儿旅客载运数量均有不同的载运标准。因此，为防止超出所搭乘航班婴儿旅客载运数量标准，旅客最好为宝宝提前申请乘机。

婴儿在乘飞机旅行时面临的最大问题是如何缓解客舱内气压变化而引起的压耳症状。因此，如果发现婴儿在飞机起飞或者下降时哭闹及躁动不安，这是气压变化太大造成了婴儿压耳。在飞机起飞和下降的过程中，家长最好让宝宝叼上奶嘴。同时，在选择航程时尽量选择直达航班，以减少飞机起降对婴儿耳膜造成的伤害。

针对婴儿这个特殊的旅客群体，为了让其能够安全旅行，方便年轻父母在旅程中对其进行照顾，航空公司采取了一系列措施。首先，飞机上一般设有可供婴儿使用的洗手间，洗手间内都设有婴儿板，方便父母在乘机时为婴儿更换尿布。洗手间的具体位置可以在上飞机后咨询客舱服务人员。其次，还有一些航班配有婴儿餐，根据航线的不同，搭配也可能有所不同。旅客可以在购买婴儿票时，或者在飞机起飞前 24 小时拨打航空公司的热线电话，要求其在航班上为婴儿配餐。此外，如果婴儿乘坐的是国际航班，在某些航线的部分航班中，航空公司可为不占用机上座位的婴儿提供机上婴儿摇篮服务，但旅客须在购票时或航班起飞前预先提出申请。

2. 有陪儿童旅客的服务要求与规范

（1）全程给予儿童旅客关注，并观察其是否有不适应或不舒服的感觉。

（2）提供饮食时，征求陪伴者的意见，尽量照顾儿童旅客的生活习惯和心理要求。

（3）飞机起飞、下降前，在小旅客腹部叠放一条毛毯后系好安全带。

（4）尽量不要抱儿童旅客，抱儿童旅客时一定要经过家长同意。

（5）儿童应安排先于其他旅客登机，根据旅客需求，提供引导服务。

（6）提醒成人旅客为小朋友系好安全带，不要让孩子在过道内奔跑。

（7）如果遇上因航行时间过长而哭闹的儿童旅客，可以用配备的甜点安抚。

案例 2-9

对小旅客保持关爱与耐心

内蒙古分公司乘务组执行 CA1464 由贵阳到北京的航班。在旅客登机的过程中，所有的乘务员都注意到一对夫妇带着一双可爱的儿女，两个孩子可爱、调皮，但非常有礼貌。乘务员向他们微笑、问好，考虑到客舱空调较凉，还专门为两个小朋友准备了毛毯。关闭舱门后，由于流量控制的原因，飞机在贵阳地面管制了 1 个小时，在这期间乘务员不间断地巡视，做解释工作。这两位小朋友没有一丝的烦躁不安，反而争先恐后地向乘务员提出各种与飞机相关的问题，不论问到哪一位乘务员，她们都非常有耐心地进行解答，很快在乘务员与两位小朋友之间建立起了友谊。飞机起飞后，在客舱服务之余，乘务员依旧给了小朋友格外的关注。乘务员注意到两个孩子在用餐后并没有休息，而是在不停地画画。每当乘务员巡视客舱路过他们的时候，他们都会抬起头调皮地笑一笑，乘务员也会不失时机地夸他们的画画得好。

资料来源：记航班延误后为国航乘务组送上画的儿童乘客[EB/OL].（2012-07-20）[2023-04-04]. http://news.carnoc.com/list/228/228922.html.

3. 无陪儿童旅客的服务要求与规范

（1）安排儿童入座后，主动为其提供儿童读物和玩具。随时掌握无陪儿童的空中情况，向无陪儿童介绍周围的服务设施，包括安全带、呼唤铃、阅读灯、邻近的洗手间及其使用方法。

（2）及时了解无陪儿童的冷暖，为其增减衣物，饮食上尽量照顾儿童的生活习惯。

（3）对年龄较小的儿童，用餐时可帮助其分餐。儿童的首选饮料是果汁类，应以冷饮为主，如果提供热饮，以温水为主，倒半杯为宜，注意不要烫伤小旅客。因厨房内有服务用具和咖啡、热茶等，应禁止无陪儿童进入厨房，以避免其受伤。

（4）飞机下降时，如无陪儿童处于睡眠状态，应将其唤醒以防舱内压力变化压迫耳膜。

（5）对于无陪儿童，航空公司根据协议，最好派专门的民航服务人员负责照看，以防出现意外。

（6）无陪儿童应由儿童的父母或监护人陪送到乘机地点并在儿童的下机地 点安排人予以迎接和照料。

（7）需要事先了解无陪儿童的相关信息。地面服务人员把儿童旅客送上飞机，向乘务长说明其目的地和接收成人的姓名。落地后乘务长将其移交给地面服务人员或来接机的成人，并将其所携带物品点交清楚。

（8）单个无陪儿童应尽可能安排在前排过道位置，多个无陪儿童应集中安排在便于客

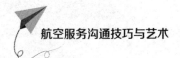

舱服务人员照料的适当的前排座位，但不得安排在飞机的紧急出口处。

（9）若无陪儿童乘坐的航班是在中途做短暂停留的经停航班，可将无陪儿童安排在飞机上，由当班乘务员在飞机上照料，不下飞机。

（10）飞机到达后，乘务长将儿童和文件袋交给目的站的地面服务人员，并按"B 类单"办理交接手续，由地面服务人员带领儿童办理各项到达手续。

（11）如果航班延误，航空公司应指定专人照顾孩子并提供必要的食宿，同时通知接机的家长以及航空公司内部其他交接部门。如遇航班取消，应及时与家长联系并将孩子安全送回始发地。

（12）无陪儿童的承运必须在运输的始发站预先向航空公司的售票部门提出申请，其座位必须根据航空公司相关承运规定得到确认。

案例 2-10

"儿童托运"完整信息必须有

（四）儿童旅客的沟通要点

1. 语言沟通

与儿童旅客沟通时，最主要的是口头交流，这种方式包含几个要素：措辞、语音语调以及嗓音的高低。

（1）注意语言的艺术性。对于好奇、活泼、淘气的儿童旅客，不要对其进行训斥或恐吓，应事先告诉其一些规定与要求。多赞美、少批评，给予他们行为或者心理的支持，赋予他们充分的理解、尊重和喜爱。

（2）丰富沟通的趣味性。民航服务人员应拿出玩具、儿童读物、糖果等给儿童旅客或者与他们做简单的游戏，减少他们的孤独感，给他们营造一种轻松自在的氛围，让他们有一种亲切的感觉。

2. 肢体语言沟通

肢体语言沟通包括你和交流对象的身体接触，你的姿势、面部表情、触觉以及交流时的环境。不同于成人旅客，儿童旅客缺乏自我保护的能力，需要民航服务人员的陪伴以保证他们的安全，而他们心智的不成熟与敏感也使得民航服务人员在沟通时更需要注意语言、动作对他们的影响。与儿童说话时，服务人员的面部表情、说话声音、肢体动作都要让他们感到很亲切，这样他们就会慢慢接受服务。

（1）别要求眼神交流。当孩子真正听你说话时，他可能完全没有看你的眼睛。要求眼神交流实际上会阻碍孩子听你说话，进而破坏掉你们接下来的交流。孩子为了持续看着你的眼睛，不得不将注意力集中在这件事上，而与此同时听进去的便比较少了。孩子需要学会的是在放松的状态下和大人进行眼神交流，如果只是被命令要求，那么孩子很有可能只是看着你的眼睛，而听不到你在说什么。

（2）建立多感官联系。与孩子沟通时，需要注意一个细节：在沟通过程中，注重孩子的感受与体验。孩子对语言有了一定的感受与体验，才能够将语言所表达的道理或者概念等内化到内心，进而理解语言后面的含义。为了确保孩子能听进你说的话，有必要和他建立多感官的联系。例如，在谈话前走近孩子，俯下身，温柔地将手放在孩子的腿上、肩膀上或者背上。你做这些的时候，表达了三种意思：让孩子听你说话，让他感觉你，看着你，即便只是用余光看你。你传递的信息不仅是"听我说"，也是"我很在意你和这次沟通，我相信你能听进去"。这毫无疑问为接下来的沟通做好了准备。

案例 2-11

多彩的内心世界

在东京飞往上海的航班上，民航服务人员小张接纳了一位无人陪伴的日本小乘客。这位小乘客上飞机后一直沉默不语，小张用英文向他问好，他只是胆怯地摇头，小张改用简单的日语问候，小朋友偶尔露出一丝微笑。

供餐的时候，小张用日语询问，小朋友仍然胆怯不语。怎么让"金口难开"的小朋友开心呢？小张灵机一动，将餐食品种用形象的动物表示并画在纸上给他挑选，只见他在牛的下方画了一个笑脸，这使小张立即茅塞顿开，于是在照顾好小朋友用餐后，小张一路陪伴他画了许多活泼可爱的图画，还共同玩了拼图、亲子玩具等，小朋友的脸上终于绽放出笑容。分别时，小朋友的陌生感荡然无存，与小张难舍难分。

资料来源：孙岚. 民航客舱服务案例精选[M]. 北京：化学工业出版社，2015.

（3）注意距离和姿势。保持什么样的身体距离要根据各年龄段孩子的特点而定，小一些的孩子喜欢保护式、略微亲近的方式；对于大一些的孩子则需要保持一点儿距离，他们开始在乎个人空间了；你的姿势也很重要，不能使孩子抬头仰望，高高在上的样子会让他们觉得没得到尊重，所以需要蹲下来或和他们坐在一起交谈。

（4）善用"道具"。有些机场会设置一些儿童游乐区，供候机儿童玩耍。飞机上也会准备一些专门为与儿童沟通使用的画笔、图画纸、玩具等，在与儿童沟通时，国内航空公司往往会视情况决定是否送与儿童；国外航空公司则会给每位儿童一份他们专属的纪念品，以缓解儿童乘坐飞机时的无聊感。民航服务人员要善于使用这些"道具"与儿童进行沟通。

案例 2-12

海航"无陪儿童"服务：我愿当你风雨中的守护天使

近日，海南航空乘务长葛丽森迎来了一位无陪小旅客乘机。小姑娘十分活泼、可爱，仿佛是一枚小太阳，吸引了整个乘务组的注意。

旅客登机结束后，葛丽森前往小旅客座位前，帮她核查好证件、放好行李、系好安全带，并告诉她机上的所有服务设施以及卫生间的位置，还拿来毛毯盖在小旅客身上。随后，她嘱咐其他乘务员全程关注这位小朋友。

当天，天气异常，葛丽森收到了机长给出的起飞等待指令："为了确保飞行安全，需要等待天气好转才能起飞。"

她第一时间想起了那名无陪小旅客，担心父母不在身边的小旅客会因为航班延误产生不安情绪。葛丽森来到小旅客身边，想用聊天来缓解小旅客的心情。而此时，小旅客仿佛看出了葛丽森的担心，笑着说道："姐姐，这已经是我第三次独自乘机了。您别担心，我一点都不害怕。"突然的安慰让葛丽森惊喜，她竖起大拇指连连夸奖："你真勇敢！"随后，葛丽森拨通小旅客家人的电话，告知了航班的最新动态，希望他们放心。

不久，乌云漫了上来，外面突然下起了暴雨，伴随着电闪雷鸣。小旅客听到声音还是被吓得蜷缩起来，葛丽森立马上前用双臂抱住小旅客，轻拍安慰她："不用担心，有姐姐陪着你呢，没事的。"随后，她为了转移小旅客的注意力，还用纸叠了个纸飞机给小朋友当玩具玩。

终于，雨过天晴，飞机开始滑行起飞。航班落地后，小旅客悄悄地在葛丽森耳边说了声："谢谢姐姐。"这一句谢谢让葛丽森疲惫了一天的心得到了慰藉，她说："尽管天气原因导致航班延误，但是用一颗怀抱感恩的心去面对、用真情和耐心去服务，我相信能得到旅客的理解和支持。当时听到这句'谢谢'，我就觉得自己付出的一切都值得。"

当下，独自乘机的无陪儿童越来越多，海南航空推出了"一路童行"服务产品，为小旅客提供周到且细致的空地服务，不仅有"小小旅行家"文件挂袋，可帮助孩子保管所有的旅行证件以及登机牌等物品，地面还有专门的服务人员协助办理值机、安检以及行李托运等手续，负责陪伴小旅客候机并保管相关文件凭证；空中空乘人员会陪伴小旅客度过一段愉快的空中旅程。如遇航班延误，将有专人照顾孩子并提供食宿，同时会及时通知家长；如遇航班取消，也将及时联系家长并将孩子安全送回始发地。

自 2020 年 7 月 28 日开始，海南航空升级"一路童行"无陪儿童服务，适用于北京、海口、西安、太原、天津五地之间互飞的直达航班。家长通过工作人员上传照片，可实时了解小旅客在隔离区内候机、登机及到达后下机的状况。海南航空用细致的服务和专业的素养，让无陪儿童有人陪，让他们的航程不再孤单。

资料来源：海航"无陪儿童"服务：我愿当你风雨中的守护天使[EB/OL]. （2021-02-04）[2023-04-04]. https://view.inews.qq.com/k/20210204A0807R00?web_channel=wap&openApp=false.

3. 用心倾听

任何沟通都至少有两方参与者，当一方表达观点时，另一方就是倾听者。你在倾听孩子说话时的态度会对你们的沟通产生巨大的影响。每当孩子跟服务人员说话时，服务人员应该尽可能放下手头的事情，全神贯注地听孩子讲话，这会让孩子觉得服务人员很愿意听他讲话，孩子感觉受到了尊重和鼓励，会很愿意说出自己心里的感受。

4. 细致询问并反复确认

对于儿童旅客的服务沟通一定要仔细并复查。航班到达后还要确认小旅客的目的地和所有行李，并与地面工作人员做好交接工作，确保小旅客安全地回到亲人身边。

案例 2-13

安全细节不容忽视

某次航班上迎来了大批的旅行团游客。上客完毕，巡视客舱时，外场服务人员小 D 发现 C 座旅客怀抱婴儿与家属坐同一排，但是 C 座上方婴儿氧气面罩数量不足，考虑到安全的重要性，在征得同排旅客家属同意之后，小 D 便将怀抱婴儿的旅客的座位调换至同排 J 座，同时也及时向乘务长进行汇报。然而，乘务长在起飞前安检复查时发现怀抱婴儿的旅客仍坐在 C 座，乘务长耐心告知旅客 C 座上方氧气面罩数量不够，宝宝无法坐在那里，简单沟通后，旅客表示明白，乘务长又及时将旅客换至 J 座。然而飞机平飞以后，小 D 巡视客舱时发现该名怀抱婴儿的旅客又换至 C 座，这引起了小 D 的重视，她立即来到旅客面前，重复着相关安全规定以及更换座位确保安全的重要性，并立刻帮其换至 J 座，直至落地，怀抱婴儿的旅客才一直坐在 J 座。

5. 善用家长监护人的沟通渠道

提供餐食时要小心谨慎，一定要提前询问家长，孩子是否对某些食物有过敏现象和平时的饮食习惯。

讨论拓展

讨论题目——与自闭症儿童旅客的沟通

1. 首先从短途飞行开始，尽可能不超过一小时。

2. 让孩子有一个心理准备。在飞行的几周前，告诉孩子坐飞机是怎样的，详细地说明过程：到达机场、排队、安检、找登机口、登机、扣好安全带，以及要在飞机上待一段时间。可以让孩子读一些描写坐飞机感受的儿童读物。

3. 演练。询问当地机场是否有自闭症儿童演练项目。许多机场都会允许自闭症儿童家庭进行一次安检演练。很多机场，如华盛顿杜勒斯国际机场、波士顿洛根国际机场、费城国际机场和亚特兰大机场甚至为自闭症儿童家庭提供与飞机的进一步接触服务，如模拟登机，这类机场的数量也在不断增加。

4. 尽早让航空公司获悉你们的情况，向机场申请一个宽敞的座位，减少孩子的封闭感，以防孩子踢座位。在乘机三天前，致电交通安全局热线，交通安全局会与机场服务中心沟通，帮助你们顺利通过安检。

5. 自备饭食和零食。如果乘机时间较长，事先询问航班是否提供食物，如果提供，请他们为孩子准备特殊的食物，如无谷蛋白食物。也可以选择自己带食物或者过了安检之后再买。

6. 申请优先登机。向航空公司申请优先登机，并且提前到达登机口，再次确认申请。优先登机可以在人流涌入之前让孩子安全就座。

7. 带好必备物品。机场工作人员或许需要查看孩子的诊断证明。但凡能够使孩子保持平静的物品都可以随身携带。如果孩子对较大的声音比较敏感，就需要携带消音式耳机。

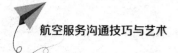

想办法让孩子一直坐在座位上，带一些书籍、玩具、DVD 等，别忘了带充电器。除此之外，带一些换洗衣物以备不时之需。

其实，对于一些自闭症儿童来说，他们更适合有规律的常规生活，出门旅行并不是很适合他们，尤其是旅行坐飞机的时候，更是一件难事，所以大家要注意自己孩子的情况。

提示要点

1. 有一些自闭症儿童能用口语跟别人有良好的沟通，但也有一些自闭症儿童的口语却很奇怪，难以派上用场，用口语进行对话很困难。

2. 辅助与替代性沟通法。

三、孕妇旅客的服务沟通艺术

（一）孕妇旅客的定义

由于在高空飞行中，空气中氧气成分相对减少、气压降低，因此孕妇运输需要有一定的限制条件。孕妇乘机应当经承运人同意，并事先做出安排。只有符合运输规定的孕妇，航空公司方可接受其乘机。目前，国内航空公司普遍采用的一些规定如下。

（1）怀孕不足 8 个月（32 周）的健康孕妇，可以按一般旅客运输。旅客需要带好围产期证明，证明孕期在 32 周以内。

（2）怀孕不足 8 个月（32 周），医生诊断不适宜乘机者，航空公司一般不予接受运输。

（3）怀孕超过 8 个月（32 周）、不足 9 个月（36 周）的健康孕妇乘机，应提供"诊断证明书"，内容包括旅客姓名、年龄、怀孕时期、预产期、航程和日期、是否适宜乘机、在机上是否需要提供其他特殊照料等。"诊断证明书"应在旅客乘机前 72 小时内填写（一式两份），并经县级（含）以上的医院盖章和该院医生签字方能生效，否则承运人有权不予承运。

（4）怀孕超过 9 个月（36 周），预产期在 4 周以内，或预产期不确定但已知为多胎分娩或预计有分娩并发症者，航空公司不予接受运输。（以上内容仅供参考，旅客出行前请咨询相应航空公司了解具体规定。）

（二）孕妇旅客的群体特征

（1）遇见危险情况，孕妇容易心理紧张、情绪激动，需要安抚。

（2）孕妇对飞机上的气味或者颠簸比较敏感，可以多提供一个清洁袋、一块小毛巾、一杯温开水给旅客。

（3）低气压、低氧、客舱内空间狭小等条件容易使孕妇发生不适甚至早产的现象。尽管通常规定怀孕 8 个月以内的健康孕妇乘机没有限制，但如有特殊情况，应在乘机前 72 小时内交验由医生签字、医疗单位盖章的"诊断证明书"。

（三）孕妇旅客的服务要求与规范

1. 登机服务要求与规范

在办理登机牌时，工作人员应主动为孕妇旅客安排靠前及靠近过道的位置。为了使孕妇旅客上下飞机及去洗手间更方便，工作人员应主动帮孕妇提拿、安放随身携带的物品，并注意调整通风器。

2. 客舱服务要求与规范

（1）介绍客舱服务设备。主动介绍客舱服务设备的使用方法与注意事项，如安全带、呼唤铃、通风孔的使用方法，洗手间的位置等，教她们怎么使用呼唤铃，必要时给予协助。

（2）孕妇的座位不应安排在应急出口、通道处。选择靠近过道的座位，方便孕妇起身活动。

（3）协助孕妇将安全带系于大腿根部，并告知解开的方法。一般来说，孕妇在系安全带时，绝对不能轻率，首先要调整腰部护带，将其放在隆起的腹部下方，绝对不要放在上方，这样可以减少飞机颠簸撞到腹部的概率。如果有肩部安全带，同时系好肩部安全带。系安全带时，腹部略宽松，肩部略紧即可。

（4）孕妇应由指定的客舱服务人员负责照料，在紧急情况下，指定两名援助者协助孕妇撤离飞机。客舱服务人员应及时了解孕妇的情况并给予适当适时的照顾，尤其是出具医疗证明的孕妇旅客。

（5）起飞和下降前给孕妇在小腹下部垫一条毛毯或一个枕头。

（6）孕妇容易饥饿，事先为其多准备一点食物。为其多准备几个清洁袋，以免孕吐频繁。

3. 到站服务要求与规范

（1）到达目的地后，帮助孕妇提拿物品并送下机，与地面工作人员交接。

（2）民航服务人员应提醒孕妇旅客上下机时不要着急，提醒其他旅客注意不要碰撞到孕妇旅客，以及提醒坐在孕妇旅客前排的旅客在航班中尽量不要放倒座椅靠背。

案例 2-14

怀孕乘机遇难题，飞航地服海口分公司温情服务获锦旗

2018 年 3 月 28 日，一位旅客送来"真情系旅客，温暖送人心"的锦旗，亲自交给飞航地服海口分公司地面服务人员王琳，表示感谢。

经了解，3 月 10 日，王琳在保障航班期间，发现一位独自出行的孕妇旅客焦虑地张望，眼神里充满无助，便主动上前询问，得知怀孕 34 周的陈女士在办理登机牌时，工作人员提示需要提供乘机诊断证明，否则将无法乘机，对孕妇乘机规定不熟悉的陈女士一下子就蒙了。陈女士焦急万分，对王琳说："我临近产期想回家生产，没想到还有这些规定，这怎么办啊？今天走不了，买的机票怎么办啊？"

王琳也是两个孩子的妈妈，最能体会陈女士现在孤独无助的感觉，她耐心安抚陈女士的情绪，告知她相关的规定与操作流程，积极帮助陈女士联系产科医院，协助办理乘机诊断证明书。随后，王琳联系航空公司说明旅客情况并帮助陈女士办理了改签手续，亲自将陈女士送往安检通道，把她的担心与焦虑一一解决。分别时，陈女士拉着王琳的手说："你就像我亲姐姐一样，遇到好心人了，谢谢啦，再见！"

资料来源：怀孕乘机遇难题，飞航地服海口分公司温情服务获锦旗[EB/OL]．（2018-03-30）[2023-04-04]．https://www.meipian.cn/1719s4mz．

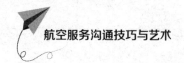

（四）孕妇旅客的沟通要点

1．询问排查危险

发现孕妇乘机时，首先要确认孕妇是否符合乘机标准，若孕妇的怀孕时间超过 36 周，应劝其改换交通工具。

2．嘱咐应急呼叫

民航服务人员要帮助孕妇提拿行李、安排座位，特别要告知其呼唤铃的使用方法；注意调节通风口的方向以免孕妇着凉；提供小毛毯给她们垫在安全带下面，以防安全带过紧、过硬而影响胎儿。

3．特殊状况沟通

如果遇到孕妇即将分娩，尽量安排孕妇到与其他旅客分离的适当位置。迅速广播寻找医生、护士或年长女旅客的帮助，报告机长整个事情的发展情形，以便必要时做好紧急迫降的准备。关闭孕妇座位上方的通风口，安抚孕妇的情绪，对所需工具进行消毒，准备大量的开水，利用现有的药物，与孕妇、医生商量安排分娩的工作。分娩处理应根据航空公司操作流程，报告机长通知地面采取相应措施。

4．语气温和，亲切友好

关心孕妇身体状况，注意让孕妇休息，不要打扰。

案例 2-15

感恩付出，收获成长

四、病残旅客的服务沟通艺术

（一）病残旅客的定义

病残旅客是指在乘机过程中突然发病的旅客及有生理缺陷的旅客。这些人较之正常人自理能力差，有特殊困难，迫切需要他人帮助。病残旅客一般包括身体患病旅客、肢体伤残旅客、失明旅客、担架旅客、轮椅旅客、精神病患者旅客等。

（二）病残旅客的群体特征

1．总体特征

（1）具有很强的自尊感。病残旅客较之正常人自理能力差，有特殊困难，迫切需要别人帮助，但是他们的自尊心特别强，一般不会主动要求帮忙，总是显示他们与正常人无多大区别，不愿意别人说他们是身体障碍者，或把他们看成身体障碍者，尤其介意别人用同情的眼光看他们。在乘机过程中，经常会发生一些旅客突然发病的突发事件，对于这种情况，民航服务人员除了需要掌握一些急救常识，还要给予旅客足够的关爱，及时采取措施。

案例 2-16

细微之处见服务能力

在上海到海口的航班上，客舱服务人员刘某在旅客登机时就发现有一位旅客胡女士脸色苍白、精神萎靡，就连弯腰整理行李都显得力不从心。于是，在之后的服务过程中，客舱服务人员刘某一直特别关注她的动态，提供饮料时向她推荐热饮，在她睡醒时立刻送上一杯温水。通过沟通了解到，胡女士的确身体不舒服，上机之前曾发过高烧，但为了不延误旅程，还是坚持上了飞机。

供餐时，客舱服务人员刘某又细心地发现胡女士几乎没有用餐，放在面前的餐食只是稍稍地尝了两口，便放下了餐具。想到可能是因为旅客餐食偏油腻，造成还处于恢复期的胡女士没有食欲，于是民航服务人员刘某将自己机组早餐中的白粥和开胃小菜提供给她，当将餐食送到胡女士面前时，她激动得几乎说不出话来。虽然只是一个小小的举动，却让旅客感受到了最大的温暖，胡女士说这是她遇到过的最好的服务，今后也一定会再选择这家航空公司的班机。

资料来源：中国东方航空公司客舱案例手册 2017 年 1 月刊。

（2）具有很深的自卑感。病残旅客由于身体的原因自感不如他人，常常暗暗伤心，但在外表上却表现出不愿求别人帮助自己，因此样样事情都要尽自己最大的力量去做。民航服务人员应尽可能多地去关照他们，而又要不使他们产生心理压力，对他们携带的行李物品，要主动协助提拿，关心他们的身体状况，消除他们对乘坐飞机的恐惧感。

案例 2-17

"细心"让服务更"动心"　乘务真情服务轮椅旅客

2020 年 10 月 15 日，东航西北分公司执行的 MU2443 西宁—北京大兴航班上，正常旅客登机马上结束，地服部工作人员忽然着急地上机告诉乘务长："头等舱 7C 的张女士是一位不能自行上下飞机的轮椅旅客。"

由于西宁机场没有升降车，在收到这一信息时，安全员田浩和乘务员秦媛媛立即协助地服工作人员，将轮椅旅客一个台阶一个台阶、一步一步抬进了客舱。张女士和同行人员的座位在头等舱第二排，六排的两位先生考虑到张女士行动不便，主动与张女士调换了座位。在将张女士移至座位的过程中，乘务员秦媛媛将枕头轻轻地垫在张女士受伤的腿下，起支撑作用的同时缓解张女士的疼痛。

将张女士以一个妥当、舒适的姿势安排好之后，乘务组在航程中时常询问她有什么其他需要。在不断服务的过程中，乘务组才了解到张女士一行六人特意到青海游玩，无奈游玩过程中突发意外，张女士左膝盖受伤，提前结束了旅游。乘务长李玉娜不断安慰张女士，

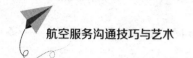

叮嘱她注意事项，祝愿她早日康复，这样等到春暖花开时还可以再来体验大美青海。

飞机下降安全检查时，乘务长李玉娜和张女士同行人员沟通："轮椅旅客需最后下飞机，这期间我们可能照顾不过来张女士，您可以站在过道以防其他旅客下机时不小心碰到张女士。"乘务长温馨的提醒得到了头等舱旅客的啧啧称赞："东航现在的服务真的是越来越好了！"

当张女士坐上客舱门外早已恭候许久的地面轮椅时，她再三地感谢道："真是太感谢你们了，多亏你们一路上照顾我。"同行人员也表示："非常感谢你们对我们的照顾，下次我们出来游玩还要坐东航的飞机，希望我们还可以在航班上遇见，我肯定会认出你们的！"

当"轮椅旅客"在航班服务过程中成为一种常态时，如何避免服务流程中的感情缺失和情感淡漠，是每个乘务员都应当时刻警醒和反思的问题。正如初次乘机的旅客希望得到乘务员及时指点来化解紧张，生病的旅客需要特意的关照来克服病痛和不安，无陪儿童需要更多的陪伴来抵御陌生环境下的孤独感，残疾旅客需要及时帮助以避免身体不便带来的尴尬处境……越来越多的情况证明，更细心的空中乘务能够更好地展示优质服务的魅力。东航西北分公司客舱乘务员们将"细心"作为服务的基本素质，从旅客的举止言谈中敏锐地察觉到不同旅客的困难和需求，及时提供细心的、周到的、有针对性的服务，保证让服务工作达到令旅客动心的效果。

资料来源："细心"让服务更"动心"　乘务真情服务轮椅旅客[EB/OL].（2020-10-16）[2023-01-23]. https://m.thepaper.cn/baijiahao_9587501.

2. 具体特征

（1）盲人旅客。孤独感是盲人旅客的普遍特点之一，这与残疾造成行动困难、自卑感、亲属厌弃、社会歧视及社会公共设施不利于身体障碍者活动，缺少正常人的帮助有关。他们难与社会融合，身体障碍者的情感比一般人丰富、敏感，且自尊心强，盲人因缺少视觉感受，行动不便，平时多较文静，爱听音乐、广播、小说等，天长日久，大多数人形成内向的性格，情感不外露。

（2）聋哑旅客。听觉的丧失给人的认识活动带来严重影响。由于得不到声音刺激，有听力障碍的人对复杂环境的感知不够完整，在每一瞬间能够直接反映到他们大脑中的只是处于视野之内的东西。聋哑人缺少语言和语言思维，他们情绪不稳定，容易变化，破涕为笑、转怒为喜的情况比较多见，聋哑人的情感缺少含蓄性，很容易流露于外。

（3）使用轮椅、担架、拐杖的旅客。由于身体患病或者肢体伤残需要使用轮椅、担架、拐杖的旅客，特别在意别人谈起或者触碰旅客残疾或患病的部位，也不爱去麻烦别人帮助自己。客舱乘务人员要了解这些旅客的特点，特别注意尊重他们，不要伤害他们的自尊心，最好悄悄地帮助他们，让他们感到温暖。

（三）病残旅客的服务要求与规范

除非特别申请并获得航空公司批准，否则对于需输液以维持生命或生命垂危的病人，为其安排的座位应尽可能地靠近客舱服务人员的座位或靠近舱门出口座位处，但不可安排在应急出口座位，且一排座位只能安排一名病残旅客就座。

（1）起飞前服务。被指定的客舱服务人员应向在紧急情况下需由他人协助方能迅速移动到出口的旅客进行个别介绍。介绍的内容应包括：告诉该旅客及其随从人员在紧急情况下通往每一适当出口的通道，以及开始撤往出口的最佳时间；征询旅客及其随从人员关于帮助此人的最适宜方式，以免使其痛苦和进一步受伤。

（2）始发站服务。如果病残旅客已提前申请特殊服务并且获得承运人同意（按照民航相关规定，承运人有权拒绝运输或续程运输多类病残旅客），始发站地面服务人员会接到病残旅客服务通知。如有条件，服务人员可以提前与已提出服务申请的病残旅客取得联系，确定到机场的时间并提供必要的设备。旅客到柜台，查验病残旅客乘机证件、客票、诊断证明书、乘机申请书及其他必需的运输文件合格后，地面服务人员应尽量满足病残旅客的乘机要求，但是这个要求必须满足承运人的运输条件——如根据机型不同，每个航段上限载 1 名担架旅客或者 2 名轮椅旅客，不允许旅客自己携带氧气袋，特殊情况下应持医生证明，并事先提出申请，在获得承运人同意后方可携带。

病残旅客通常先于其他旅客登机，他们的座位一般安排在靠近客舱服务人员或者靠近客舱门的位置，但必须是非紧急出口位置。担架旅客安排在经济舱后排靠窗口的位置，通常占用 6 个座位。航班离港后，应拍发特殊旅客服务电报，将病残旅客的乘机信息通知经停站和到达站。

（3）到达站服务。到达站在收到特殊旅客服务电报或者病残旅客乘机信息后，地面服务部门应进行记录，并通知旅客的迎接人和机场相关部门，安排接机引导、摆渡车、医生等，按照信息保障要求准备急救车辆、平台车、升降机、轮椅等辅助设备。一般情况下，病残旅客最后下机。

（4）紧急撤离服务。飞行前应由乘务长确定病残旅客撤离出口的位置和撤离次序，并进行必要的机组协作，明确乘务组协助人员的分工。在可能的情况下，轮椅和担架旅客应安排专用的撤离通道，迅速、及时地组织撤离。

（5）陪伴人员服务。陪伴人员应有能力在旅程中照料身体障碍者，并在紧急情况下协助其撤离。陪伴人员应在订座时声明陪伴关系，并单独出票。除安全原因外，陪伴人员的座位应紧靠残疾旅客的座位。

满足以下条件的旅客需要增加陪伴人员：身体障碍者没有能力对客舱服务人员介绍的安全说明和注意事项加以理解或做出反应，或不能与客舱服务人员进行交流；不能自行从航空器上紧急撤离。

（四）不同类型病残旅客服务的具体规范

1. 盲人旅客服务的具体规范

盲人因为眼睛看不到东西，非常需要通过触觉的感知来对某些情景进行确认。因此，在服务时要主动帮助盲人，让他感受到你就在身边，给他以安全感和亲切感；主动做自我介绍，热情帮助盲人旅客上下飞机。

（1）在登机时，服务人员应主动让盲人旅客扶住你的手臂，不断提醒前后左右，引导其入座。遇到障碍物时要及时告诉旅客，帮助盲人旅客提拿和安放行李。旅客入座后，客舱服务人员应拉着盲人旅客的手触摸安全带，并告知操作方法，以及呼唤铃、座椅、餐桌的使用方法，介绍紧急设备的方向、位置和使用方法。

（2）在提供餐饮时，服务人员要向盲人旅客介绍餐饮的种类，并提供特殊服务。送餐食时，服务人员要将各种食品以时钟的位置向旅客介绍，将餐盘内的各种食物和饮料的摆放位置告诉旅客，亦可引导其自己触摸；帮助其打开餐盒盖、餐具包，如有需要，协助其分好餐食，并提醒旅客哪一种食物是烫的；提醒旅客会烫的食物位置，避免旅客烫伤。

（3）如果盲人旅客随身带导盲犬，可将其安置在该旅客座位的前方地板上，将导盲犬的头朝向过道并与周围的旅客做好沟通解释。帮助盲人旅客妥善放置盲杖，可以拉着他的手摸一下盲杖所在的位置以方便其随时使用。

（4）引导盲人旅客进、出洗手间，让其触摸洗手间内设备并向其介绍使用方法。

（5）飞机下降前帮助盲人旅客整理好所有物品，告知落地后下机的相关事宜，让其放心。服务人员要填写好特殊旅客空中生活记录，下机时，引导其下飞机，并帮助提拿行李，与地面服务人员办好交接手续。

（6）飞行中由专人负责，经常询问盲人旅客的需求，多与其交谈，以免其寂寞。

2. 聋哑旅客服务的具体规范

（1）随时掌握聋哑旅客的空中生活情况，提供适当的关注和必要的帮助。

（2）聋哑旅客落座后，以手语或书面形式与聋哑旅客进行沟通，向其介绍紧急设备、服务设施的使用方法，卫生间的位置以及供应的餐饮及航线概况。因聋哑旅客听不到广播，客舱服务人员要将如延误或改航班等重要信息设法告知旅客。许多聋哑旅客会读口型，客舱服务人员在与之交谈时应面对旅客，而且放慢说话速度。

（3）如果旅客不明白或语言不通，则需要借助文字、符号或手势，但必须有礼貌，必须注意手势礼节。

（4）如遇过站，只要聋哑旅客自己愿意下机，客舱服务人员就要与地面人员交接，同时要确保聋哑旅客重新登机。到达目的地后，客舱服务人员必须将聋哑旅客送交地面服务人员。

案例 2-18

东航"爱心服务专区"在西安正式启用

2021年6月22日上午10时，东航西北分公司在西安咸阳机场举行"爱心服务专区"发布会暨启动仪式，助力第十四届全国运动会及残特奥会，实现东航四地五场枢纽站点"爱心服务专区"的建设。无陪儿童等可委托代办人拨打热线提出服务申请。

"爱心服务专区"拥有专属视觉识别标识，在"爱心服务专区"内设有专属休息区，可为旅客和旅客家属提供休息、陪同等候等关爱服务。该专区聚焦提升老、幼、病、残、孕等需要爱心服务的旅客的出行体验。工作人员会为无陪儿童、孕妇/产妇旅客、年长旅客、残障（疾）旅客、患病旅客、轮椅旅客提供专属"爱心柜台"、专属休息区域、专属陪伴服务，以及全程陪同和送机服务，通过一站式陪伴服务为旅客传递有温度的出行体验。残障（疾）旅客、无陪儿童、患病旅客、轮椅旅客可由本人或委托代办人前往东航直属售票处或拨打95530或访问官网/App提出运输申请，并提前两小时至机场"爱心服务专区"办理手续。

首位轮椅服务体验者表示：专人陪同办理手续，很方便很贴心。6月22日，旅客李先生首先体验了西安咸阳机场东航"爱心服务专区"的轮椅服务。李先生要乘坐东航MU2461航班前往乌鲁木齐，抵达"爱心服务专区"后，工作人员主动来到李先生身边，在询问了他的具体需求后，为他办理了值机手续。由于办理手续的"爱心柜台"紧邻专属休息区，通过"爱心服务专区"的一站式无忧服务，李先生只需在"爱心服务专区"等候值机手续办理完成。工作人员还会实时关注航班动态，及时了解旅客需求，并为轮椅旅客提供全程送机服务。办完值机手续后，李先生说道："现在乘坐东航的航班有专门的区域可以休息，手续办得也快，还有服务员全程陪同，对我们这些行动不便的旅客来说真是太方便了，很贴心！"

资料来源：东航"爱心服务专区"在西安正式启用，为老弱病残等旅客提供无忧服务[EB/OL].（2021-06-23）[2023-04-04]. https://baijiahao.baidu.com/s?id=1703288132129386134&wfr= spider&for=pc.

 思政拓展

指尖上的温情——关爱之旅

为履行社会主义核心价值观，响应民航局有关特殊旅客运输关爱行动，重视特殊旅客人群的运输需求，改善特殊旅客乘机服务环境，四川航空践行"真情服务"理念，秉承"真心、用心、热心"服务原则，客舱服务部2018年围绕"真情服务"品牌，坚持服务创新思路，打造一系列"真情服务"服务措施，推出"真情服务"系列之"指尖上的温情——关爱之旅"主题活动，致力于给特殊旅客乘机带来安全感、满足感和获得感。

关爱之旅的主要亮点如下。

（1）手语安全示范：创新、丰富安全示范方式，让独自出行在外的聋哑旅客感受客舱安全感。

（2）手语沟通交流：站在旅客的角度，用他们的方式交流，拉近与聋哑旅客无声世界的距离。

（3）手语真情致意：是我们对每一位选择四川航空航班的特殊旅客的一份"真情服务"承诺。

（4）手语"小课堂"：通过手语学习，掀起一波机上乘务组手语学习风潮，机下也带动更多民航从业者一起学习手语，使人人都成为"真情服务"践行者。

（5）手写服务便利贴：运用个性化和差异化的服务手段，让每一位特殊旅客都感受到我们的百分之百用心。

致力于解决特殊旅客航空运输的痛点问题，围绕特殊旅客乘机过程中的五大关键接触点，推出一系列"以指尖上的温情，传民航人的关爱"为核心的特殊旅客运输关爱举措。

推行关爱之旅后，取得以下效果。

（1）真切地改善了特殊旅客运输环境，为特殊旅客提供了便捷、安全的乘机服务。

（2）通过手语"小讲堂"的学习风潮，唤起了更多人对这一特殊群体的关注。

（3）通过每一个航班对每一位特殊旅客的照顾召唤了乘务员的社会使命感和荣誉感，真正用行动践行了社会主义核心价值观。

（4）受到社会各界聋哑人士的持续关注和认可。

思考与借鉴：

基于创新、设计、运行、管理的创新服务项目设计流程，确保在安全运输的前提下，客舱服务部推出手语登机欢迎、手语安全示范、手语真情致意等服务环节。在手语真情致意环节，美丽的乘务员站在旅客中间，通过缓慢、优美的手语动作向所有聋哑旅客做出最真挚的承诺："您的需求，我们将尽全力满足""您的困难，我们将尽全力帮助""您的安全，我们将用心守护"。

随着构建社会主义和谐社会实践的不断深入，构建和谐社会必须关爱弱势群体愈来愈成为社会的共识。关爱是一种付出，关爱是一种奉献，关爱是一种美德，让我们从生活中一点一滴的小事做起，学会理解，学会关心弱势群体，立足岗位，恪尽职守，无私奉献，以卓有成效的工作为弱势群体竭尽服务，为构建和谐社会做出应有的贡献。

3. 轮椅旅客服务的具体规范

（1）在登机时，客舱服务人员主动搀扶可以行走的轮椅旅客上机，帮助其提拿、安放行李。对完全丧失行走能力且无人陪伴的轮椅旅客，客舱服务人员则协助地面服务人员将其接上飞机，并安置于指定的座位。不要把轮椅旅客安排在靠近紧急出口的座位。一般来说，轮椅旅客要优先登机，最后下飞机。

（2）帮助旅客妥善放置好随身拐杖，并及时提供其使用。根据轮椅旅客需要，热心推介适宜的餐食和饮料。关注其用餐情况，及时收回餐盘以方便轮椅旅客行动。

（3）如果轮椅旅客去洗手间等有困难，民航服务人员应该主动提供耐心、细心的帮助。为旅客介绍飞机颠簸时如何固定、保护自己。在飞机下降前，带班乘务长应该通知机组人员轮椅旅客的类别，使地面服务人员获取相关信息，准备轮椅。

（4）根据情况，决定是否需要升降车。责令民航服务人员帮助轮椅旅客整理好所有物品，告知其落地后下机的相关事宜，让其放心，并填写特殊旅客空中生活记录。

（5）下客时，搀扶、协助旅客坐上轮椅，并与地面服务人员办好交接手续。

4. 担架旅客服务的具体规范

（1）如果有担架旅客乘机，飞机上应有专用担架或者能将医用担架在飞机上牢固地固定。必须在飞行前通知机组，客舱服务人员要事先了解该旅客的病症，确认陪同人员以及有无特殊要求等。一般来说，担架旅客应先上飞机。如果担架随机，那么客舱服务人员应协助将病人和担架安置在普通舱后三排左侧。如果担架不随机，那么客舱服务人员可以在座椅上铺垫毛毯、枕头，根据病情让客人躺卧，并帮助旅客系好安全带。飞行途中，应由专人（客舱服务人员）负责经常观察、询问旅客及其陪同人员情况，并根据其需求尽可能提供帮助。

（2）客舱服务人员与陪同人员商量，提供特殊服务。与陪同人员进行沟通，了解担架旅客的病情，以便于调整服务预案。飞机下降前，客舱服务人员应通过机组与地面联系安排交接事宜。飞机下降时，客舱服务人员应提醒病人躺好、扶稳、系好安全带。飞机到站后，担架病人最后下飞机。下机时，客舱服务人员应协助整理、提拿手提物品。

（3）被运送的担架旅客及护送人员要在规定的合同上签字，保证在可能发生的应急撤离中担架旅客和病残旅客不能先于其他旅客撤离，如在上述情况中发生意外事件，航空公司均不负责。

5．拐杖旅客服务的具体规范

（1）在登机时，客舱服务人员应主动帮助拐杖旅客提拿和安放手提物品，引导旅客入座。手杖或拐杖可以沿机身墙壁竖放在不靠紧急出口的座位下，或放在一个许可的储藏空间内，手杖也可以平放在任何两个非紧急出口的窗口座位下面，但手杖不能进入过道。

（2）对于使用拐杖的旅客，客舱服务人员应该留心观察，当发现旅客需要使用拐杖时，应尽快将拐杖递给旅客并热情搀扶引导。如果旅客需要使用洗手间，客舱服务人员应协助开门，在门外等候并帮助旅客回座位。询问旅客下机时是否需要轮椅。

（五）病残旅客的沟通要点

1．适当的语言沟通

病残旅客由于自身问题，在乘机中多有不便之处。民航服务人员在解释问题的过程中，要有耐心，语气要缓慢，动作要谨慎，措辞也要十分注意，一定要尊重旅客的意愿。不要一开口就说"你怎么什么也不会"等伤人自尊的话，禁止使用"你看不见呀""你没听到呀"等忌语，要切实照顾到病残旅客的特殊之处。面对视力障碍旅客时，应注意语言表达，不得交谈关于用眼可看到的相关语言。面对聋哑旅客时，可多借用肢体语言、文字书面表达等，要注意客舱广播的局限性，做必要的服务替代。

2．善于发现和留心

病残旅客因为各自病患的部位不同，有些旅客的病患我们一眼就能看出来，这时应立刻提供帮助，如四肢不健全的旅客。但有些旅客的病患我们并不能立刻发现，如聋哑旅客，在外观上民航服务人员不容易马上发现，他们也不愿意别人发现自己的残缺，这对乘务服务工作提出了更高的要求，需要用心去观察，去揣摩和分析旅客的诉求和意见。

在服务过程中对于不能用语言表达的旅客，民航服务人员要迅速地觉察，然后不动声色地提供细致周到的服务，切不可歧视、嘲笑甚至模仿病残旅客。

3．善于倾听，积极回应

不同的旅客需求不同，对之应采取不同的沟通方式。对病残旅客，服务人员尤其要学会倾听，不计较旅客的语气和表情，在倾听的过程中做出合适的语言和肢体回应，如"嗯""是""请继续"，并适时地点头、微笑。

4．真诚表达，拉近距离

对待病残人士一定要真诚，要充满爱心地与其交流。病残旅客比较敏感，也比较自闭，所以包括眼神、语言、肢体表达等都需要透露出对其的关心和爱护，为进一步的沟通做好铺垫。

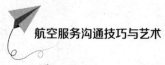

思政拓展

济南机场人性化服务情暖特殊旅客

济南机场候机大厅地上躺着一名旅客，工作人员询问后发现该旅客与常人不同，有语言障碍。经了解，该旅客称自己身上只有 100 元人民币，要求在候机大厅过夜，经机场急救中心初步检查发现该旅客精神失常，公司值班领导得知情况后，召集机场急救中心、宾馆、安全护卫部等部门现场处理。

为确保旅客的身心健康，机场为该旅客在机场宾馆安排了住宿，把饭菜送到房间，并指定安全护卫部人员看护。随后，公安部门对该旅客身份进行确认，安检部门对他的身份证进行验证，均符合乘机的规定。经过多方努力，机场工作人员与该旅客家人取得了联系，得知该旅客患有间歇性精神病，是从上海出差到济南，该旅客家人请求机场阻止他去北京。机场的工作人员根据家人的请求，一方面指定专人耐心细致地安抚该旅客，减轻他的思想压力，减少其情绪波动，保证其人身安全；另一方面及时为该旅客送饭、送水，稳定他的情绪，并为其办理退票手续。机场安全护卫部人员看护该旅客两天两夜，机场为该旅客提供治疗、吃住等方面的服务。该旅客家属赴济南陪同旅客离开济南机场宾馆时说，他们对济南机场以人为本，认真负责的人性化、亲情化的服务深为感动。

思考与借鉴：

从民航发生过的类似案例中，我们可以清醒地认识到，民航人需要哪些品质、情怀、担当？需要对国家、对企业、对乘客负有什么样的责任？

5. 语言得当，鼓励引导

病残人士一直生活在疾病的阴影与痛苦中，自卑和挫折感明显且容易反复。因此，与其沟通时语言一定要朴实，切勿轻易许愿或是给予其夸大的效果，否则会适得其反，加重他的挫折感，导致其不信任。

案例 2-19

国航西南乘务员徐利精心服务残疾旅客获赞誉

"我姐姐、姐夫从美国来，我陪同他们乘坐 CA4104 航班从北京前往成都游览，姐夫因为腿部残疾行走不便，需乘升降梯登机，乘务长徐利在机舱口迎接时，看见了这一情况，主动安排我们一行就座，并详细询问了病情，告诉我们乘机注意事项。当她得知我们没有预订到达成都后的升降梯和轮椅时，主动为姐夫联系，让我们非常感动。"以上这段话是摘自 10 月 2 日 CA4104 航班一位北京旅客吴山先生写给客舱部谢春乘务组的区域乘务长徐利的感谢信，感谢她一路上的悉心关照。这位旅客为何要留下这样动情的感谢信呢？带着这个疑问，我向该次航班的乘务员了解完情况后才得知了事情的原委。

这天，旅客在北京登机，区域乘务长徐利站在飞机的 2 号门迎客时，迎来了一行 3 人坐升降梯登机的特殊旅客，其中一位腿部有残疾，徐利主动帮他们寻找座位，安排就座，并且帮助他们安放行李。随后，徐利还详细询问了那位腿部有残疾的旅客，除了腿部不方便是否还有其他疾病，想对他的身体情况有一个全面的了解，做到心中有数，以便做好相关的准备，服务时有针对性。徐利通过与他们交谈得知那位腿部有残疾的旅客是吴先生的姐夫，他的姐姐、姐夫是从美国来北京探亲的，趁此"十一"黄金周期间，吴先生陪他们到成都去玩玩，看看祖国的大好河山和亲身感受成都日新月异的变化。在航程中，徐利给予了他们无微不至的关怀和照顾，随时关注他们有无需求，在服务的间隙尽可能抽出时间与他们进行沟通。最让他们感动的是在航班中乘务组为旅客提供餐饮服务时，徐利突然拿出纸巾帮助吴先生擦掉他自己不小心掉落在书上的一滴水，这一小小的举动真的令他感到无比的温暖，内心充满感激与温情。由于该次航班旅客很多，况且吴先生一行的座位在43排，离普通舱卫生间较远，他的姐夫上卫生间很不方便，在征得头等舱旅客的同意后，破例让其上了头等舱卫生间，这些细微和人性化的服务都令吴先生及其姐夫动情不已。在进一步的交谈中得知吴先生没有为其姐夫预订到达成都双流机场的升降梯车时，徐利马上告之机组，请他们通知成都地面准备好升降梯车或者轮椅，供吴先生的姐夫到达成都时使用。国航的服务理念通过徐利的精心服务得到了完美的展现，做到了用心与旅客交流，服务在开口之前，让旅客享受到了物超所值的"四心"服务。

资料来源：国航西南乘务员徐利精心服务残疾旅客获赞誉[EB/OL].（2011-10-12）[2023-01-23]. http://news.carnoc.com/list/202/202737.html.

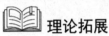 **理论拓展**

术后旅客须出具医院证明

无论是微型整容还是类似于心脏搭桥等大型外科手术，民航部门规定，术后旅客乘机须出具相关的医学证明材料，否则航空公司有权拒绝其登机。

为什么民航部门对术后旅客乘机有如此严格的规定？有关研究表明，手术后坐飞机对伤口有较大影响。由于气压对人体的影响随飞行高度的增加而扩大，一些在地面上可能没有出现或出现轻微的症状，在高空低气压环境中则会出现严重的症状，可能导致伤口开裂出血。例如，做过腹部手术的患者在乘机时，受之前手术麻醉、术中操作的影响，容易出现肠部蠕动减弱甚至肠粘连等情况，较容易发生胃肠积气，储存在胃肠道中的气体在高空受气压降低的影响而膨胀，此时人体就会感到腹痛。如果患者的肠粘连、肠麻痹、胃肠胀气等症状较严重，则会出现剧烈的腹痛，严重者可能诱发肠梗阻甚至有生命危险。

因此，航空公司一般建议旅客在做完手术14天后再乘机，不过这种要求视旅客所做手术的类型和恢复情况而定。在通常情况下，为了保证旅客的人身安全，对于新近接受手术的旅客，必须有正规三甲医院出具的可以乘坐飞机的证明。

当然，在乘坐飞机时，除了出具医院证明，对于做微型整容手术的旅客来说，由于面部特征已与之前有所差别，旅客应及时更换身份证和护照照片，以免在机场值机和接受安检时遇到麻烦。如果是在国外做的整容手术，来不及更换护照照片，在乘机时更需要美容院或者整容机构出具相关证明。

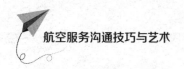

五、老年旅客的服务沟通艺术

（一）老年旅客的定义

老年旅客是指年龄在 70 岁以上（含 70 岁），年迈体弱，虽然身体并未患病，但在航空旅客中显然是需要他人帮助的旅客。年龄超过 70 岁，身体虚弱，需要轮椅代步的老年旅客，应视同病残旅客给予适当的照料。

（二）老年旅客的群体特征

人到老年，体力、精力开始衰退，生理的变化必然带来心理的变化。老年人在感觉方面比较迟钝，对周围事物反应缓慢，活动能力逐渐减退、动作缓慢、应变能力差。老年人由于年龄上的差异，与青年人想的不同，因而心里寂寞，孤独感逐步增加。尽管老年人嘴上不说，但他们内心还是需要别人的关心、帮助的。他们关心航班的安全，关心飞机起飞、降落时带来的不适应感。

1. 认知功能减弱

老年人记忆力下降，容易忘事。视力、听力下降，容易误听，误解民航服务人员与他人谈话的意义，出现敏感、猜疑、偏执等状况。说话重复唠叨、再三叮嘱，总怕别人和自己一样忘事。抽象概括能力差，思维散漫，说话抓不住重点。

2. 活动能力减弱

由于年龄原因，老年人体力、精力下降，动作缓慢，应变能力差，对周围事物反应缓慢，活动能力逐渐减退，行动及各项操作技能变得缓慢、迟疑、不协调，甚至笨拙。

3. 好强，自尊感强

有些独立能力强的老年旅客（特别是外国旅客）一般不愿意别人为他提供特殊帮助，民航服务人员应掌握这些旅客的心理特点，提供恰当的服务。

4. 寂寞、孤独感增强

老年人由于年龄上的差异，与青年人想的不同，孤独感逐步增加。

5. 抵触情绪明显

老年人乘机时出现抵触情绪，一方面是因为身体原因，担心自己无法承受高空带来的压力；另一方面是因为安全原因，担心飞机在万米以上高空的飞行安全，所以在乘坐飞机时或多或少都会有些紧张。

6. 具有怀旧情结

老年人喜爱我国的历史及传统文化，需要不断地去回忆和谈论自己一生中所取得的那些成就和荣誉。

案例2-20

暖男热心服务轮椅老人

2021年12月31日，东航山西客舱部执飞的MU5252从广州飞往太原的航班迎来了一位老年轮椅旅客。当班乘务组与地面工作人员沟通得知这位旅客双腿行走不便，所以申请了客舱轮椅，但是广州暂时没有客舱轮椅直接送老人进入客舱，男乘务员王文君了解了情况后，主动向乘务长"认领"了协助老人进客舱的"差事"，拍着胸脯说："体力活交给我！保证完成任务！"

当老人与家人一起到达登机口时，王文君立即上前迎接，一步一提醒、一步一小心地慢慢搀扶着老人入座，老人的女儿感激地对他说："小伙子，谢谢你，给你添麻烦了！"两个多小时的航班，"暖男"王文君先是为老人提供了机上毛毯，又询问老人是否需要使用卫生间，接着还"自制"了靠垫放在老人腰后，让老人坐着更舒服些……点点滴滴，老人和她的女儿看在眼里，感动在心里。

飞机落地后，王文君再次协助老人坐上轮椅，边搀扶着老人边对她耐心地说："不着急，慢慢走。"将老人扶上轮椅后，他还小心地把老人的腿轻轻抬起，放在轮椅脚蹬上，老人的女儿看到这一幕，感动地说："感谢东航，感谢这个优秀的小伙子，这次出门本来全家人都跟着担心，遇上你们可是放心了，以后坐飞机还要选东航。"老人则是抓着王文君的手，虽不能言语，但感激的目光温暖了所有人的心。

资料来源：节日假期乘务组暖心服务　暖男热心服务轮椅老人[EB/OL].（2022-01-06）[2023-04-09]. http://news.sohu.com/a/514763330_121123719.

思政拓展

服务老人的宣传标题

1. 敬天下老人，扬中华美德。
2. 努力营造尊老敬老助老的良好社会环境。
3. 切实保障老年人的合法权益。
4. 关心、帮助老年人是全社会共同的责任。
5. 代际和谐，邻里和睦，老少共融。
6. 关爱今天的老人就是关爱明天的自己。
7. 敬老从心开始，助老从我做起。
8. 对老人尽孝心，给儿女做榜样。
9. 家家有老人，人人都会老，人人都敬老，社会更美好。
10. 让老人幸福，促社会和谐。
11. 老有所养，老有所医，老有所教，老有所学，老有所为，老有所乐。
12. 尊老为德，敬老为善，助老为乐，爱老为美。
13. 宽老人心，养老人身，急老人想，报老人恩。

14. 像父母爱我们那样爱父母。
15. 关爱老人，构建和谐。
16. 扎实做好老龄工作，推进和谐社会建设。
17. 构建和谐社会，弘扬敬老美德。
18. 努力提高老年人的生活和生命质量。
19. 用我们的爱心托起老年人幸福的晚年。
20. 大力发展老年体育事业，构建幸福和谐家园。

思考与借鉴：

弘扬"尊老、敬老、爱老"的优良传统，"让所有老年人都能有一个幸福美满的晚年"，既是千家万户的"家事"，也是政府关注的民生工程。民航服务业将老年旅客列为特殊服务对象，就体现了尊老、爱老的优良传统。作为民航人，我们还可以从哪些方面着手，提供更好的服务呢？

（三）老年旅客的服务要求与规范

老年旅客按服务要求可以分为无特殊服务要求老年旅客、一般服务要求老年旅客和特殊服务要求老年旅客三种类型。患有冠心病、高血压、糖尿病、心脑血管病、哮喘等病症及其他不适于乘机病症的老年旅客，一般不适于航空旅行。如提出乘机申请时，应提供适于乘机的"诊断证明书"和填写"特殊旅客（病残）乘机申请书"，否则航空公司拒绝承运。患有上述疾病的老年旅客，乘机过程中隐瞒病情所造成的后果，航空公司不负责任（此类旅客运输受严格限制）。

1. 主动协助其使用洗手间

飞行中，主动询问老人是否要上洗手间，需要时引领或搀扶老人，协助打开马桶盖、铺上垫纸，向老人介绍冲水阀门和水龙头的使用方法，等老人方便后再扶回座位。

2. 上、下机服务

（1）主动帮助老人提拿行李、引导入座、放好手杖（放在座椅下面，紧贴机舱壁板），放置行李时让老人确认位置和件数。

（2）注意应尽量将老人安排在方便上洗手间的座位。

（3）乘务长指定责任服务人员照顾老人，该服务人员应及时自我介绍，尽快与老人建立相互信任关系。老人就座后，送上热饮、毛巾、毛毯、枕头、暖水袋及其他用品。

（4）热情搀扶需要帮助的老年旅客上、下飞机，主动帮助其提拿、安放随身携带的物品。

（5）帮忙系安全带并示范解开的方法。

案例 2-21

爱心小妹无微不至关怀无陪老人

东方的天际出现了鱼肚白，那么柔和，展现出美丽的光彩。2021年12月30日，在这美好天气的映衬下，东航山西客舱部MU9973乘务组开始了新一天的工作。

在乘务工作中每天会遇到来来往往的很多旅客，而与旅客打交道也是乘务员工作的常态。今天的航班上，乘务员贾芳就遇到一位慈祥的奶奶。登机时，贾芳就关注到了这位没有家人陪伴、独自乘机的奶奶，她主动迎上前，将奶奶引导至座位，并介绍了头顶上的呼唤铃，提供了毛毯，还贴心地将通风孔的风量关小，怕吹着奶奶头疼。奶奶一直说："谢谢，谢谢你小姑娘，你忙吧，我自己可以。"贾芳嘱咐老人："有任何需要随时叫我。"

空中，贾芳巡舱时也特意走到老人身边，询问需不需要喝杯热水，用不用扶她去卫生间，老人摆了摆手："姑娘，你可真好！"随后在沟通中得知，老人趁元旦去烟台看看大半年没见的孙子，年底儿女们工作都忙，所以这次自己坐飞机。一提到孙子，老人脸上尽是喜悦。贾芳叮嘱奶奶一会儿下飞机时要等她过来送她，奶奶笑着点了点头。

航班落地后，贾芳一手拿着老人的行李，一手搀扶着她走出客舱，交接给地面工作人员后，奶奶还不忘最后拉一拉贾芳的手："小姑娘，你们工作很辛苦，要休息好，这一路谢谢你！"一番话让贾芳心里暖暖的，十分亲切，就跟自己的奶奶平时嘱咐自己一样。望着她远去的背影，贾芳感慨不已，能共度短暂旅程是一种缘分，能遇到这样和蔼可亲的奶奶，也是忙碌工作中的美好插曲。

资料来源：节日假期乘务组暖心服务 爱心小妹无微不至关怀无陪老人[EB/OL]．（2022-01-06）[2023-04-09]．http://news.sohu.com/a/514763330_121123719.

3. 自我介绍与设备介绍

主动自我介绍并介绍服务项目、服务设备的位置和使用方法，特别是阅读灯、呼叫铃、耳机、座椅的调动、卫生间的位置及使用方法，并告诉老人全程扣好安全带。如果航班配发耳机，服务人员应主动帮助老人调节好音量，并选择适当频道。

4. 餐饮服务

送餐时优先满足老年旅客的需要，因为老年人对餐饮会有些特殊要求，会有忌口，如温度、辛辣、软硬度等。客舱空气干燥，建议老人多喝些温开水，少喝冷饮、咖啡。老人用餐速度会较慢，一定不要催，使其能细嚼慢咽，慢慢品味。

老年旅客在乘机前应注意饮食，避免在乘机时出现头晕、胸闷、恶心、胃肠胀气甚至呕吐等症状。例如，不要吃油性较大的食物和高蛋白食物，不要食用大量粗纤维食物。切不可吃得过饱或空腹上机，防止心脏和胃负担过重或产生低血糖反应。

 思政拓展

天津航空真情服务让无陪儿童感受家的温暖

"小朋友，你的座位在这边，阿姨现在带你过去，带好口罩哦。"说这话的是天津航空的乘务长张韵。2020年4月26日，天津航空GS7652哈密—西安的航班上迎来了一名无陪儿童，在与地服交接后，她像往常一样亲切地引导孩子入座，上机后第一时间跟家长通话交流，细心地询问孩子有没有吃饭，会不会晕机。因为疫情的原因，张韵还细心地为孩子提前准备了卡通口罩和消毒洗手液，帮助孩子填写表格。疫情期间虽然口罩遮挡住了笑脸，却遮挡不住张韵对孩子的关爱。耐心、温暖的陪伴消除了无陪儿童一个人乘坐飞机的

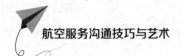

紧张感，让独行的儿童不再孤单，倍感"家人"般的温暖，真正做到了让家长放心、让孩子开心，这也是天津航空一直为旅客提供的"Holding love"服务的日常诠释。

张韵是天津航空西安乘务队的一名乘务长，从业十年来一直努力钻研业务知识，在航班中认真履职，服务热情周到，她常常对自己的组员说："不管什么时候，在保证旅客安全的同时，服务也绝不能落下，要时刻把旅客的需求放在首位，设身处地地为旅客着想。"对于携带儿童的旅客和自己出行的小旅客，张韵主动提供暖心的服务，带给旅客"家"一般的温暖，多次得到旅客的高度认可，收到来电表扬，体现了优秀的服务品质，也为公司赢得荣誉。在航班中遇到的小旅客们，有活泼的、有喜静的、有爱哭的、有害怕紧张的，但无论哪种，张韵都有办法搞定，这也是张韵作为一名妈妈乘务员的优势，能够清楚地了解家长的担心和孩子的需要。在航班上，张韵面对无陪儿童提出的各种疑问，始终面带微笑，耐心地一一进行解答，并提供妈妈般温暖的服务。孩子们经常在临走前还恋恋不舍地对张韵说："阿姨，我下次还要坐你的飞机！"张韵还会收到孩子们的画或手信，每每这时都会让张韵心头一暖，在悉心照顾他们的同时，他们也如小天使般温暖着自己。落地后看着旅客渐行渐远的身影，张韵总会感慨，一声再见道不完彼此的温暖，飞行的旅途虽然只有短短的数个小时，但是张韵希望能用自己真诚的服务，使每一位旅客宾至如归，拥有一个虽然平凡却难忘的旅途。

资料来源：天津航空真情服务让无陪儿童感受家的温暖[EB/OL]. （2020-04-26）[2023-04-09]. http://www.caacnews.com.cn/1/6/202004/t20200426_1299764_wap.html?ivk_sa=1023197a.

思考与借鉴：

从民航发生过的类似案例中，我们可以清醒地认识到，民航人需要哪些品质、情怀、担当？需要对国家、对企业、对乘客负有什么样的责任？

 **理论拓展**

老人需控制乘机次数

医护人员表示，老人体质较差，许多老人都患有不同程度的心脑血管疾病。因此，当飞机穿越云层时，高空大气压的变化会引起老人血压升高、呼吸困难等症状。如果老人带病乘机，更易引起充血性心力衰竭、心肌缺血、肺动脉高压和高血压并发症，甚至危及生命安全。虽然航空公司往往都建立了一套完善的紧急救治机制，但对病情较为严重的患者，还是难以在最有效的时间内对其进行有效的施救。

因此，为了保证老年旅客的平安健康，在老人选择乘坐飞机旅行时，需控制乘机次数。虽然航空公司对老年旅客乘机没有年龄和次数等方面的限制，但长时间、多频次乘机毋庸置疑会增加老年旅客的疲劳感，从而引发系列疾病。航空医学人士表示，高血压、糖尿病、动脉硬化等老年疾病患者如果长时间久坐，会导致下肢静脉血液回流不好，容易形成下肢血栓，从而引发心梗、脑梗、肺梗，甚至导致猝死。因此，老人要适当地控制乘机次数，加强休息。如无法避免长途旅行，老人应尽量选择乘坐舒适程度较高的大型或中型飞机。如果老人身体虚弱、行动不便，建议在乘机前，家属主动带老人去医院进行一次全面检查，在听取医生的建议后再决定是否乘坐飞机，并在乘机前主动出示适宜乘机的证明。

老人在乘机过程中应尽可能在机舱内多活动手脚或起身活动一下身体，防止血液回流不好，形成下肢血栓。在选择座位时，建议老年旅客坐在靠过道的位置上，如突发病症，方便民航服务人员对其施救。

航空医学专家表示，通常来讲，有以下七种情况的老人是不宜乘机的：① 年龄在 70 岁以上并患有严重贫血，同时血色素指标在 6 克以下的老人；② 中耳炎、鼻窦炎、鼓叶变薄、畸形等造成严重听力障碍的老人；③ 近期曾做过手术的老人；④ 患有出血性胃溃疡的老人；⑤ 患有中耳炎的老人；⑥ 患高血压并伴有脑血管疾病的老人；⑦ 患有严重心律失常的老人。

5. 其他

（1）对于在空中需要特殊照顾和陪护，但行动方便，不需要借助轮椅或担架的特殊老年旅客，可以参照无陪儿童的运输程序予以承运，但应与无陪儿童合并计数，在每个航班承运数量上满足公司各机型无陪儿童数量限制。

（2）对于需要借助轮椅或担架运输的特殊老年旅客，按照各航空公司病残旅客的运输政策和程序承运，并须满足相关限制规定。对于仅需要地面接送，而在客舱中不需要特殊照顾和陪护的特殊老年旅客，其承运数量不受限制。

（3）对于需要与地面服务人员交接的特殊老年旅客，地面服务保障部门应做好地面引导和接送工作，并在需要时与客舱民航服务人员进行交接。

案例 2-22

温暖随行：金鹏航空用爱陪伴老年旅客，打造暖心服务

2018 年 3 月，金鹏航空乌鲁木齐至郑州的航班上，在旅客登机时，地面工作人员交接了一名 83 岁的年长无陪旅客，老人听力不好，需要乘务组给予关照。在与老人的沟通中，乘务员需要克服飞机上的噪声，慢声、大声与老人交流，但仍然会有沟通不畅的情况。

面对这种特殊情况，乘务长上官鑫海尝试着与老人沟通，凭借着自己的经验，老人与他的沟通交流变得顺利。上官鑫海也吩咐乘务组的其他成员，如果老人有任何需求及时通知他。餐饮服务结束后，老人表示要去洗手间，上官鑫海主动带领。看见老人许久未出洗手间，他便进去查看，发现老人在整理衣物。由于老人穿着较多，动身不方便，上官鑫海便帮忙整理，并一路搀扶着老人走回座位。这一暖心的举动则被网友记录下来，发布在社交媒体中，并为他点赞。

资料来源：温暖随行：金鹏航空用爱陪伴老年旅客，打造暖心服务[EB/OL]．（2018-10-17）[2023-04-09]．http://news.sohu.com/a/259964657_800820.

（四）老年旅客的沟通要点

1. 沟通时尊重老年体征

（1）讲话速度要放慢，声音要柔和，音量略大。经常主动关心、询问老人需要什么帮助，洞悉并及时满足他们的心理需要，尽量消除他们的孤独感。

（2）语言要通俗易懂，语气要缓，动作要慢、稳。使用文明用语，少用专业术语，如

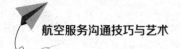

工作中服务人员将1、2、7、0发成幺、两、拐、洞的音，但和旅客交流时"7170"航班就不能读成"拐幺拐洞"。

2. 沟通更注重耐心和主动

消除老年旅客对乘机可能产生的恐惧感，不能让他们有心理压力。主动介绍服务设备，如安全带、阅读灯、呼叫铃、耳机的使用方法和邻近洗手间的位置；主动介绍供应的食品，尽量送热饮、软食；在国际航班上主动帮助老年旅客填写CIQ表格，经旅客本人确认后由本人签字等。

3. 营造愉快、放松的沟通氛围

（1）登机过程中，民航服务人员要主动、热情地向老年旅客打招呼，引导他们就座，帮助安排行李。短程航线中，航班配备的枕头、毛毯较少，民航服务人员应提前为老年旅客准备好。

（2）起飞前重点为老年旅客介绍客舱设备、安全注意事项，特别是帮他们系好安全带、教他们使用呼唤铃，告诉他们如有需要可按压呼唤铃，找民航服务人员帮忙。

（3）起飞后，了解一下老人有什么需求，关注老人对客舱温度是否适应，为其做好保暖。对于有个人娱乐系统的机型，教其怎么使用，帮助老人调到喜欢看的节目。提供餐饮时，优先满足老年旅客的需要。

案例 2-23

贴心照顾无陪老年旅客　东航西北客舱将服务做到心坎

2021年"五一"期间，航班计划恢复往日一派繁忙的景象，东方航空各个岗位员工都恪尽职守，或在台前，或在幕后，全力保障着每一架次航班。MU2141西安—长春航班上，对于年近八旬独自乘机的张奶奶而言，今天初次乘机的体验一定更加非同寻常。

旅客登机阶段，东航地面工作人员带着张奶奶先行登上飞机，并嘱托乘务长张奶奶是无陪老人，飞行过程中希望给予关怀。乘务长交接完手续后，将老人缓缓扶到32A座位，同时递上了一瓶事先准备好的温水，说道："奶奶您先喝点水，您今天一个人坐飞机，有什么需要叫我们乘务员就可以了！落地以后有工作人员在机门口接您，在飞机上您就像在家一样，我们就是您的孩子，您就放心休息！"同时，她重点为老人介绍客舱设备、安全注意事项，特别是帮老人系好安全带，教老人怎么使用呼唤铃，并强调不管有什么需要都可以按压呼唤铃找乘务员帮忙。

"今天我第一次坐飞机，儿子让我去长春找他，麻烦小姑娘了！"老人感激地说。餐饮服务期间，乘务员格外注意，为老人提供了喜爱的热饮，此时她脸上渐渐洋溢出笑容。航班飞行中段，乘务员特意前往老人座位，询问是否需要使用卫生间。乘务组考虑到老人可能不知道卫生间的位置，卫生间里的设备很多老人不会使用，所以搀扶着老人为其详细介绍。此后在乘务长的带领下，乘务员时常去跟老人聊天，让老人不感觉孤独，缓解其乘机疲劳，同时也可以进一步了解老人的需求。

两个多小时的平稳飞行后，飞机顺利抵达长春机场，老人临走前还不时回头冲乘务组挥挥手以表达感激。

资料来源：贴心照顾无陪老年旅客 东航西北客舱将服务做到心坎[EB/OL].（2021-05-02）[2023-04-09]. https://me.mbd.baidu.com/r/C3iqzusWNq?f=cp&rs=54379270&ruk=iZND-_r3J8BPuy8d9-DBoA&u=ca595bcc518360cf&urlext=%7B%22cuid%22%3A%22luv5il8N2ulwi2fq_uvEtYOzHa0zaH83gavL8jaC2aKz0qqSB%22%7D.

4．多用口头提醒

对于需要帮助的老年旅客，民航服务人员应主动搀扶其上、下飞机，帮助其提拿行李、找座位。关注老年旅客行走的安全，特别是对视力不好的老人，上、下飞机台阶还需要口头提醒。

5．航程中多关心老年旅客

长航线中高空低氧，客舱压力的变化会对身体产生影响，需要及时了解老人的身体状况，多关注。空闲时间，民航服务人员可以和老年旅客聊天，以减少他们的孤独感，使其有效缓解疲劳；老人若长时间久坐，下肢静脉血液回流不畅，脚会发麻，应提醒老人需要起身活动；起飞着落阶段，客舱压力的变化会产生压耳症状，民航服务人员可以教老年旅客做一些简单动作来缓解症状，如吞咽、捏着鼻子鼓气等；飞机下降前，了解老年旅客后续的转机、行李问题及是否需要轮椅等，解决他们的后顾之忧。切不可安排老年旅客坐在紧急出口旁的位置。

案例 2-24

服务无止境　真情伴您行

 理论拓展

如何做好老年人乘机的服务

俗话说"百善孝为先"，孝道作为中华民族的传统美德，多年来一直是中国人奉行的守则。在交通发达的今天，为人子女都倾向于在假期时间带上家里的老人出门走走，饱览祖国大好山河，而飞机作为目前大众普遍使用的最快捷的交通工具，更是家人出行的首选。

然而多数老年人对于坐飞机心里都会有所抵触：一方面是身体原因，担心自己无法承受高空带来的压力；另一方面是安全原因，担心飞机在万米以上高空的飞行安全。因此，他们在乘坐飞机时或多或少都会有些紧张。航空公司在为旅客提供优质服务的同时，更希望给每一位旅客带来"家"的感觉，所以在服务老年旅客时，民航服务人员一定要拿出耐心和爱心，消除他们的紧张感，让老人找到"家"的感觉，才能真正享受一段舒适、愉快的旅程。

在迎客过程中，首先要发现无家人陪同的老人，主动上前帮助老人提拿行李并且协助

其找到座位。待老人入座后向其介绍安全带的使用方法和洗手间的位置，并主动为老人提供毛毯和热水。主动的关心和协助才能让老人在乘机时消除顾虑，让老人知道，我们会随时为他们提供及时、必要的帮助。

待飞机平飞提供餐饮服务的时候，关注老人是否需要热水或者茶水，若老人提出需要饮料，则应主动向老人介绍饮料的口味并且询问老人是否适合饮用这类饮品。提供餐食的时候详细告知老人餐食的烹调方法，让老人能够吃得安心。巡舱时要更加注意对老人的细微服务，要知道我们的一个不经意的动作也许都会让老人感动不已。

飞机下降前也要主动询问老人是否需要使用洗手间，同时也要向老人介绍洗手间内服务用品的使用方法，很多老年人第一次乘机，对于使用洗手间也比较抵触，提前向老人介绍，才能让他们使用时更加放心。

每个人家中都有老人，对于老人生活的不便，相信我们心里也都有感触。若每一位民航服务人员都能像对待自己家中的老人一样来照顾航班中的老年旅客，那么相信越来越多的人都会放心让家中老人乘坐我们的航班，因为他们相信在我们的航班中，也会有人把老人当成自己的家人，也会让每一位乘机的老人发自内心地流露出满意的微笑。

 思考与练习

一、填空题

1. 怀孕超过_____周、不足_____周的健康孕妇乘机应提供"诊断证明书"。

2. 关注老年旅客行走的安全，特别是对视力不好的老人，对于上、下飞机台阶还需要_____。

3. 在称呼要客时，全程使用_____来服务。

4. 儿童旅客的沟通要点有语言沟通、_____、用心倾听、_____、_____。

5. 从总体上说，病残旅客的群体特征有_____和_____。

6. 老年旅客的沟通要点为_____、_____、_____、_____、_____。

二、判断题

1. 怀孕 20 周以上的孕妇，预产期在 9 周（含）以内的孕妇，原则上不予承运。（   ）

2. 遇见不能用语言表达的病残旅客，民航服务人员要迅速地觉察，然后不动声色地提供细致周到的服务。（   ）

3. 遇见老年旅客沟通时讲话速度要放快，音量不能太大，动作要快，体现工作效率。（   ）

4. 遇见重要旅客，五步问候：在距离旅客五步左右，工作人员应起立、主动问好。（   ）

5. 每当孩子跟服务人员说话时，服务人员应该尽可能放下手头的事情，全神贯注地听孩子讲话。（   ）

6. 与儿童旅客沟通时，多赞美、少批评，给予他们行为或者心理的支持，赋予孩子充

分的理解、尊重、喜爱。（　　）

三、思考题

1. 请列举老年旅客的沟通技巧与艺术。
2. 请列举儿童旅客的沟通技巧与艺术。
3. 请列举孕妇旅客的沟通技巧与艺术。

四、技能题

（一）典型案例1

"哇——"一声孩童的号啕大哭打破了客舱的安静，正在巡视客舱的民航服务人员小Z立即前去查看，原来是一位小朋友的眼角被座椅扶手砸到了。眼见小朋友哭泣不止，小Z立刻拿来机上的小零食哄小朋友，让其停止哭闹；随后又立即向乘务长进行汇报。乘务长赶来，通过询问得知，由于座椅扶手自然落下，砸到了躺在座椅上的小朋友的左眼角，并且已经出现红肿的症状，小Z及时提供冰块和湿毛巾帮小朋友冷敷。乘务长关切询问是否需要落地之后第一时间通知医生上机为小朋友检查，征得家长同意之后，乘务长及时告知机长通知地面救护人员上机检查并启动旅客伤亡处置程序。整个航程，乘务组一直全程关注小朋友并及时询问提供帮助。通过检查，小朋友并无大碍，家长表示不需要进一步检查治疗，但是旅客对乘务组的积极处置仍然表示十分感谢。

思考：

请你依据儿童旅客的沟通技巧知识做简要点评。

（二）典型案例2

某航班旅客登机入座后，一名老年乘客怀中抱着一件大件行李紧紧不放。民航服务人员小刘提出将行李放在行李架上，老人坚持不肯，在没有多加沟通的情况下，民航服务人员小刘立即提起了老人怀中的行李塞入了其座位上方的行李架，随后转身离去。尽管民航服务人员执行安全规定没有错，但还是引起了老人的不快，直接向带班乘务长投诉该民航服务人员工作方法简单粗暴，对老年人没耐心，不够尊重。小刘接到投诉后，很不服气。

思考：

请你依据老年旅客的沟通技巧知识做简要评析。如果你是小刘，后续工作该怎么做？

学习情境二　其他特殊旅客的服务沟通艺术

学习目标

1. 掌握醉酒旅客的服务要求与沟通艺术。
2. 掌握犯人旅客的服务要求与沟通艺术。
3. 掌握额外占座旅客的服务要求与沟通艺术。

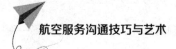

4. 在服务特殊旅客的过程中锤炼职业能力，提升职业素养，坚定职业信仰。

导引案例

女子飞机占座导致航班滑回

某日，首都机场，一女子在即将起飞的飞机上强行从经济舱闯入公务舱占座，并在机上大喊大叫，飞机被迫拉回后，警察登机强制将其带离。

视频中的女子在面对警察的时候展现出不愿配合的态度，其身旁的同伴似乎也在为她"打掩护"。

当日晚间，首都机场公安局就此事发布通报说，首都机场公安局接报当日首都机场某出港航班上一名旅客因占座被航空公司拒载导致航班滑回。接警后，民警及时到场处置。根据相关法律法规，依法将其带下飞机。

经查，该乘客在飞机滑行过程中，不听乘务人员劝阻，强行坐到其他舱位并拒绝离开，为保障航班的安全和秩序，该航空公司拒绝其乘机。目前，事件正在进一步调查处理中。

额外占座的事件在飞机上时有发生，不可能每次都动用警力进行制止，大多数情况下还是需要机组人员进行沟通，怎样沟通能让乘客放弃所占座位，对乘务人员是巨大的考验，掌握适当的沟通艺术，不激化矛盾是非常必要的。

一、醉酒旅客的服务沟通艺术

（一）醉酒旅客的定义

醉酒旅客是指失去自控能力，在航空旅行中明显会给其他旅客带来不愉快或反感的乘客。航空公司有权根据旅客的外形、言谈举止判断决定，可不予承运或拒绝继续承运。

按照民航局有关规定，醉酒旅客不得乘坐民航客机，这主要是为旅客自身的安全考虑。第一，酒后乘机对乘机者健康不利，酒后高空飞行易突发心脑血管疾病；第二，醉酒乘客行为失常，不易控制自己的行为，对客舱其他旅客的安全构成隐患。

（二）醉酒旅客的群体特征

（1）酒后乘机对乘机者健康不利，酒后高空飞行易突发心脑血管疾病。

（2）醉酒旅客行为失常，不易控制自己的行为，对客舱其他旅客的安全构成隐患。据有关研究表明，酒精对人体的影响随飞行高度的增加而加重，饮用同量的酒在地面上可能没有出现或出现轻微的症状，而在高空低气压环境中，则会出现严重的酒精中毒症状。

（3）酒精还会导致人体的心理和生理功能失调。醉酒旅客乘机，由于情绪失控导致的不良行为，会给飞行安全造成一些隐患。在飞机上，醉酒旅客往往大声吵闹，加上其醉酒后的呕吐物，不仅影响机舱内的乘机环境和秩序，也易引起其他旅客的反感，而且某些过激行为还可能威胁飞行安全。

（三）醉酒旅客的服务要求与规范

（1）醉酒旅客一般不予运输。

（2）根据醉酒旅客的外形、言谈举止，航空公司自行判断决定。

（3）对酒后闹事、影响其他旅客旅行的醉酒旅客，航空公司有权拒绝其登机。

（4）在飞行途中，如发现旅客仍处于醉态不适于旅行，或妨碍其他旅客时，机长有权令其在下一个经停站下机。

（5）醉酒旅客被拒绝登机时，退票按非自愿退票处理。

案例 2-25

东航联合上海机场公安开展依法处置"醉酒旅客机闹"事件模拟演练

"这位先生，根据系统记录和登机牌信息，这不是您的座位，航班即将起飞，请您返回指定位置坐好。"

"我爱坐哪坐哪，你管得着吗？"

"这位先生，请您注意言辞。您现在的行为是强占座位，涉嫌扰乱航空器内秩序，请您返回座位坐好。如您不听劝阻，我们将报警处理。"

2023 年 9 月 1 日，在东航技术应用研发中心，一场由民航华东地区管理局公安局指导，中国东方航空与上海机场公安联合开展的"机闹"事件模拟处置演练正在进行之中。

本次演练以桌面推演和实操演练相结合的方式展开。实操演练部分参考了民航真实"机闹"事件的典型案例：在模拟航空器地面等待期间，机上旅客抢占座位影响航班正常秩序，机组成员按照程序对"机闹"行为人控制取证，并依法移交公安机关。

上海机场公安根据民航局依法整治"机闹"维护航空秩序专项行动的部署和要求，落实打击"机闹"违法犯罪行为依法从快从严处罚要求，制作整治"机闹"快速处置包，缩短视频证据调取时间，提高法律文书制作效率。同时，制定音视频方式制作询问笔录工作指引，进一步提高笔录制作效率，缩短机组工作人员制作笔录时间，从而不影响后续航班的正常运行。

东航则聚焦"完善制度保障""加强处置能力""推进宣传教育"等方面，持续推进专项行动走深走实。一方面不断优化事件处置程序，为一线人员提供操作指引和文件支撑；另一方面持续深化一线员工的宣贯动员，以安全隐患零容忍的态度对待"机闹"行为。此外，东航坚持整体推进，下属各分公司闻令而动、迅速行动，开展了大量工作。

截至目前，东航已共计在 11 000 余人次的空勤人员中完成强化"机闹"处置能力的培训。从常态化训练到专题研讨，从加强内部协作到深化公安联合整治，东航正不断提高机上案事件处置水平与移交效率，最大限度地减少航班运行影响。

资料来源：飞机客舱有醉酒乘客闹事！东航联合上海机场公安开展依法处置"机闹"事件模拟演练 [EB/OL]．（2023-09-04）[2023-09-14]．https://baijiahao.baidu.com/s?id=17760793423199 52100&wfr=spider&for=pc.

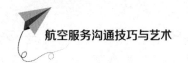

（四）醉酒旅客的沟通要点

（1）对醉酒旅客要有耐心、有礼貌。

（2）发现醉酒旅客有义务劝阻和通知机长、乘务长采取措施。联系机场医务处，医生将检查该旅客是否适合登机，并采取解酒措施。

（3）处理问题时，言语要文明，说话和气，特别注意旅客的情绪，恰如其分地关心旅客，注意不要在语言和行动上刺激旅客，以免引起旅客冲动；如醉酒旅客有其他旅客陪同，则提醒其他旅客给予细心照顾。

（4）发生纠纷时，民航服务人员一定要冷静，避免争吵。

（5）严格禁止与旅客发生正面冲突，尽可能将旅客带离现场，以免产生负面影响。

（6）发现已购票的醉酒旅客，可根据情况礼貌劝阻旅客退票或待酒醒后再登飞机，并安排专人留意旅客行为和跟踪处理，以免产生不必要的麻烦。

（7）若遇到的旅客有蛮横无理、情绪激动、行为失控、打骂民航服务人员等情况，立即通知机长，情节严重的与地面公安机关联系依法处理。

 **理论拓展**

面对醉酒旅客的处理方法

面对醉酒旅客不同的情况与特征，应采取不同的沟通方式。

表现1：呕吐。对于这种旅客，给他安排一个相对安静、旁边人较少的座位。因为胃里的食物在酒精的作用下，很可能随时被呕吐出来。由于醉酒后神经反应变慢，喉咙肌肉张力下降，人在仰卧的状态下，呕吐物很可能会卡在喉咙，或误入气管，堵塞呼吸道。醉酒后不宜立即睡觉，可以先吃点西瓜、香蕉、葡萄解酒，西瓜利尿，可缓解身体发热；葡萄可治反胃、恶心；香蕉能缓解酒后胸闷。等到酒醒得差不多了再睡觉。乘务人员可以以一种关心的态度和旅客沟通，告知旅客什么睡觉姿势会更舒适，可以更好地满足其需求，及时为旅客提供毛毯和水。

表现2：吹牛。有些人平时表现得挺谦虚，可是喝醉了以后就开始吹牛，这是过度饮酒后人体的头脑部位的思维意识不受控制导致的。乘务人员可以为其提供一些茶水和点心，在与其沟通时岔开话题。

表现3：骂人找碴儿。面对这种旅客，为了防止影响到其他旅客，乘务人员可以先态度亲和地劝说一下，并告知其行为的不良影响和不良后果，如若不听，可严肃地给予警告，告诉他此种作为会被惩罚。

表现4：哭。其实没有悲伤的事情，但是有些人喝醉了就是会哭，大概就像睡觉一样。这一类人大多有心事，或受到过伤害。这些旅客可能此时内心世界比较脆弱，乘务人员应多给予关心，服务态度一定要亲和与贴心，尽量满足他们的需求，让他们感受到乘务人员对他们的关心。因为这样他们也会体谅乘务人员的辛苦，会配合乘务人员的工作。不过此时他们可能正沉浸在自我的世界里，乘务人员最好不要打扰，最好给他安排一个相对安静一些的角落座位。

二、犯人旅客的服务沟通艺术

（一）犯人旅客的定义

犯人旅客是指违反国家法律，需要飞机运输，且由专门的警察执行羁押的旅客。

公安机关押解犯人一般不准乘坐民航班机。按照相关规定，押解犯人的运输方要从严控制，确有特殊情况需要乘坐飞机押解的，须由押解所在地公安机关报请民航总局公安局批准同意，并由省、市级（含）以上公安部门出具押解证明，民航方可押解运输。犯人旅客及其押解人员仅限于乘坐经济舱。

（二）犯人旅客的群体特征

由于犯人是受到国家现行法律管束的，在处理犯人运输时，必须与有关公安部门以及通过外交途径与有关外交部门取得密切联系。

在办理犯人运输中，应注意符合我国有关法律、法令和对外政策及有关国家的法律。运输犯人必须经运输始发地最高一级运输业务部门负责人根据有关规定负责审校批准。在国外由办事处负责人批准。如果需要通过外交途径与有关国家外交部门取得联系和配合时，必须事先请示总局，遵照总局指示办理。

犯人旅客在运输中必须由两人监送。监送人员在运输中对犯人负全部责任。在飞行中，监送人员携带的武器一般应当交由机组保管。运输犯人，只限在运输始发地申请办理订座售票手续。

（三）犯人旅客的服务要求与规范

（1）必须严格执行"谁押解、谁负责"的原则并履行相应的审批程序。运送犯人旅客时，押解警力一般要 3 倍于犯人旅客，对犯人旅客可以使用必要的械具。在押解的过程中不允许犯人旅客单独行动，防止犯人旅客失控，但押解人员乘机时不得携带武器。

（2）一架飞机上运送的犯人旅客不得超过 3 名。被押解人员不属于涉嫌暴力及恐怖犯罪。如果押解人员认为有必要限制犯人旅客的行动，可正面将其双手铐住。在任何情况下都不得将犯人旅客铐在机舱座位或航空器上以及其他无生命的物体上。

（3）乘务长接到运送犯人旅客通知后，应确认犯人旅客和押解人员的人数、座位安排等情况，并详细报告机长。因为情况特殊，服务人员不要议论并应对其他旅客保密。

（4）犯人旅客应安排在客舱后部 3 人座的中间座位，他们的座位不得靠近或正对任何出口及应急出口，以防出现意外（情绪失控乱动舱门等）。民航服务人员应去除领带、丝巾，不能为犯人旅客和押解人员提供含酒精的饮料，也不得为犯人旅客提供刀、叉等餐具，在经押送人员检查同意后，可以向犯人旅客提供食物和一次性餐具，同时尽量减少饮料供应。供餐饮前应事先征求押解人员的意见，不允许犯人旅客在飞机上来回走动，并对其使用厕所进行监控。

（5）上、下机时，犯人旅客应先于其他所有旅客登机，所有旅客离开后再下机，避免对同机旅客造成不便；在中途站经停时，犯人旅客是否下机，由押解单位决定。如不下机，

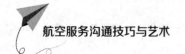

则要求有 3 倍于犯人旅客的警力在飞机上留守。安全员不得离开岗位，协助做好安全保卫工作。下机后应认真检查其座位周围的遗留物品。

（6）当航班着陆后，安保组和乘务组应协助地面公安将犯人旅客押下飞机，如果是政治犯、经济犯，这些不用特别对其人身自由采取限制。如果是杀人犯或者有暴力倾向的罪犯，可以采用手铐或者软铐，但是在下飞机时一般用衣物遮盖一下，以免引起周围旅客的恐慌。当所有人都走出客舱后，空警、安全员再次对客舱进行认真清舱后再离开飞机。

（四）犯人旅客的沟通要点

（1）乘务组接到通知后，及时传达给每位乘务员。

（2）要像对待一般旅客一样对待犯人。

（3）尽量避免将犯人的身份暴露给其他旅客。

（4）犯人旅客应该最先上飞机，最后下飞机。

（5）地勤方面，由机场公安分局的人带领办理值机手续，查验证件手续是否齐全，电话申请地服调度。标准语言为："地服调度，××航班有×位××犯人，有×位执法人员，有/无携带枪支，证件齐全，能够接受。"

案例 2-26

双套机组+"金盾组"乘务员完成特殊航班任务

按照计划，此次包机任务航程为广州—雅加达往返，全程飞行 10 小时，通宵往返飞行。为确保圆满完成任务，南航高度重视，派出波音 737 机队领导带队飞行，精心挑选政治觉悟高、飞行技术强的双套机组执行此次特殊运输任务。飞行机组选派了两名机长和两名副驾驶组成双机组，特意选派两名机务和 1 名配载人员随机保障。飞行机组提前准备，对航路情况、目的地机场、沿途备降场等进行详细梳理和分析，对可能遇到的各类特殊情况做出详细的处置预案，确保飞行万无一失。

南航还选派资深兼职安全员（持有安全员和乘务员双执照）执行押运航班任务，考虑到本次押运嫌疑犯中有女性，特别安排两名女兼职安全员执行航班任务。参加这次押运航班的乘务组成员大都来自全国青年文明号"金盾组"，多名队员曾执行过金边和马尼拉等押解航班任务，具有多次执行"急、难、险、重"航班任务，特别是押解航班任务的经验。

2015 年 11 月 9 日 17:30，在航班起飞前 3 个小时，机组、安保组、乘务组成员在航前进行了认真的航前协作。航班乘务长王钊本科学的是应用心理学，在 10 年的飞行生涯里，他积累了丰富的航班经验和特殊事件的应急处置能力。在协作时，他对每位乘务员的职责进行了细化布置，并强调了特殊航班的注意事项和执勤纪律，确保航班万无一失。

9 日 20:22，去程航班在白云机场起飞飞往雅加达。在去程的航班上，南航安保组和负责押解的地面公安进行分工协作，对回程在雅加达机场的二次安检及犯罪嫌疑人的座位安排等细节都做了安排。航班于 11 月 10 日 1:00 降落在雅加达机场，完成短暂的地面保障工作后，安保组两名空警负责 1 名犯人旅客，开始对犯人旅客实施严格的"二对一"安检，而 7 名女性犯人旅客则由安保组里的女安全员实施安检，整个安检过程严整有序。在保证现场秩序的同时，每完成 1 名犯人旅客的检查后，再交给地面公安带入客舱看管。对于犯人旅客中的 3 名孕妇，两名女安全员都在保障绝对安全的前提下，快速实施安检。深夜的雅加达机场非常闷热，而二次安检只能在廊桥实施，空警安全员的制服很快就被汗水打湿。全体空警安全员用时不到半小时，就完成了全部 39 人的安检。

起飞后，安保组也和乘务组通力配合，加强巡视客舱的力度，按照航前协作制定的预案对客舱实施全程监控。

本次航班的乘务组全部由男性乘务员担当，其实他们都是具有安全员和乘务员双重身份的南航兼职安全员，在雅加达过站期间，安保组完成二次安检后，他们配合地面公安将犯人旅客带入客舱并妥善安排好座位。回程航班虽然是夜航飞行，和普通航班不同的是客舱里也保持灯光明亮。乘务组在起飞前还将高端经济舱的隔帘去掉，以方便安保组对客舱实施全方位监控。在服务的过程中，他们都去除了领带，平时客舱里为旅客提供的刀叉、杯子、餐盘等物品也都消失了，为机上的特殊旅客提供的只有简单的面包、三明治和瓶装水。

11 月 10 日 7:57，CZ8624 航班终于安全降落在白云机场，安保组和乘务组又协助地面公安将犯人旅客押下飞机，当所有人都走出客舱后，空警、安全员再次对客舱进行了认真的清舱后才离开飞机。经过长达 15 个小时的通宵工作，安保组和乘务组成功完成了此次特殊航班任务。

资料来源：南航成功执行公安部押送特大电信诈骗嫌疑人归国航班运输任务[EB/OL].（2015-11-10）[2023-11-16]. https://news.sina.com.cn/c/2015-11-10/doc-ifxkrwks3708744.shtml.

三、额外占座旅客的服务沟通艺术

（一）额外占座旅客的定义

额外占座旅客也称自理行李占座旅客，是指为了个人舒适而要求占用两个或两个以上座位的旅客。旅客额外占座应在购票时提出申请，经承运人同意后方可运输。办理乘机手续时，会为额外占座旅客发放一个登机牌，在登机牌上注明旅客占用的全部座位的号码。旅客的座位应根据旅客本人的情况安排。如属于特殊旅客，应遵守有关特殊旅客座位安排的规定。额外占座旅客的免费行李额由其所购客票票价等级和所占座位数确定。

（二）额外占座旅客的群体特征

额外占座旅客分为很多种。一般额外占座旅客很多都是超胖旅客，他们的行动可能相对比较迟缓，而且这些旅客也有较强的自尊心和较为敏感的心理。滑稽、怜悯的表情和目光或过分周到的服务都可能会激怒这些旅客。还有一些是行李额外占座等。

额外占座和手提行李占座应在订座时提出申请，在取得航空公司同意后方可运输，并填写适用的"乘机申请书"。售票人员在接受额外占座旅客购票时，应及时拍发运输通知电报或者采用传真方式通报始发站、经停站、目的站的服务保障部门。额外占座旅客的免费行李额由其所购客票票价等级和所占座位数确定，自理行李占座客票没有免费行李额。

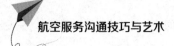

案例 2-27

胖人乘机要买两张票　法航发生拒载乘客纠纷

法国男性让·保罗·图泽体重 170 千克，乘坐飞机时被法国航空公司拒载，拒载理由是他太胖了，一个座位坐不下，除非他买两张票，才能让他上飞机。图泽为此感到万分委屈：胖又不是他的错。他当即向法院提起诉讼，状告法航歧视胖人。但代表全世界 265 个航空公司的国际航空运输协会表示：完全支持法航的做法。航空公司限制胖人乘飞机不仅出于商业考虑，同时也是为了保证飞行安全。

为什么胖人乘机会影响安全呢？当然是胖人的体重带来的问题。飞机的起飞重量（take off weight）是由飞机的空机重量、商载重量和燃油重量的总和来决定的，而商载重量包括旅客的总重量。但在实际航班生产中，舱单上没有反映出旅客个人的实际重量，目前是按照人头平均值来计算的。在我国，国内旅客人均重量的平均值按照 75 千克/人计算。如果航班中胖旅客多，当然影响商载重量的准确性，商载重量的不准确直接影响起飞重量的不准确，这样一来，飞行安全就会受到影响。

资料来源：肥胖的世界[EB/OL].（2022-02-27）[2023-04-17]. https://www.wenmi.com/article/pnkxxc01f235.html.

（三）额外占座旅客的服务要求与规范

（1）办理乘机手续时，为旅客发放一个登机牌，在登机牌上注明旅客额外占用的全部座位的号码，旅客的座位应与额外占用的座位连在一起，并根据旅客本人的情况安排。

（2）额外占座旅客应遵守相关规定，每一座位放置的行李物品总重量，国内航班不得超过 72 千克，国际航班或者国际航班国内段不得超过 75 千克，总体积不得超过 40 厘米×60 厘米×100 厘米，占座行李不计入免费行李额。

（3）额外占座旅客应遵守特殊旅客的运输规定，不能坐在出口座位，安全带必须可以延接使用。

理论拓展

客舱预订占座行李规定

客舱预订占座行李是指旅客为其购票而带入客舱的物品，该物品一般是由于易碎、贵重等原因不能交运，并且因体积太大或太重而不能当作手提行李储存。旅客在购票、交运此类客舱占座行李时，需注意以下事项。

（1）旅客须在订座时提出占座行李的申请，经航空公司同意后方可承运，并为行李购买占座票。

（2）在每个座位上承运的预订占座行李总重量不得超过 75 千克，总体积不得超过 40 厘米×60 厘米×100 厘米。

（3）行李应用恰当的方式包装或覆盖好，以防止对其他旅客造成伤害。

（4）旅客购买的占座行李票没有免费行李额。

（5）客舱预订占座行李的收费按下列两种办法计算运费，收取较高者：① 根据占座行李的全部实际重量，按逾重行李计算运费。② 按行李需占用的座位数，以运输起讫地点之间，与旅客本人所持客票舱位等级相同的标价计算运费。另外，由于一般代理旅行社不受理此类机票销售，旅客需到直属售票处购买或致电 95539 服务热线购买。

（四）额外占座旅客的沟通要点

（1）注意观察，必要时提供加长安全带；介绍其使用机上较大的洗手间；落地后及时收回加长安全带。

（2）完全以对待普通旅客的态度来为他们服务。身材肥胖的旅客其实都不太喜欢被人谈论和注视自己的体形，特别是女性。

（3）对于私自额外占座的旅客，要耐心解释，如多次劝说无效，则向上级汇报，情节严重者中断其行程。

案例 2-28

私自占座旅客

2015 年 2 月 26 日傍晚有网友发微博称，在由上海虹桥机场飞往广州的 FM9311 航班上，一名男子在登机时没有按照自己登机牌的座位号就座，反而挑选了一个靠窗座位坐下，执意按公交车先来后到占座的规则就座，并与其他正常就座旅客发生纠纷，客舱机组以及地面商务人员劝说 20 多分钟无果，导致航班晚点，最后该旅客被机场公安使用手铐强行带下飞机。据说该男子为上海某知名大学博士研究生，因公出差去广州，占座的理由是为了方便观看窗外的风景。

记者随后在航班查询网站上看到，原本应于 2 月 26 日 17 时 30 分起飞的 FM9311 航班延误至 19 时 12 分起飞。警民直通车——上海机场官方微博对此事做出了回应，表示确有此事："该旅客邓某的行为造成航班延误 1 小时 40 分钟。机场公安到场后将邓某带回调查，并因其扰乱航空器上秩序依法做出行政拘留 7 日的处罚。"

资料来源：飞机哭了！男子虹桥机场登机坚持"公交占座规则"被拘[EB/OL].（2015-02-27）[2023-04-17]. http://shanghai.xinmin.cn/xmsq/2015/02/27/26910217.html.

讨论拓展

讨论题目——航空公司扩大航班，"一人多座"

众所周知，坐飞机需要凭票对号入座，一人一个座位。不过，最近有航空公司推出"一人多座"的服务，如果你不想被旁边的乘客打扰，可以多花钱购买"占座票"。

2019 年 4 月 11 日，南方航空（以下简称南航）在官方微信发布消息称，目前，"一人多座"新服务已在广州始发的所有南航国际航班（非经停）上开放运营了，近期还将在北京、上海等地始发的南航国际航班上推出。据南航公布，该价格根据航程长短分为三档（固定价格），从最低 250 元到最高 1700 元不等。

南航推出的"一人多座"仅支持机场柜台购买。按照南航的说法，"一人多座"服务在该航班完成值机后现场开售，不影响其余旅客正常选座，目前仅适用于经济舱，后续也将适用于明珠经济舱（指南航的高端经济舱），不享受额外手提行李额、额外餐食等服务。

南航介绍称，这项新服务针对的是确有实际需要的旅客人群，如部分旅客不喜欢和旁边的人共用椅子扶手，对于携带孩子和更多行李出行的父母、体型比较魁梧的旅客等，多一个座位的空间会让他们坐飞机更加舒适。

无独有偶，2018 年 7 月，祥鹏航空也推出了"一人多座"的服务。旅客在一人一座的情况下，可购买额外的座位供自己使用，享受更宽敞的乘机服务。在额外座位票价方面，起飞前 24 小时到 72 小时内且客座率低于 70%的情况下，额外座位价格是经济舱全价的30%；起飞前 24 小时内且客座率低于 80%的，额外座位价格是经济舱全价的 20%。

祥鹏航空客服表示，因为"一人多座"产品并不是随时随刻都能购买，它有着时间和客座率的限制，必须在航班起飞前 72 小时内且客座率低于七成才开售，所以不会影响其他旅客正常购票乘机。

提示要点：

1．试分析航空公司推出此项服务的利与弊。

2．一旦与周围乘客发生纠纷，乘务员应如何处理？

 思考与练习

一、填空题

1．对酒后闹事、影响其他旅客旅行的醉酒旅客，航空公司_____拒绝其登机。

2．尽量避免将犯人的_____暴露给其他旅客。

3．一架飞机上运送的犯人旅客不得超过_____名。

4．办理乘机手续时，为旅客发放一个登机牌，在登机牌上注明旅客额外占用的_____。

5．犯人旅客应安排在客舱后部_____，他们的座位不得靠近或正对任何出口及应急出口，以防出现意外。

6．如犯人旅客不下机，则要求有_____的警力在飞机上留守。

二、判断题

1．发现醉酒旅客，都有义务劝阻和通知机长、乘务长采取措施。联系机场医务处，医生将检查该旅客是否适合登机，并采取解酒措施。（　　）

2．对于私自额外占座的旅客，要耐心解释，如多次劝说无效，则向上级汇报，情节严重者中断其行程。（　　）

3．对于犯人旅客，在地勤方面，由机场公安分局的人带领办理值机手续，查验证件手续是否齐全，电话申请地服调度。标准语言为："地服调度，××航班有×位××犯人，有×位执法人员，有/无携带枪支，证件齐全，能够接受。"（　　）

4．客舱服务人员不能为犯罪嫌疑人和押解人员提供含酒精的饮料，也不得为犯人旅客提供刀、叉等餐具。（　　）

5. 额外占座旅客应遵守相关规定，每一座位放置的行李物品的总重量，国内航班不得超过 72 千克。（　　　）

6. 犯人旅客应该最后上飞机，最先下飞机。（　　　）

三、思考题

1. 请列举醉酒旅客的沟通技巧与艺术。
2. 请列举犯人旅客的沟通技巧与艺术。
3. 请列举额外占座旅客的沟通技巧与艺术。

四、技能题

（一）典型案例 1

赵女士在首都机场安检时被工作人员告知其行李中的一瓶洋酒不能带上飞机，而当时已经来不及去托运。为了不浪费，赵女士当场将一大瓶 XO 洋酒"干"了。事后，赵女士因醉酒被拒绝登机。

原来，赵女士从美国飞抵北京后，需要在首都机场转机前往温州，其随身携带了一瓶在美国购买的 XO 洋酒。在首都机场通过国内安检时，工作人员告知她洋酒属于液体，不能随身携带上飞机。

据工作人员介绍，赵女士当时说 100 多欧元买的洋酒扔了太可惜，也没有足够的时间办理托运，就找了个地方把酒喝了才过安检。不料，在登机口候机时，赵女士的酒劲开始发作，在登机口大喊大叫并倒地不起，航空公司工作人员无奈之下报了警。

据办案民警介绍，赵女士是温州人，40 岁左右，是一个人出行。在国外一些机场的安检中是允许乘客携带液体登机的，"这和我们国内的安检不一样，赵女士可能不太清楚。她当时醉酒很严重，整个人意识不清，在地上打滚、大喊大叫，自己都站不起来，我们找了轮椅把她推回的休息室"。

"我们到现场的时候，飞机马上就要起飞了。"民警说，当时她要乘坐的航班机长认定赵女士当时的状态不适合乘机，"按照规定，机长有最终处置权，机长主要是看赵女士只身一人，担心她醉酒状态乘机会出现人身安全问题或是对飞行安全造成影响。"

资料来源：陈东. 妇女过安检干整瓶 XO 结果因醉酒上不了飞机[EB/OL].（2015-02-27）[2023-12-10]. https://xw.qianzhan.com/news/detail/486/150824-c4d4c9e0.html.

思考：

请设想你是机场地勤人员，面对醉酒旅客，你会怎么沟通处理？

（二）典型案例 2

A 国两名政府官员押解一名盗窃团伙头目返回 B 国，他们的飞机途经 C 国转飞。但这两名官员发现，飞往 B 国的换乘航班被延误了 8 小时。他们遂与 C 国安保官员会面，此过程中犯人消失。根据 C 国官员公布的监控录像，犯人已于清晨 4 时离开 C 国机场。

思考：

请你结合犯人旅客的服务要求与规范，简要说明押解犯人旅客进入机场或客舱时需要注意哪些事项。

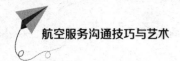

本章小结

航空公司加大力度提高航空服务标准与要求，其中最重要的是面向民航服务对象的个性化沟通。掌握科学有效、个性化、柔性化、灵活性的沟通技巧与沟通艺术至关重要，这对民航服务人员高尚的职业道德、强烈的服务意识、良好的沟通理解能力提出了较高的要求。根据服务对象的群体特征、服务要求与规范、沟通要点等基础和条件，应采取因人而异的沟通方式和沟通方法，重点掌握典型旅客如重要旅客、儿童旅客、孕妇旅客、病残旅客、老年旅客、醉酒旅客、犯人旅客、额外占座旅客的服务沟通技巧。

荐读

1. 陈淑君，栾笑天. 民航服务、沟通与危机管理[M]. 重庆：重庆大学出版社，2017.

2. 赵冰梅. 民航空乘服务技巧与案例分析[M]. 北京：中国广播电视出版社，2005.

3. 刘文清. 老年服务沟通技巧[M]. 北京：机械工业出版社，2017.

4. 李泓. 服务沟通实务教程[M]. 青岛：中国石油大学出版社，2015.

5. 罗纳德·B.阿德勒. 沟通的艺术[M]. 北京：北京联合出版有限责任公司，2017.

6. 马歇尔·卢森堡. 非暴力沟通[M]. 北京：华夏出版社，2021.

7. 戴尔·卡耐基. 卡耐基沟通的艺术与处世智慧[M]. 北京：中国华侨出版社，2012.

8. 科里·帕特森. 关键对话：如何高效能沟通[M]. 北京：机械工业出版社，2017.

模块三　不同服务处所的服务沟通艺术

【学习要点】

在航空运输中，旅客出行是一个系统工程，一般需要完成电话咨询、客票销售、民航值机、候机、乘机、行李提取等众多环节。每一个环节都必不可少、十分重要，哪个环节出现问题，都会对旅客出行造成影响，甚至对航空客运造成一定的影响。因此，民航各部门、各服务处所要通力合作，竭尽所能为安全、顺利运输做好保障。

要确保各服务处所竭尽所能做好保障，有效沟通是必不可少的。各服务处所因服务内容的区别，在沟通特点、沟通要求及沟通技巧方面都有一定的差异性，需要很好地认知与理解。只有掌握各服务处所的沟通技巧，才能真正实现提高工作效率、加快工作进程，带给旅客良好的出行体验，让旅客感受真情服务。

【知识目标】

1. 熟悉民航服务内容与服务沟通的特点。
2. 了解服务沟通的一般要求。
3. 掌握不同服务处所的沟通技巧。

【素质目标】

1. 培养真情服务精神。
2. 落实以人为本、周到服务的劳模服务理念。
3. 培养团结协作、服务创新的意识。

【能力目标】

1. 能按要求完成不同服务处所的服务沟通。
2. 能巧妙处理不同服务处所的沟通问题。

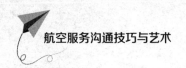

学习情境一　电话咨询的服务沟通艺术

 学习目标

1. 了解电话咨询的服务内容和服务沟通的特点。
2. 掌握电话咨询服务沟通的一般要求。
3. 掌握电话咨询不同服务内容的沟通技巧。
4. 理解真情服务精神的内涵，践行真情服务。

 导引案例

海航"服务特种兵"朱雨琴：真心铸就真情服务基石，扎牢五星航空安全网

自 2021 年 6 月暑运以来，全国多地遭受风雨雷暴天气，新冠肺炎疫情又在多个地方出现，不正常航班的数量呈几何数倍增，在海南航空控股股份有限公司（以下简称海南航空）客户服务部，电话铃声、键盘敲击声此起彼伏，不绝于耳，就连空气都要凝固在这灯火通明的夜色中。有一个娇小的身影，她声音温柔、清脆，接听旅客来电询问总是轻声细语，耐心对待，时常获得旅客称赞。她曾因周到、高效的服务，在半个月里连续收到旅客亲自赠送的两面致谢锦旗。她就是海南航空客户服务部国内呼叫中心高级客户专员朱雨琴。因服务技能精湛又屡获服务嘉奖，2018 年，朱雨琴被调入问题快速响应小组，成为一名"服务特种兵"。

（一）优质服务，待客如亲

2021 年 7 月 10 日夜间，一张红色的反馈单引起了朱雨琴的特别关注。一位张女士购买了海南航空 7 月 11 日早 8 点由杭州至北京的 HU7277 航班客票，她的航班因天气原因取消了，而张女士着急办理改期，致电热线一时难以接通，情绪较为激动……凭借多年的服务经验，朱雨琴意识到这个单子有点特殊，于是第一时间去了解因华东、华中区域雷雨影响导致的不正常航班剧增的详细情况，随后致电张女士，耐心地对旅客情绪进行安抚，告知目前航班变动的客观情况，并在交谈当中得知旅客因公司有重要事务要处理而不希望航班耽误的急迫心情。随后，朱雨琴立即联系航班保障小组等多单位协调，经过几方努力，克服了因天气情况复杂改期航班座位紧张的困难，顺利为张女士改期至临近 7 月 13 日的早班机。为了保障旅客的顺利成行，缓解她紧张不安的焦虑情绪，朱雨琴主动将电话号码和微信告知张女士，时时在微信中解答旅客的出行问题，每天分 5 个时段向旅客通报航班动态，在 7 月 12 日夜里还不忘提醒旅客做好第二天早上的出行准备。在 7 月 13 日早上顺利成行后，张女士因朱雨琴精湛的业务能力和全心全意为旅客着想的服务态度备受感动，她特地制作了一面致谢锦旗送到海南航空客户服务部。"有她，就感觉自己吃了一颗定心丸"，张女士回忆道。

"多一份热爱，多一份真诚，便收获多一份感动"。6月20日上午，朱雨琴接到一名旅客王女士来电申请退票，因建党百年庆典及单位疫情防控要求，旅客单位临时禁止其出行，考虑到旅客焦急的心情，朱雨琴立即协调相关部门为旅客申请退票，待退票成功后马上主动联系旅客，及时告知并持续做好后续保障。超出王女士期望的是，在随后的一个月内，朱雨琴对王女士及其全家的出行也做好了相关的行程保障。这种积极主动的敬业精神和设身处地为旅客着想的服务态度获得了王女士的高度赞赏和感动，她随即精心制作了一面锦旗赠送至客户服务部，感谢朱雨琴心系旅客，热情周到的服务温暖了她及家人。

（二）服务标兵，百里挑一

"雨琴是我见过最有耐心的高级客户专员，尤其是主动服务意识无可挑剔！"提到朱雨琴，同事们同样对她称赞有加。2013年，朱雨琴大学毕业实习的第一份工作就是来到海南航空负责热线服务。凭借着实习期间的优异表现，她毕业后就顺利加入了海南航空，成为一名国内客户专员。

时光荏苒，光阴似箭，朱雨琴早已从一名初入职场的懵懂青年成长为了国内呼叫中心的核心客服精英。这期间更是荣获了服务标兵、优秀个人等10余个先进表彰。这些荣誉的背后，完美践行了她当初立下的"干一行、爱一行、精一行"的人生格言。

"从心出发、极致服务"是朱雨琴给自己定下的新的服务座右铭。成为"服务特种兵"，除了要掌握娴熟的业务技能，更要讲究突发情况下的应急处突能力和极致的快速响应能力，在日常的工作当中，针对每次的升级服务、疑难问题，她都精心地进行服务复盘总结，不到三年，朱雨琴已经整理了厚厚的3大本航空公司的业务疑难点以及旅客沟通技巧的总结笔记。"好记性不如烂笔头，旅客问我千百遍，我待旅客如初恋。这几本服务秘诀就是我应对各种困难的灵丹妙药，我不光要学会用药，更要琢磨着怎么研发新药，因为服务是永无止境的。"说起这段经历，朱雨琴感慨道。

面对潜在的服务隐患，要的是跟每一个细节较真，才能扎牢坚实的五星航空安全防护网；面对各种各样的服务困难，要的是迎难而上的担当，才能筑牢五星服务的根基。在朱雨琴的身上，充分展现了一名海南航空服务人员在平凡岗位上坚守、付出的执着与敬业。海南航空客户服务部的每一位普通员工，用他们的实际行动践行了"以客为尊、真情服务"的服务理念，在平凡的岗位上创造着不平凡的业绩，全力以赴为旅客提供五星航空的安全出行体验。

资料来源：王影，郭义鹏. 海航"服务特种兵"朱雨琴：真心铸就真情服务基石，扎牢五星航空安全网[EB/OL].（2021-08-18）[2023-04-17]. http://news.carnoc.com/list/567/567867.html.

理论知识

海南航空"服务特种兵"朱雨琴的事迹，让我们深深体会到热线服务的重要意义和价值。它能提供更为便捷的方式，能让旅客获得更好的服务体验及更佳的服务质量。目前很多航空公司和机场都推出了自己的服务热线，以此来更好地与旅客沟通，不断提升服务质量。服务热线作为电话沟通的一种方式，具有其自身特点。下面针对包括服务热线在内的电话咨询进行介绍和阐述。

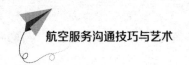

一、电话咨询的服务内容

电话咨询是旅客旅行的第一步。旅客通过电话咨询来询问、预订、改签、取消航班，通过电话咨询来获取大量的出行信息，通过电话咨询形成对航空公司、机场的第一印象，为出行做好准备。电话咨询是一种非面对面的沟通方式，与其他的服务沟通方式相比，有一定的特殊性。

目前，一般的航空公司和机场都设立了专门的服务热线，为旅客提供电话咨询服务。不同的民航企业的具体服务内容略有不同，但大致都包括以下三种。

（一）问询服务

电话问询涉及的内容较为广泛，主要围绕"出行"来进行，既有关于航班信息的咨询，包括时间、舱位、票价、机型、航班号等询问，又有关于出行要求、出行方式选择的询问等。

（二）投诉处理

投诉处理也是电话咨询的一项重要内容。目前尽管民航企业经营日益完善，服务人员的服务意识和服务水平也在不断提升，但旅客投诉的事件也时有发生。对此，所有的民航企业都非常重视，纷纷开通专门的客户服务热线（如国航的95583、黄花国际机场的96777等）来解决旅客的投诉问题，以不断发现工作中的问题并改进，不断提高服务质量和服务水平。

 理论拓展

部分航空公司服务热线

我国部分航空公司的服务热线如表 3-1 所示。

表 3-1　我国部分航空公司的服务热线

航 空 公 司	服 务 热 线	航 空 公 司	服 务 热 线
中国国际航空 CA	95583	中国南方航空 CZ	400-669-5539
中国东方航空 MU	95530	海南航空 HU	95339
上海航空 FM	95530	厦门航空 MF	95557
深圳航空 ZH	95361	四川航空 3U	95378
山东航空 SC	95369	成都航空 EU	028-66668888
首都航空 JD	95375	奥凯航空 BK	95307
联合航空 KN	400-102-6666	华夏航空 G5	95332
吉祥航空 HO	95520	祥鹏航空 8L	95326
西部航空 PN	95373	大新华航空 CN	950718
天津航空 GS	95350	河北航空 NS	0311-96699
昆明航空 KY	0871-96598	西藏航空 TV	956096
幸福航空 JR	4008680000	长龙航空 GJ	0571-89999999

续表

航 空 公 司	服 务 热 线	航 空 公 司	服 务 热 线
长安航空 9H	95071199	东海航空 DZ	400-088-8666
青岛航空 QW	0532-96630	瑞丽航空 DR	0871-952801
福州航空 FU	95071666	广西北部湾航空 GX	95370
乌鲁木齐航空 UQ	95334	春秋航空 9C	95524

（三）业务办理

业务办理也是电话咨询的主要服务内容，主要涉及日常的服务业务，如订票、退票、改签、VIP卡服务等业务。通过电话办理业务省事、方便、快捷，因此深受旅客欢迎。

二、电话咨询服务沟通的特点

电话咨询是人际沟通的一种方式。它是借助电话媒介来传递文字语言信息和声音语言信息的一种沟通方式，在信息传递的过程中具有一定的特殊性。因此，电话咨询作为一种服务沟通的主要方式与现场服务沟通有一定的区别，有自身的特点，主要表现在以下几个方面。

（1）信息的不全面性。电话咨询时信息传递只含有文字信息、语音语调信息，没有肢体语言信息，相比口头沟通而言，信息的传递不够全面。通话双方不能见面，往往需要根据文字信息、语音语调信息进行判断揣测，增加了沟通难度，限制了沟通效果。

（2）即时性。电话双方的信息传递遵循发送—接收—发送的过程，是立即开展、同时进行的，具有很强的即时性，这就增加了信息接收的难度。

（3）间接性。沟通双方需要借助其他信息渠道，双方通过自己的听觉器官以及心灵，借助电话接收感知对方发出的信息。另外，线路畅通与否、背景环境的好坏都会影响沟通效果。

三、电话咨询服务沟通的常见问题

电话咨询中常常会犯声音缺乏热情、有气无力、缺乏礼貌、对对方情况不了解、不聆听而急着插话等错误，具体表现如下。

（一）声音缺乏热情与自信

接电话者此时接收的信息主要来自语音语调信息，热情、自信、肯定的声音会产生积极的影响；反之，无力的、没有感情的、吞吞吐吐的声音会产生负面影响。

（二）缺乏必要的客套与礼貌

缺乏必要的礼貌用语，不是用"您好，是……吗？我是……请帮……谢谢……"之类有礼貌的语言，而是用"喂！是张三吗？"这种没有礼貌、语音冷淡、蛮横的言语。

（三）不会聆听、急着插话

不会聆听、急着插话是缺乏耐心的表现，容易引发旅客反感，影响沟通效果。

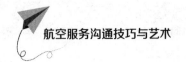

（四）话语缺乏连贯性与条理性

在电话咨询的过程中，服务人员也经常会出现话语停顿、不连贯、重复、没有条理的现象，这不仅让旅客觉得有失专业水准，还会影响信息的接收，造成很大的负面影响。

四、电话咨询服务沟通的一般要求

电话咨询是旅客和航空公司的第一次不见面的交流接触，是整个民航服务工作的起点，这一服务环节工作的好坏将会直接决定旅客对航空公司的整体印象。因为人与人在第一次交往中会留下深刻的第一印象，在对方的头脑中形成并占据着主导地位，这种效应也称为首因效应。电话咨询时，服务人员应保持最佳状态，带给旅客心理上的安全感。具体来说，有以下几点。

（一）态度积极，接听及时

电话咨询时，热情、积极的接听非常重要，这不仅能体现出较强的亲和力，拉近服务人员与旅客的距离，还能很好地展示航空企业的服务意识和服务水平。积极的接听主要体现在以下三个方面。

一是心态积极。在接电话之前，服务人员要调整好自己的心态。不管旅客提出什么问题，都要积极面对，妥善处理。

二是语言积极。语言积极体现在规范用语上。例如，作为电话咨询的首问语"您好，很高兴为您服务！"就比"您好，请问有什么可以帮助您？"要恰当得多，因为"服务"一词体现了服务人员和旅客正确的角色定位，而"帮助"一词表明旅客处于弱势甚至有些许请求的含义，不同词语的运用表明了不同的工作态度和方法。

三是肢体语言积极。电话咨询时，虽然肢体语言看不到，但却直接关联着声音语言信息，影响声音语言信息的传递，从而决定了接听者接收信息的效果。

此外，接听电话要及时，一般要求在电话铃响三声内接听，如果因事情耽误，则需向旅客表示歉意："对不起，让您久等了。"

（二）认真倾听，把握需求

倾听就是细心地听取，不仅要用耳朵听，还要调动全身的感觉器官，用耳朵、眼睛、心灵一起去"倾听"。首先，倾听是赢得信任和尊重最有效的方法。因为专注地倾听别人讲话，表示倾听者对讲话人的看法很重视，能使对方对你产生信赖和好感，使讲话者形成愉悦、宽容的心理。在倾听的过程中，服务人员一定要专注、认真，中途不要打断对方说话或插话，以免打断对方的思路；赞同和附和讲话的内容时，要恰当地轻声说"是""嗯"。通过倾听，可以迅速拉近与对方的心理距离，获得对方的信任。其次，倾听是获取旅客需求信息的关键。电话咨询过程中，只能通过声音来获取信息，认真倾听就显得尤其重要。如果没有认真倾听，就可能遗漏信息，造成工作失误。

（三）语言表达清晰准确

语言是服务的工具，是沟通的最基本的手段。而电话咨询这一沟通方式主要是借助文字信息和语音语调来传递信息，信息量非常有限。如果语言啰唆，表述含糊，则会给信息接收者造成很大的困扰，可能导致分歧、误解和破坏信任等不利影响；反之，如果表达清晰、准确，就能帮助接收者理解信息，从而使得沟通顺利进行。

服务人员进行电话咨询时，首先要求普通话标准、吐字清晰、声音甜美，使听者心情愉快，感到亲切、温暖。其次要求语速适中，语调柔和。由于电话沟通主要借助语音语调进行信息传递，如果语速过快，声音较小，则会增加对方理解的难度，不利于问题的处理。再次要求语言准确，语意明确，表达清晰，如回答旅客关于航班的相关问题，不允许出现错误或让旅客产生误解，要做到准确无误、耐心细致。最后还要注意使用文明用语，禁止使用"不知道""不清楚""这不是我们部门负责的"等忌语。

（四）管理情绪，从容应对

情绪是人对客观事物的一种体验，是人的需要和客观事物之间的关系反映。在电话咨询工作中，难免会听到各种不友好的声音，甚至是骚扰电话，但是服务人员代表的是民航企业的形象，所以说话、办事要把握好分寸，控制好自己的情绪，牢记自己的职责就是帮助旅客，为旅客解决问题，力求得到旅客的理解和支持。

面对旅客的抱怨、投诉，服务人员首先要让自己冷静下来，不要急于辩解；要控制好自己的情绪，包容一切，做到喜怒不形于色，既不冲动也不消极；要虚心、耐心、诚心地对待旅客，不计较旅客的语气和情绪。当自己感觉实在委屈时，服务人员可以在内心默默告诫自己"息怒"以达到平静，设法转移注意力以有效推迟情绪升温，设想后果的严重性以提醒自己调整心情。要控制情绪，不仅要求服务员工理解自己所在岗位责任的重要性，还要求员工具有一定的心理承受能力，要忘掉一切烦恼，自觉调整自己的情绪，保持稳定和平静的心境。只有这样才能更好地进行服务沟通，展示民航企业的服务质量和服务水平。

（五）及时处理，迅速落实

旅客通过电话咨询，最终目的是解决实际问题。因此，在与旅客电话沟通的过程中，要根据旅客的具体情况及时进行处理，以免出错。问询类的问题，一般可以直接答复，或通过查询后答复；业务类的问题，按照操作步骤要求及时办理；投诉类的问题，需做详细记录，给出明确的答复时间或建议的处理办法。做到接待一个，处理一个，避免拖沓而造成问题处理滞后，从而引发旅客投诉。

五、电话咨询不同服务内容的服务沟通艺术

（一）问询服务的服务沟通艺术

1. 熟悉业务，准备充分

熟悉机场、航空公司的各项规定和业务流程，准备好信息查询的计算机或纸笔，为旅客的咨询打下良好的基础。

2. 主动问候，认真聆听

在聆听的过程中要注意：一是不要一声不吭，让旅客以为你没有用心听；二是可以提

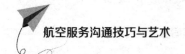

问，进一步明确旅客想问的具体内容；三是注意形成呼应，如发出"嗯""对""好的"之类的话语，表明你在用心地听。为避免漏掉重要信息，应做些笔记。

3．及时答复，耐心细致

根据旅客的提问，及时给予答复。答复时要注意：一是要以实际情况为依据，据实回答，以免发生差错，造成误导；二是给予建议，明确具体；三是富有耐心，百问不烦。有的时候，旅客可能没有听清楚，会反复问几遍，这时服务人员要有耐心，不厌其烦，不要因为同样的问题问了几遍，就流露出不耐烦的情绪。

4．咨询结束，礼貌道别

回答旅客提问后，应主动询问："请问，您还有其他问题吗？"如果没有，跟旅客礼貌道别，等旅客挂掉电话后，才能结束通话。

（二）投诉的服务沟通艺术

旅客的投诉和抱怨也是电话咨询过程中经常遇到的一类问题。面对这类问题，应遵循一定的程序，认真、及时、正确、灵活地处理。处理的一般要求如下。

1．倾听旅客诉说，把握旅客需求

接到旅客的投诉电话，要认真、诚恳地请旅客说明情况。听取旅客投诉时，要认真、耐心、专注地倾听，不打断或反驳客人。必要时做记录，并适时表达自己的态度，如可以说"哦，是的""我理解您的心情……""您别急，慢慢说……"之类的话语。

如果接待的旅客情绪激动，服务人员一定要保持冷静，说话时语调要柔和，表现出和蔼、亲切、诚恳的态度，要让旅客慢慢静下来。

2．致谢或致歉，安慰旅客

旅客诉说完毕后，首先要向旅客致歉，然后感谢他的意见、批评和指教，随后宽慰，并代表公司表达认真对待此事的态度，如可以说："非常抱歉听到此事，我们理解您现在的心情。""我一定会认真处理这件事情，我们会在两小时后给您一个处理意见，您看好吗？""谢谢您给我们提出的批评、指导意见。"

有时候，尽管旅客的投诉不一定切实，但当旅客在讲述时，也不能用"绝不可能""没有的事""你不了解我们的规定"等语言反驳。

3．及时了解事情真相

首先判断旅客投诉的情况与谁相关，原因是什么，尽快与有关部门联系，全面了解事情的经过并加以核实；然后根据公司的有关规定拟订处理办法和意见。注意结束电话之前，一定要将旅客的联系方式等信息进行详细记录，以便后续工作的开展。

4．协商处理

将拟订的处理办法和意见告知旅客。如旅客接受则按要求及时处理，如旅客不同意处理意见，还需要和旅客协商以便达成一致意见。对无权做主的事，要立即报告上级主管，听取上司的意见，尽量与旅客达成协议。当旅客同意所采取的改进措施时，要立即行动，耽误时间只会引起旅客进一步的不满，进而扩大负面影响。

俗话说"百人吃百味"，每个旅客的性格不同，其在接受服务过程中的心理状态及需求也不一样，这就要求服务人员在工作实践中不断总结和创新，在处理旅客投诉、建议的过程中因人、因时、因境制宜，采取不同的策略与技巧，从而不断提高服务质量，提升旅客满意度，全面提升服务水平。

（三）业务处理的服务沟通艺术

对这类问题的处理，工作人员要有足够的耐心，要按照一定的程序来进行。

1. 熟悉各项业务办理的流程与操作

工作效率的高低与沟通效果的好坏直接相关。电话咨询的过程中，服务人员往往是"一心二用"，要一边与旅客沟通，一边进行业务流程的操作。如果对业务流程不熟悉，速度较慢，则旅客可能会因等待时间较长而导致不满。因此，服务人员对业务流程的熟悉程度直接影响工作效率，影响电话咨询的进展。

2. 认真聆听旅客的办理要求

由于电话咨询受理的业务范围比较广，所以在与旅客进行沟通时，先要明确旅客要办理何种业务、能否办理、如何办理，再根据具体要求来进行操作。如果旅客要订票，就必须把内容听清楚，认真做记录，如旅客的姓名、联系方式、航班号、时间等，避免因听错而出差错，导致旅客投诉的发生。

3. 复述核实，避免出错

在办理完业务后，要针对业务中涉及的关键信息与旅客进行核实。例如，服务人员在出票前应进行"唱票"，核实旅客的姓名、联系方式、航班信息等，得到旅客确认后再出票。一旦关键信息出错，就会影响旅客的出行。

案例 3-1

某旅客通过电话在某机票代售点预订了 1 月 16 日从南京飞往乌鲁木齐再飞往阿克苏的航班。由于工作人员失误，乘机日期订成了 12 月 16 日，电子客票行程单显示的日期是 16DEC。由于旅客不懂英文，未及时发现错误导致错过航班。旅客投诉后，销售人员责怪旅客不懂英文，未认真核对。

资料来源：中国消费者协会. 中消协、中国民航运输司：2011 年航空服务消费者调查报告[R/OL].（2011-12-28）[2023-04-17]. https://www.cca.cn/zxsd/detail/1220.html.

上述案例就是因为核对不够而出现差错的典型例子。根据《公共航空运输服务质量》（GB/T 16177—2007）规定："售票员应认真核对旅客的有效身份证件和填写的购票单，内容一致后方可填写运输凭证。"从案例叙述可以看出，售票处和当事人都负有责任，后续客票可以按相关规定做退票处理。为避免出错，销售人员在电话订票时一定要对旅客的信息进行复述核实，核对无误后才能出票。

4. 相关规定，明确提示

在业务办理的过程中，一定要做好提示工作，以免造成失误。例如，如果旅客购买的是折扣机票，要告知旅客折扣票的使用限制，让旅客知晓在享受折扣的同时，也应承担相应的风险。

思政拓展

如何做好电话咨询工作

我国的经济发展有一个十分辉煌的经历，我们每一个人都在这个时代里做出了贡献，国家经济的发展给每一个人带来了福祉，使我们的生活越来越好，人民生活水平的提高反过来也促进了我国的经济水平保持快速增长。

要做一个合格的电话咨询工作人员，就需要有一个良好的语言表达能力，因为在工作的时候你会遇到很多不同的客户咨询，这些咨询涉及方方面面，所以你的语言能力一定要强。

另外，电话咨询的工作人员要有一个甜美的声音，这样可以给客户留下很好的印象；还要具备一个平和的心态，用自己愉悦的语言使双方的对话能够顺利展开，这样会使得客户有一个轻松的心情，可以提高企业形象。

员工在做电话咨询工作的时候，还要有很强的产品知识，了解自己的航空公司生产的商品的基本情况，对于自己企业的产品的作用有清楚的认识，这样在和客户对答的时候才可以游刃有余，提高自己的工作效率。

思考与借鉴：

1. 从事电话咨询工作的员工如何提升自身的职业素养？
2. 在电话咨询处与客户沟通过程中可以从哪些方面进行服务创新？

思考与练习

一、填空题

1. 电话咨询的主要内容有＿＿＿＿＿、＿＿＿＿＿、＿＿＿＿＿。
2. 电话咨询的沟通特点有＿＿＿＿＿、＿＿＿＿＿、＿＿＿＿＿。
3. 语言是服务的工具，是沟通的最基本的手段，因此电话咨询过程中要求语言表达＿＿＿＿＿。

二、判断题

1. 电话咨询中的常见问题是声音缺乏热情与自信。（　　　）
2. 投诉处理过程中要注意认真倾听。（　　　）
3. 在订票业务办理过程中，因为时间紧急，可以省略旅客信息核对的工作。（　　　）

三、思考题

1. 电话咨询的一般要求是什么？
2. 电话咨询过程中遇到投诉应如何处理？
3. 旅客电话咨询机场服务项目应掌握哪些沟通技巧？

四、技能题

（一）典型案例 1

长沙机场设立客服热线投诉专席

在长沙乘飞机对机场服务不满如何投诉？拨打电话 96777 即可。2017 年 3 月 15 日上午，长沙黄花国际机场在 T2 航站楼内举行"3·15 国际消费者权益日"航空安全知识宣传咨询活动，向旅客普及民航乘机、维权投诉等知识。记者从机场客服中心获悉，黄花国际机场今年设立了客服热线投诉专席，可 24 小时回复旅客投诉。

长沙黄花国际机场 96777 客服中心党支部书记谢伟介绍，96777 热线于 2013 年开通以来，一直向旅客提供咨询、投诉等服务。为了提高旅客投诉处理效率，2017 年春运前，客服中心设立了 6 人组的 24 小时客服热线投诉专席，确保每位旅客的投诉有专人跟踪服务。

旅客如拨打 96777 投诉机场服务，热线投诉专席将立即向机场相关责任单位反映，责任单位必须在 24 小时之内与旅客建立联系，并处理投诉意见。每一条投诉处理结束后，热线投诉专席还会对旅客进行电话回访，咨询是否完成、满意度等。

谢伟介绍，目前，热线投诉专席每月接听投诉电话 10 余通，全部在 24 小时内回复并处理完成。按计划，2017 年年底前，全省机场将统一服务投诉热线为 96777。

记者了解到，一直以来黄花国际机场不断向上海虹桥、浦东机场学习精细化管理，着重加强了运行、服务、环境等品质提升，力争创建旅客最满意机场。

资料来源：长沙机场设立客服热线投诉专席[EB/OL]．（2017-03-16）[2023-04-17]．https://www.sohu.com/a/129003098_115910.

思考：

1．黄花国际机场的热线 96777 是如何处理旅客投诉的？

2．处理旅客投诉时在沟通方面应注意哪些问题？

（二）典型案例 2

小张买了飞机票准备去三亚找同学玩，结果出发时因忘记带身份证而折返回家，最后到达机场已经离起飞时间 20:00 只剩 30 分钟了，值机柜台服务人员拒绝了客户办理值机的请求，导致客户没有正常出行。客户拨打客服电话投诉，坚持称自己在其他航空公司距起飞 10 分钟还可以通过绿色通道登机，到机场就能听到催促登机的语音提示。

思考：

1．如果你是客服人员，处理这起投诉事件时如何沟通？

2．请两位同学分别扮演客服人员和小张，根据案例描述设计对话内容，以电话沟通的形式进行场景再现。

学习情境二　民航售票处的服务沟通艺术

学习目标

1．了解民航售票处的服务内容。

2．熟悉民航售票处服务沟通的主要类型和特点。

3．掌握民航售票处服务沟通的一般要求。

4．掌握民航售票处常见问题的沟通技巧。

5．理解真情服务精神的内涵，践行真情服务。

导引案例

南航App推出"自动抢票"功能

每年春运，火车票、机票总是一票难求，前往热门地区的火车票往往开售即被预订一空，机票的抢购难度也在逐年加大。为此，中国南方航空公司（以下简称南航）将在春节前于官方移动端推出官方"自动抢票"功能，帮助旅客解决逢年过节"一票难求"和"加价购票"的问题。

"自动抢票"功能上线后，当南航实际承运的国内（不包含经停）航班出现航班经济舱已售罄的情况下，南航认证会员可在南航移动端进行抢票，如有空余座位出现，系统会为旅客自动出票。

据介绍，旅客查询航班时，若航班售罄，旅客可点击"抢票"按钮进行下单，开通微信免密支付后，南航监控到有空余座位出现就会自动为旅客扣款出票，十分便捷，且抢票功能全程无任何附加手续费。

资料来源：三湘都市报. 南航App将推出"自动抢票"功能[EB/OL].（2019-01-10）[2023-04-22]. https://epaper.voc.com.cn/sxdsb/html/2019-01/10/content_1365645.htm.

南航为何推出"自动抢票"服务？这在很大程度上弥补了传统客票销售的不足。传统的客票销售主要是由民航售票处完成的。民航售票处在服务沟通中会遇到哪些问题？应如何进行处理呢？本部分将从民航售票处的服务内容说起，分别介绍售票处旅客的沟通形式、沟通特点、一般要求等内容，以提高民航售票处的服务沟通技能。

理论知识

一、民航售票处的服务内容

民航售票处主要围绕旅客购票活动提供相关的服务，包括填开客票、收取票款、办理退票、办理客票遗失，以及客票换开、客票变更、客票转签等。民航售票处是民航服务工作的重要一环，其工作以客票为核心，围绕客票与旅客进行沟通，工作具有特殊性，需要掌握一定的沟通技巧与艺术。

思政拓展

党建引领，真情服务频获旅客褒奖

在海南航空武汉机场售票处就有这么一群可爱的售票员，不论是酷暑还是寒冬，他们兢兢业业坚守岗位，同舟共济抗击疫情，为出行旅客送去最温暖的问候和陪伴。他们积极落实民航局"我为群众办实事"的工作要求，践行"店小二"服务精神，为旅客提供高效、贴心、优质的五星服务体验，成为海南航空服务窗口的一道靓丽风景线。

十年如一日的私人定制服务、包机护兵哥哥出行、柜台有紧急特殊情况全员上阵及时补台……作为海南航空全国售票处的服务标杆之一，武汉机场售票处不仅因真情服务频频获得旅客的表扬，在疫情防控阻击战中，他们还充分发挥基层党组织战斗堡垒作用和党员先锋模范作用，通过党建积极学习、提升，促进工作效能。

武汉机场售票处共有 6 名工作人员，其中党员 4 名，党龄人均近 12 年。他们在 2020—2021 年英雄城市武汉抗击疫情的工作中，充分发挥党员模范带头作用，在防疫物资无法及时配送到一线、国际航班临时停运等困境下，4 名党员带领售票处全体员工顽强坚守在抗疫和保障生产的一线服务工作中，每天保障 50 多个航班，艰难而高效地完成了各项重要的工作任务。武汉机场售票处在 2020—2021 年曾先后荣获海南航空"巾帼标兵岗""党员先锋岗"等荣誉称号。

武汉售票处的先进标杆作用激励着海南航空全国售票处的全体人员，他们不忘初心，默默地坚守在一线工作岗位上，为旅客提供真情服务，以饱满的热情、细致入微的服务迎接旅客；同时不断提高自身专业素养，掌握新技能，努力锻造适应新形势和新任务的高素质民航人才，随时准备为海南航空的发展贡献青春和热血。

资料来源：航旅视界. 海南航空武汉机场售票处：用真情服务旅客，用行动落实工作[EB/OL].（2021-11-13）[2023-04-23]. https://baijiahao.baidu.com/s?id=1716301779691041351&wfr=spider&for=pc.

思考与借鉴：

武汉售票处的工作人员中党员人数多、党龄长，在岗位上发挥了先锋模范作用，他们专业、敬业、乐业，热情高效、体贴周到、业务扎实、微笑待客，守护这方售票柜台，全心全意为群众办实事，践行了民航局"我为群众办实事"的工作要求。

二、民航售票处服务沟通的主要类型

民航售票处服务沟通的主要类型有语言沟通和非语言沟通。

语言沟通中一般口语运用较多，旅客与服务人员的服务沟通主要通过口语来进行。书面语言虽运用不多，但起到了辅助提醒的作用，如票务办理中的各种票据，售票处张贴的温馨提示等。例如，旅客拿到的行程单就是一种形式的书面语言，上面不仅告知旅客关于航班的详细信息，如航班号、航空公司名称、舱位等级、票价、时间等，还有一些提示类信息，如"航班将于飞机起飞前 40 分钟停止办理值机手续""特价机票不能退票、改签"之类的语言。但很多旅客由于缺乏经验，都会忽视这些相对来说比较重要的信息，为避免出错，这就需要服务人员通过口语来进行提示。

非语言沟通具体来说就是招呼客人时应点头示意，业务办理时应面带微笑，应有目光交流，指引方向时应使用手掌语而不是手指语，递送物品时应双手奉上等。非语言沟通是沟通的重要方式，通过恰当的非语言沟通，可以传达我们的热情，让旅客感受到尊重。然而在实际的工作中，由于工作内容复杂、烦琐，很多服务人员更关注处理事件本身，而忽视了非语言沟通。缺乏非语言沟通，在与旅客互动的过程中就会缺乏人情味，缺乏热情。

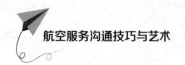

三、民航售票处服务沟通的特点

（一）准确性

售票处主要围绕票务来开展工作，主要接触的都是数字。数字必须一是一、二是二，多一点、少一点都不行，必须准确，不能有半点马虎，如涉及的航班日期、订票数量、票价金额等都不能错。出了差错，给公司造成损失，要自己承担，给旅客造成损失，会引发投诉。因此，在与旅客进行沟通时，要特别注意数字的准确性，要通过与旅客的沟通来进行核实，核实具体的日期、航班信息、票价信息等，并传达给旅客，达成一致。

（二）复杂性

售票处的主要工作就是进行客票销售、客票改签、办理退票。不同的工作内容，其要求和操作程序都不一样。其复杂性主要表现在几个方面：一是程序的复杂性，不同的工作内容，处理程序有差异。二是票价的确定，不同的季节、不同的时间段，票价有区别。三是办理时依据的条件不一样，如同样是退票，不同条件下收取的费用是不一样的，有的甚至不收费；再如办理改签，不同的航空公司依据的条件也不同，有些航空公司可以改签，有些就不能改签，有些航空公司在某些条件下能改签，在其他条件下则不能改签。工作内容的复杂性直接决定了其沟通过程的复杂性。服务人员要不厌其烦地通过询问与查证来确定旅客符合的条件，再根据具体情况来办理。

（三）程序性

售票处的工作程序性强，这就决定了其服务沟通的程序性，决定了其在服务沟通中的每一句话、每一项内容都是大致相同的。例如，客票销售就要涉及证件查验、航班查询，客票改签就要先辨别改签的类型等。

四、民航售票处服务沟通的一般要求

（一）耐心细致，确保无误

售票工作要从一点一滴的细节做起，不注意细节或者失误，往往就可能造成一定的经济损失，耐心细致体现在业务办理的每个环节。

查验证件需要耐心，最容易出现在售票工作中的失误是旅客的姓名和证件号码出错。旅客前来售票厅，出票前应要求旅客出示有效身份证件，对旅客的姓名和证件号码进行反复核对。由于中国汉字的特殊化，音同字不同、谐音字、方言字等因素，往往稍一疏忽就会造成错误，一旦旅客姓名出错，旅客便不能正常登机。有效乘机身份证件的种类包括中国籍旅客的居民身份证、临时身份证、军官证、武警警官证、士兵证、军队学员证、军队文职干部证、军队离退休干部证和军队职工证，港、澳地区居民和台湾同胞旅行证件；外籍旅客的护照、旅行证、外交官证等；民航局规定的其他有效乘机身份证件。其中身份证有 5 年、10 年、20 年和长期四种，对于不常用身份证的人来说，很少注意它的有效期，这样就有可能在无意中使用过期证件造成无法乘机。此外，发现证件问题也需要提醒，如旅客的证件即将到期或失效、证件不符合要求等，都要善意提醒，耐心解释，给出建议。

查询、输入、核实信息需要耐心。售票工作主要与数字打交道，必须细致耐心，不能有一丝马虎。特别是关于旅客的个人信息、航班信息千万不能出错，一旦出错，就会带来麻烦，甚至影响旅客登机，因此一定要输入清楚，与旅客核实后再出票。

（二）遵循流程，温馨提示

目前，我国航空公司普遍使用的都是电子客票，它是普通纸质机票的替代产品，旅客通过售票处现场、互联网或是电话订购机票之后，仅凭有效身份证件直接到机场办理乘机手续即可成行。如果客票销售中没有遵照流程，出现问题就会影响旅客的乘机。因此，这对售票工作就提出了很高的要求。服务人员只有严格执行出票流程，才能避免工作中的差错、遗漏与失误。

为了避免工作中的失误，需要针对售票工作中常出现的问题开展"温馨提示"服务。通过现场的温馨提示，借助售票员和旅客面对面的双向沟通交流，把差错扼杀在出票之前。温馨提示的内容主要包括两部分：一是出票前关于旅客信息、航班信息和票价信息的提示。由于机票上的日期、航班所属的航空公司、票价级别（打折或全票等）都是按国际航空运输协会的统一规定，只标示英文缩写，旅客因不懂英文标注而频频误机的现象屡见不鲜。因此，这就要求服务人员在出票前应进行"唱票"，即核对并告知旅客姓名、航程、乘机日期、时间、票款金额等相关信息，得到旅客认可后再出票。二是出票后与乘机有关的规定提示。出票后，应提醒旅客提前 90 分钟到达机场办理登机手续，提醒旅客退票的规定及折扣票的限制使用条件，使旅客能感知到在享受打折票的同时，自己也应承担的相应风险，从而让旅客心中有数。可见，"温馨提示"是售票工作中不可忽视的一个环节。

（三）超售机票，明确告知

所谓航班超售，就是航空公司的每一航班实际订座大于飞机客舱内可利用座位。这一做法在国际上非常普遍，是航空公司降低座位虚耗、提高收益率的重要销售策略。根据目前国内各大航空公司的相关规定，任何一个已经购票的旅客都可以根据自己的行程安排来随意改签航班（特价机票除外）。航空公司如果按座位数去销售机票，一旦遇到有乘客改签或退票，就会导致飞机上的座位虚耗，从而造成浪费。据统计，国内航空公司每超售 1 万张客票，受影响的大概有 4 名旅客。一家国内航空公司在销售 1 万个座位时，不同时实行超售，按保守的数据预测，这家航空公司将虚耗 200 个座位，按每个座位 500 元算，将损失 10 万元。但超售后，包括改签和赔偿乘客的费用，只有区区数千元。在经济利益驱动下，超售已经成为国内外航空公司的普遍行为，但旅客对此的态度却大相径庭。国外航空公司对于超售制定了非常完善的补偿措施，除改签其他航班外，还会为乘客提供机票优惠、金钱补偿等措施，同时最重要的是超售行为往往在售票开始时就会明确告知旅客，旅客自主选择是否承担可能无法登机的风险。在国内，虽然航空公司有超售的做法，但是并没有完善的补偿措施，购票现场告知不够明确具体，这就导致了不明真相而被拒绝登机的乘客极大的抵触，从而引发乘客与航空公司的激烈对峙，甚至是法律诉讼。

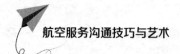

因此，售票服务人员在销售超售机票时，一定要充分告知旅客超售情况及处理规则，否则其行为就侵犯了旅客的知情权，属于以欺诈方式超售机票。

五、民航售票处常见问题的服务沟通艺术

（一）退票的服务沟通艺术

所谓退票，就是旅客购票后，由于个人原因或承运人原因，不能在客票有效期内完成部分或全部航程，而要求退还部分或全部未使用航段票款的行为。这一服务内容的沟通重点主要集中在能不能退、退多少的问题上，要注意以下几个问题。

1. 客票查验

服务人员首先查验旅客的客票是否在有效期内，如果是电子客票，是否处于 OPEN FOR USE 状态。如果已经失效，或不属于 OPEN FOR USE 状态，则需向旅客说明不能办理。

2. 核实身份

在身份核实时，要确定证件的真伪，避免出错，否则一旦出现被他人以假证件冒充领走票款的现象，则需要承担相应的责任。

3. 核实退票原因

通过询问与核实，明确退票原因。如果是旅客自愿退票，按航空公司的规定收取一定的退票费率。关于退票费，不同的航空公司对不同折扣舱位的客票收取的比率不同。如果旅客有异议，一是耐心解释，告知旅客所购客票所享受的折扣越大，退票时收取的费率越高，有些特价机票甚至不能退票；二是将航空公司关于退票费率的书面说明拿给旅客，通过摆事实、讲道理，让旅客接受这一事实。如果是非自愿退票，则需要核实具体原因，如是因为航班取消、提前、延误、航程改变等承运人原因造成的，或是因为天气、政府原因和旅客因病经医疗单位证明不能旅行等原因。非自愿退票都不收取退票费，如果在退票办理中出现旅客造假的情况，如伪造医疗单位证明、编造"航班延误"的理由，则明确表示不能退票。

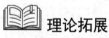 **理论拓展**

不能退票的情形

1. 超过客票有效期的客票。
2. 不完整的客票（缺失乘机联或旅客联）。
3. 电子客票状态不是 OPEN FOR USE。
4. 编造"航班延误""航班取消"理由要求退票的客票。
5. 提供虚假病历手续要求按因病退票处理的客票。
6. 办理了遗失票证手续，但未满有效期或未经结算中心确认是否已被冒乘、冒退的遗失客票。
7. 属性不能确定的客票。

8. 票价、航段、舱位进行了删改处理的客票。

9. 各类协议免票、特种航空产品免票。

10. 其他违反民航运输有关规定填开的客票。

4. 办理退票

在办理退票时要注意几个问题：一是已订妥座位的旅客要求退票，应取消原订座记录或旅客申退的航段；二是根据退票规定计算出实退金额，填开退票变更收费单，电子客票填写电子自动退票表格，生成退款单，注意认真填写，避免出错；三是旅客打印过行程单的必须收回；四是将退款和收费单旅客联交给旅客，注意与旅客核实，避免出错。

（二）客票变更的服务沟通艺术

在售票服务中，经常也会遇到要求进行客票变更的旅客。所谓客票变更，是指旅客购票后，由于个人原因或航空公司安排失误而要求改变乘机日期、航班、时间或舱位等级等的行为。客票变更是旅客享有的基本权利，各相关承运人的营业部、售票处及销售代理人应根据实际情况积极给予办理，不得擅自拒绝旅客的客票变更要求。变更客票时与旅客沟通的要点集中在能不能变更及变更的补偿或收费问题上。在进行客票变更的服务沟通时应注意以下几点。

1. 审核变更要求

根据旅客提供的信息，参照客票变更的一般规定来审核旅客的变更要求，看是否符合有关规定，如果符合，则按具体要求办理；如果不符合，则需要向旅客详细说明，解释原因。

2. 解释变更规定

在处理旅客的变更要求时，首先需要区分是属于自愿变更还是非自愿变更。由于不同的航空公司的具体规定不一样，使得客票变更工作变得复杂，因此做好旅客的解释说明工作非常有必要。

如果旅客是因为本人的原因需要改变航程、航班、乘机日期、离站时间或舱位等级（经医疗单位证明旅客因病要求变更的除外），这属于自愿变更，应该按照自愿变更的规定来进行处理。对此，不同的航空公司有不同的规定。例如，中国南方航空公司规定：起飞前24小时以前，当对应舱位开放时，免费更改。因此，在处理旅客变更时，一定要依据特定航空公司的变更规定来进行，做到有据可查；否则，一旦弄错，要么承担赔偿责任，要么面对投诉风险。

如果旅客要求改变航班、乘机日期，应根据实际情况积极办理。目前各公司自愿变更的处理规定各有差异，一般如果旅客提出变更的时间较早或购买的是正常客票，则可免费变更。如果旅客要求改变舱位等级，则应在航班有可利用座位和时间允许的条件下予以积极办理，票款的差额多退少补。对此，旅客如有异议，则应耐心解释，并提供航空公司的相关规定作为补充说明。

如果旅客由于天气、空中交通管制、机务维护、航班调配、航班取消、航班提前、航班延误、航程改变或承运人未能得到已经订妥的座位（包括舱位等级），或未能在中途分程地点或目的地停留，或造成已经订妥座位的航班衔接错失，要求变更客票的情形，属于

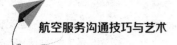

非自愿变更。处理非自愿变更时要注意，需跟旅客说明，一般安排同一航空公司的后续航班妥善运送到达，票款、逾重行李费等多退少不补。造成舱位等级变化的，费用多退少不补。

3. 办理变更手续

通过对旅客进行解释说明，达成一致后，根据旅客的变更要求和特定流程来进行处理。同时注意与旅客核实信息，避免办理过程中出现差错。

（1）旅客购票后，如需要变更乘机日期、航班，按照旅客要求，查看航班订座情况，如有座位，应取消原订座的记录做相应的更改，原 PNR 订座记录编码不变。如果原 PNR 已取消，则重新订座。

（2）按照更改后的航班、乘机日期、离站时间等详细、清晰地填写"更改条"或"签转证明"各项内容，将"更改条"可粘贴部分粘贴在变更乘机联"订座情况"栏的右边，然后加盖业务印章。对于电子客票，将填好并加盖业务章的"签转证明"交给旅客办理乘机手续。

（三）签转业务的服务沟通艺术

在有些情况下，旅客还会提出变更客票的指定承运人，这种情况称为客票签转。通常客票不能在各承运人之间任意交换使用，只能允许在满足一定条件下进行签转，所以在处理旅客的签转业务时，要注意以下几点。

1. 分清类别

首先要区分旅客提出的签转是属于自愿签转还是非自愿签转。如果旅客是由于自身原因提出签转，则称为自愿签转；如果是航空公司的原因导致旅客无法成行的，则称为非自愿签转。

2. 说明要求

根据旅客的签转类型，告知其签转的要求。首先要看是否满足航空公司自愿签转的条件。一般来说，头等舱/公务舱/经济舱全票价及使用儿童/婴儿/革命伤残军人和因公致残人民警察票价的客票，允许自愿变更承运人，其他明折明扣票价客票，不得自愿变更承运人，如旅客要求变更承运人，需补齐明折明扣票价与正常票价的差额。

如果是因为承运人的航班延误、取消以及承运人自身原因而导致旅客无法成行，旅客提出改变承运人的要求，则称为旅客非自愿签转。此时，折扣票价可以签转到其他承运航空公司的航班。在说明过程中一定要耐心细致，面对旅客的疑问，积极作答。

3. 办理手续

说明解释清楚后，根据旅客的要求或有关规定进行办理。办理时也要注意细节，避免出现问题。

 思考与练习

一、填空题

1. 民航售票处的沟通特点是_____、_____、_____。

2．民航售票处服务沟通的一般要求是_____、_____、_____。

3．_____是指旅客购票后，由于个人原因或航空公司安排失误而要求改变乘机日期、航班、时间或舱位等级的行为。

二、判断题

1．如果旅客的客票不属于 OPEN FOR USE 状态，则需要说明后才可以办理退票。（　　）

2．不同的航空公司之间都可以进行签转。（　　）

3．在有些情况下，旅客还会提出变更客票的指定承运人，这种情况称为客票变更。（　　）

三、思考题

1．简述民航售票处服务沟通的特点。

2．简述民航售票处服务沟通的一般要求。

3．简述旅客退票的服务沟通要点。

四、技能题

（一）典型案例

航班变更漏旅客，机场赔礼又赔钱

1月15日的早上，售票处工作人员接到20日某航班提前30分钟起飞的通知后，立即联系所有在售票处已购票的旅客，告知航班提前的信息。有一位旅客因电话关机未能被及时通知到。20日，旅客来电，告知由于未接到航班提前的通知而导致误机。航空公司承诺将机票免费改签到次日，但住宿费用须由售票处承担。

售票处接到消息后，立即核实情况，确认情况属实，向旅客承诺承担住宿费用。此事件中，由于售票处工作出现失误，造成旅客不便，后向旅客表示歉意，并满足旅客提出的要求，获得旅客的谅解。

资料来源：李宏斌. 服务创造价值：民航机场服务理念探索与案例剖析[M]. 北京：中国民航出版社，2012.

思考：

1．本案例中售票处存在哪些过失？今后应如何避免？

2．售票处就此事件应如何向这位旅客解释说明？

（二）情景演练

旅客李二通过某在线平台订购了一张9月29日下午1点多的MU2847从南京飞往长沙的机票，李二想知道机票是否订妥，于是打电话询问航空公司客服。

要求你以客服身份进行情景演练，与该旅客进行电话沟通，答复旅客电话确认机票。注意服务规范用语，以及电话服务沟通的方式与特点。

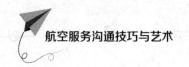

学习情境三 值机处的服务沟通艺术

 学习目标

1. 了解值机处的主要服务内容。
2. 熟悉值机处服务沟通的主要类型和特点。
3. 掌握值机处服务沟通的一般要求。
4. 掌握值机处常见问题的沟通技巧。
5. 理解真情服务精神的内涵，践行真情服务。

 导引案例

河北航空微信小程序助力"无纸化"便捷出行

随着民航运输市场的蓬勃发展,各航空公司支持旅客出行的服务水平在不断提高。2018年3月,民航局正式下发《推进国内千万级机场"无纸化"便捷出行项目实施方案》的文件,进一步为旅客提供更加便捷的出行体验。

近日,河北航空微信小程序正式上线"无纸化"通关功能,旅客可以通过河北航空微信小程序办理自助值机并可以获取电子二维码登机牌。在支持"无纸化"通关的机场,无托运行李的旅客只需要拿着移动设备上生成的电子二维码登机牌轻松进行安检和登机,无须打印纸质登机牌,大幅提升了旅客的出行效率。

据了解,后续河北航空将继续推进手机客户端和微信公众号"无纸化"通关功能的建设,持续推进智能化、线上化服务,为提升旅客出行体验不懈努力。

资料来源:王广涛. 河北航空微信小程序助力"无纸化"便捷出行[EB/OL]. (2019-01-09)[2023-04-23]. http://news.carnoc.com/list/476/476951.html?f=mhs.

河北航空推出的微信小程序服务能融入较多的交流、互动环节,给旅客提供丰富、个性化的服务,提高服务满意度,降低服务成本。因此,有效的交流、互动能促进服务工作的顺利进行,取得良好的效果。接下来,将对值机处的服务沟通内容进行详细阐述。

 理论知识

值机处是旅客进入机场办理相关手续要去的场所。值机处就查验客票、安排座位、收运行李等服务内容与旅客进行沟通。值机处的服务沟通效率对旅客能否顺利登机也有一定的影响。如何处理值机过程中的一般问题和突发状况?掌握必要的沟通技巧和艺术是首要条件。

一、值机处的服务内容

值机是为旅客办理乘机手续、接收旅客托运行李等服务工作的总称，是民航旅客运输地面服务的一个重要组成部分，也是民航运输生产的一个关键性环节。值机处的主要服务内容包括查验客票和身份、安排座位、收运行李、换发登机牌、回答问询、特殊旅客保障等。下面就查验客票和身份、安排座位、收运行李进行简单介绍。

（一）查验客票和身份

查验客票，即检查旅客所持客票的合法性、有效性、真实性和正确性。查验的内容包括四个方面：第一，客票是否为旅客本人的；第二，客票信息是否与计算机订座记录相吻合，客票信息包括旅客姓名、航班号、航段、日期、票价、订座情况等；第三，客票是否在有效期内；第四，客票有何限制条件。

查验身份，即检查旅客身份证、护照或其他身份证件是否真实有效，检查离港系统中的身份证号码是否跟旅客的身份证件号码完全一致。

（二）安排座位

根据航空公司的规定，在飞机上实行旅客对号入座的办法，这也是为了确保飞行安全，提高服务质量，维持好上、下飞机的秩序。一般来说，在与旅客就座位安排问题进行沟通时，应考虑三个方面的因素：一是充分满足飞机配载的平衡；二是符合座位安排的一般原则；三是考虑旅客的实际需求。在合理而可能的原则下尽量满足旅客的座位需求，如不能满足，则进行解释说明。

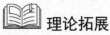 **理论拓展**

座位安排的一般原则

旅客座位的安排应符合该航班型号飞机载重平衡的要求。

购头等舱的旅客应安排在头等舱内就座，座位由前往后集中安排。头等舱旅客的陪同和翻译人员，如头等舱有空余座位，可以优先安排在头等舱内就座。普通舱旅客安排在普通舱就座，安排顺序应从后往前集中安排。

团体旅客、同一家庭成员、需互相照顾的旅客，如病人及其伴送人员等，座位应尽量安排在一起。

不同宗教信仰的旅客，不要安排在一起。

符合乘机条件的病残旅客、孕妇、无陪儿童、盲人等需要特殊照顾的旅客应安排在靠近服务员、方便出入的座位，但不应安排在紧急出口旁边的座位上。

在航班不满的情况下，应将携带不占座婴儿的旅客安排在相邻座位无人占座的位置上；如果旅客在订座时已预订了机上摇篮，应把旅客安排在可安装机上摇篮的座位上。

需拆机上座位的担架旅客必须本着避免影响其他旅客的原则，一般应安排在客舱尾部，避免其他旅客在进出客舱时引起注意；所拆的座椅位置不能在紧急出口旁边。

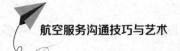

犯人旅客应安排在离一般旅客较远、不靠近紧急出口和不靠窗的座位，其押送人员必须安排在犯人旅客旁边的座位上。

紧急出口旁边的座位要尽量安排身体健全、懂中英文字、遇到紧急情况愿意帮助别人的旅客。

因超售而非自愿提供高舱位等级的旅客的座位，应与该等级的付费旅客分开；非自愿降低舱位等级的旅客应安排在降低等级后较舒适的座位上。

携带外交信袋的外交信使及押运外币的押运员应安排在便于上、下飞机的座位。

（三）收运行李

如旅客有托运行李，值机人员应在办理值机手续时收运。行李运输是伴随旅客运输而产生的，与旅客运输有着密不可分的关系。收运行李是行李运输中的首要环节，收运行李时应注意以下几个方面。

（1）了解行李内容是否属于托运行李的范围。如果不属于，需要向旅客耐心解释说明。

（2）了解行李内有无夹带违禁品、违法物品或危险品，易碎易损、贵重物品或不能作为托运行李运输的物品。必须就此对旅客进行提醒，否则一旦出现相关状况，旅客可能就以此为由提出投诉。

（3）检查行李的包装、体积、重量是否符合要求。如果不符合要求，及时告知旅客，并提供相关参考建议，如重新打包、重新分装等，帮助旅客解决此类问题。

（4）行李过磅计重，与免费行李额比较，决定是否收费，并对应该收费的行李收取逾重行李费。对于逾重行李收费，告知旅客收费标准和收费地点，提醒旅客及时处理。

二、值机处服务沟通的主要类型

值机处服务沟通主要是指旅客与值机处工作人员之间进行的信息和感情的交流。其主要类型有语言沟通和非语言沟通。

（一）语言沟通

语言沟通是指运用语言、文字来传达信息的活动，值机处的语言沟通又分为有声语言沟通和无声语言沟通。

有声语言沟通是指口语，是用说话的形式来进行的，主要是指在办理值机服务中围绕客票查验、座位安排、行李托运等业务，值机人员与旅客面对面的口语交流。这种交流方便、快捷、直观，是最常见的沟通类型。

无声语言沟通是用文字，即书面语言来传播，如值机处的电子显示屏上的字幕、值机柜台上的关于行李托运、紧急出口座位安排、危险物品禁运等的说明和各种行李标签等。书面语言的沟通形式能帮助旅客充分理解相关规定，顺利办好值机手续。

（二）非语言沟通

非语言沟通是指以非语言符号的形式将信息传递给接收者的沟通行为，它是以表情、动作等为沟通手段的信息交流。面部表情肌、眼神、身体动作及姿势、沟通者之间的距离、气质、外形、衣着等都是非语言符号。具体来说，非语言沟通主要包括形象（仪表、仪容、仪态）语言、表情语言、手势指引语言三种。

1. 形象语言

形象语言主要包括仪表、仪容、仪态方面的具体要求。良好的形象可以给旅客留下良好的第一印象，从而取得旅客的好感与信任，为进一步的沟通打下基础。对于航空公司和机场来说，服务人员的职业形象是非常重要的。对此，各个航空公司和机场都有自己的明确规定和具体要求，力求通过大方、得体的仪态展示良好的精神面貌。例如，仪容方面要求女士化淡妆，不涂有色指甲油，需盘头，男士不留小胡子、大鬓角；仪表方面要求穿着统一工作服，着黑色皮鞋，工作牌佩戴在左胸前，不得佩戴明显夸张的佩饰等；仪态方面要求站姿、坐姿、蹲姿、走姿大方得体。总之，良好的仪容、仪表和仪态能很好地展示个人形象，有助于拉近与旅客之间的距离，促进沟通的顺利进行。

2. 表情语言

在值机服务中，适当的表情语言的运用也是非常有必要的。在服务沟通中不仅要有信息的传递，还要有感情的交流。感情的交流在很大程度上决定沟通效果的好坏。因此，恰当的表情语言能让旅客感受热情、感受真诚。问候旅客时，应面带微笑；倾听旅客需求时，应点头呼应；递送登机牌时，应注视对方，双手奉送。那种只顾低头做事、面部神情呆滞、缺乏目光交流的接待服务很容易让旅客产生被忽视、怠慢的感觉，甚至由此引发不满和投诉。

3. 手势指引语言

在值机服务中，手势指引语言也是用得比较多的。例如，为上一位旅客办理值机手续结束时，会招手示意"您好，下一位"；排队人数较多时，会通过手势提示旅客在黄线外等候；打好的登机牌会双手奉送给旅客，并指引、提示旅客注意登机时间和登机口的位置等。清晰规范的手势指引语言能帮助旅客更好地理解值机服务的相关信息，从而主动配合，减少失误。需要注意的是，用单个手指、笔或其他物品指引、指示都是不可取的，一定要避免使用。正确规范的指引方式是五指并拢，掌心斜上，大约与地面成45°，手臂自然前伸。规范适时的手势指引能让旅客感受到服务的专业和水平。

三、值机处服务沟通的特点

值机处与其他机场业务部门相比，其与旅客沟通的特点也是比较鲜明的。

（一）效率性

速度快是航空运输的主要优势之一。航空运输的快速性要靠航班准点起飞、及时中转、按期到达来保证。在竞争激烈的现代民航运输企业中，航班的正点率日益成为影响旅客对航空公司认知度和航空公司竞争力的重要因素。这一切有赖于优质高效的值机工作，有赖于高效的沟通手段。如果值机环节沟通出现问题，工作效率就会降低，航班的正点率就要受到影响，航空运输的快速性就不能保证。例如，值机服务人员在办理乘机手续时，没有

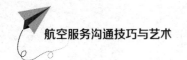

仔细检查旅客的客票，没有及时进行沟通，导致旅客错乘，就可能导致飞机延误或返航；值机服务人员在发放登机牌时没有与旅客及时核对，就可能错发或漏发，所以高效率的沟通是必不可少的。

（二）准确性

沟通的准确性主要体现在三个方面：一是旅客的基本信息核实准确，具体包括旅客的姓名、航班、舱位等级、身份证件等；二是引导建议的信息准确，如旅客退票、改签时告知相关程序、办理地点，行李逾重时告知收费标准和收费柜台；三是准确判断并处理晚到旅客的乘机手续，准确传达安检通道和登机口位置等相关信息。这些信息都非常重要，一旦出错，或一旦做出错误的判断就会影响旅客登机，甚至带来财产损失。

 案例 3-2

两位旅客乘坐某航班时被告知行李超重 3 千克，需要在柜台区域外整理好多出的行李后再来柜台办理托运。因语言沟通不畅，旅客误以为工作人员请其出去，现场用手机拍摄了柜台的照片。值机员误以为拍了自己（在泰国未经允许拍摄工作人员及证件照片是会被警察处理并要求当面删除的），故值机员向旅客说明并要求旅客将照片删除，旅客拒绝后便离开。值机员拿走了旅客证件和登机牌并报警，后续安保人员查看旅客手机后协助其拿回了护照和登机牌。旅客前往主任柜台进行投诉，但旅客对现场处理情况并不满意，认为主任柜台工作人员存在包庇行为。

在上述案例中，值机员与旅客因存在沟通障碍，不能准确传递相关信息，导致冲突的发生与升级。在具体的值机服务中要避免沟通分歧，确保信息的准确传递。为确保这一点，就需对员工加强服务意识及沟通、投诉处理能力的培养与训练，要加强主任柜台及时处理现场投诉事件的能力，必须有效地解决问题，以便始终为旅客提供更高的满意度。

（三）严格性

沟通的严格性就是要求值机服务人员在对客服务过程中，要以服务规程、服务手册为依据，严格履行有关规定和要求。例如，认真核实旅客的身份证件，防止假冒旅客特别是公安部门通缉的罪犯登机。在对客服务中还要观察旅客的言行举止，防止精神病患者、醉酒旅客登机。对于旅客的托运行李，需要仔细检查、询问，看是否符合要求，配合安检人员对行李内物品进行检查，防止旅客夹带危险品蒙混过关。

四、值机处服务沟通的一般要求

值机工作是直接面向旅客的服务过程，具有"窗口"性。因此，热情周到地为旅客服务，快速高效地为旅客办理值机手续，尽最大可能满足旅客各方面的需要是值机工作的内在要求。值机服务人员必须具备强烈的沟通意识，把握值机沟通的一般要求，这样才能确保高质量完成值机工作。

（一）充分把握旅客的心理需求

值得注意的是，旅客在办理值机手续的不同阶段，其心理需求是有区别的，呈现阶段性差异的特点。当旅客办理值机手续时，一般会经历两个阶段：一是等候办理值机手续阶段，二是正在办理值机手续阶段。在不同的阶段，旅客的心理需求是完全不同的。

1. 旅客在排队等候办理值机手续时的心理需求

旅客在排队等候办理值机手续时，最主要的是求快的心理需求。有的旅客带着行李，怕排队，担心时间紧张，登机手续出现问题，于是想早点办完手续，就可以放心地进入候机室候机。因此，旅客在等候办理值机手续时希望越快越好，缩短排队等候的时间对他们来说很重要。特别是遇到办理的高峰期，看到长长的队伍，就会增加旅客的焦躁情绪，插队的现象也时有出现。这时值机柜台的引导人员就要适时安慰旅客，安抚他们的情绪，并提醒他们按要求排队，同时增开值机柜台，缩短旅客的等候时间。如果遇到登机时间紧迫的旅客，则建议其到紧急柜台办理手续。

2. 旅客在办理值机手续时的心理需求

旅客在办理乘机手续时的心理需求发生了变化，不仅不求快，反而希望办得慢一些，以顺利地更换登机牌和托运行李，这时的主导需求就是求顺，主要体现在希望行李能够顺利托运，能够顺利地登机，而且有自己满意的座位。例如，在座位选择方面，旅客有多种需求，有的旅客要求服务人员给他一个靠窗口的座位，有的旅客则喜欢要靠过道的座位，有的旅客要求坐在飞机的前面，有的则希望坐在后面等。旅客希望在行李托运方面能够顺利，如有些旅客的行李大小或包装不符合民航要求，或者有些旅客的行李带得过多超重等，旅客就希望服务人员能提供一点方便，让他的行李通过，或者不收超重行李费，或少收超重行李费等。这就要求值机人员在服务过程中要有充分的耐心，做好解释说明工作，在合理而可能的范围内，尽量满足旅客的心理需求，如确实满足不了，一定要做好解释工作，避免旅客误解。

在沟通过程中，如果能充分考虑旅客的心理需求，适时地加以满足，就能在一定程度上确保沟通的顺利进行。

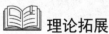 **理论拓展**

马斯洛的五层次需求

1943 年，美国心理学家马斯洛发表了《人类动机理论》一书，提出了人的需求层次理论。在他看来，人的需求有一个从低到高的发展层次。低层次的需求是生理需求，向上依次是安全需求、归属需求、爱与尊重需求、自我实现需求。一般情况下，五种需求由低而高依次实现，追求自我是人的最高动机。

（二）熟悉业务，具有高度的责任感

值机是保障飞行安全的重要环节，由于工作环境和性质的特殊性，要求值机处服务人员熟悉业务，具有高度的责任感，在每一个环节都不能有任何差错，否则小可影响航班正

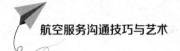

常运行，大则危及旅客生命财产安全。

值机处服务人员在为旅客办理登机手续时，时间紧、任务重、工作压力大、环境嘈杂，除了给旅客更换登机牌、检查行李，同时还扮演着问询处的角色。对于旅客提出的诸多问题，需要体谅理解并尽量给予回答。在这些问题中，有的是旅客不懂民航有关规定而产生的问题，有的是旅客遇到困难或问题需要服务人员帮助解决等，有的问题与值机处有关，但可能大多数问题与值机处无关，如"这个航班是大飞机还是小飞机？""飞机上发什么纪念品？""有没有吃的喝的？"作为服务人员，无论什么问题都应该尽可能地耐心、仔细地听，并给予满意的回答。如果服务人员不情愿为旅客解答问题，或者对旅客的态度不好，就会给旅客留下不好的印象。他们不仅会觉得值机人员这个人服务态度不好，而且会认为这家航空公司的服务态度不好，从而影响公司的形象，甚至有的旅客会把这种负面情绪带到候机室、带到客舱，给后续的服务工作带来麻烦。这就要求服务人员具有高度责任感，在办理值机手续的过程中，耐心解答各种问题，做到"一心二用"。

（三）换位思考，主动热情

不少旅客在办理值机手续时会有一些需求，由于缺乏经验没有及时提出，给后续服务工作带来一定的麻烦。这就要求服务人员具有前瞻性，学会站在旅客的角度思考问题。一般来说，旅客办理值机，对于座位问题、行李托运问题是比较关心的，但有时又没有明确提出，这就需要服务人员主动询问。例如，提出"您想要靠窗坐吗？""您有需要托运的行李吗？""您的托运行李需要转机吗？"等问题，尽可能地为旅客着想。当遇到旅客行李超重的情况时，不要一味地催促旅客支付费用，而是站在旅客的角度，帮旅客想办法解决，如让同伴分担其行李，或是随身携带，以减轻行李的重量等，这样会让旅客感到服务人员服务的热情周到。

 **思政拓展**

不是亲人胜似亲人　地服人员助盲人大爷回乡

无依无靠的盲人大爷阳万芳终于坐上了飞机，启程飞往家乡长沙。在安顿好座位后，老人拉住某航空公司地服部值班主任李曼的手，感激之情溢于言表。

阳大爷原来是想乘坐4月2日的航班从大连飞往长沙，不过孤身一人的他没有赶上既定的航班。幸好遇到了在机场送机的好心人米大姐，帮忙联系了地服部值机室工作人员，值机室主任汪涛热情接待了米大姐和阳大爷。了解了老人的情况后，汪涛很快帮助老人办理了4月3日的航班签转手续，留好了登机牌，并详细告诉米大姐次日如何来机场办理无人陪伴服务。

4月3日上午，好心人米大姐带老人来到值机柜台。地服部工作人员给阳大爷办理了无人陪伴手续后，工作人员和米大姐多方联系，终于查找到阳大爷在大连的二女儿的电话，但其手机一直关机，而身在长沙的其他3个女儿都表示不能去长沙黄花机场接老人。

最后，地服部联系到了老人的远房亲戚陈先生，他表示愿意去长沙黄花机场接老人。但由于陈先生回老家上坟，4月4日才能回到长沙。为了不使老人当晚滞留在长沙黄花机场，地服人员便与陈先生商量，帮助老人改签至 4 月 4 日的航班。

一切就绪后，地服部工作人员将阳大爷送到酒店，支付一切食宿费用，并叮嘱酒店工作人员要特殊照顾好老人。

4 月 4 日上午，地服部值班主任李曼指派专人到酒店接老人到机场乘机。老人到达机场后，地服部工作人员很快为老人办理好无人陪伴特殊服务手续，并安排老人在附近酒店吃了午餐。之后，工作人员带领老人通过安检，顺利登上飞往长沙的航班，李曼与客舱乘务组进行了交接后，再三嘱托乘务员细心照顾好老人。临别时，阳大爷拉住李曼的手说："感谢你们，你们都是好心人，好人一定会有好报的！"

资料来源：凌兴东，党文婷. 不是亲人胜似亲人　南航大连助盲人大爷回乡[EB/OL]. （2012-04-05）[2023-04-23]. http://news.carnoc.com/list/218/218983.html.

思考与借鉴：

真情服务无处不在，当我们付出真心，以心换心，为旅客提供温情服务时，我们所感受到的也一定是满满的温暖，"好人一定会有好报的"。

服务需要换位思考，关注旅客需求，想旅客之所想，急旅客之所急，多做一些，这就是真情服务的具体表现。

（四）管理情绪，提高工作效率

旅客有时并不了解值机工作的特点，加上旅客从自己的心理需要出发，有时在值机服务人员忙得不可开交时，旅客还会向值机服务人员提出各种问题；也有的旅客看见别人排队自己也排队，没有看清是哪个航空公司，排到自己时，就把机票往柜台里一塞，要办理登机手续，办不了还要问为什么，责怪服务人员不早说。这时服务人员一定要耐心，切不可因为这些事情打断了自己的工作进程，而产生烦恼、急躁的情绪，降低工作效率，甚至对旅客出言不逊或指责旅客。服务人员需学会情绪管理的方法，有效地提高工作效率。

（五）规范语言，使用礼貌服务用语

在值机处，也需要注意语言使用的规范性。服务语言是旅客对服务质量评价的重要标志之一。在服务过程中，语言得体、清晰，声音纯正悦耳，就会使旅客有愉快、亲切之感，对服务工作产生良好的反应；反之，服务语言不中听、生硬、唐突、刺耳，旅客就会难以接受。强烈粗暴的语言刺激会引起旅客的不满与投诉，严重影响民航企业的声誉。因此，在服务过程中，一定要规范语言，使用礼貌用语，禁用服务忌语。

五、值机处常见问题的服务沟通艺术

在值机过程中经常遇到一些特殊情况，需要值机服务人员能根据实际情况灵活处理，在处理过程中要与旅客进行有效沟通，掌握一定的沟通技巧。

（一）晚到旅客的服务沟通艺术

在值机过程中，经常会遇到晚到的旅客。一般情况下，航空公司要求旅客于航班计划起飞前 40～45 分钟到达值机柜台。如果旅客晚于计划起飞前 40 分钟到达值机柜台，但航

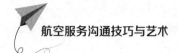
班尚未登机，这种情况的旅客称为晚到旅客。面对这一类旅客要慎重，考虑多种因素，否则容易引起旅客投诉。

1．值机员与旅客确认到达时间

"您好，您的航班××点已经停办手续，您晚到了×分钟，我帮您申请一下看还能否办理，请稍等。"这里一方面明确告知旅客具体航班结载时间及旅客晚到时间，让旅客接受晚到事实，做好最坏的打算；另一方面主动为旅客咨询登机申请，容易获得旅客好感。

2．值机员致电值机主任询问是否可以接收（航班号/人数）

"主任，××航班有一名晚到旅客，可以接收吗？"当面询问能第一时间得到答复，有助于事情的处理。即使不能获得批准，也体现了值机人员帮助旅客的诚意，容易获得旅客的好感。

3．值机主任同意办理则正常接收旅客及托运行李，办理完毕后提醒旅客快速过检

"先生/女士，登机口在××号，请您抓紧时间过安检。"善意的提醒可以帮助旅客顺利赶上飞机。

4．若不能接收，对客解释

"先生/女士，我已经尽量帮您申请了，但是您确实来得太晚了，建议您去售票柜台查看有没有后续航班，看您的机票能否改签。"向旅客委婉表达已经尽力，给出改签的建议，告知旅客处理办法。

5．如旅客到达值机柜台，航班已开始登机，则直接指引旅客前往售票柜台办理改签手续

"先生/女士，您的航班已开始登机，停止办理值机手续，请您前往售票柜台办理改签手续。"

（二）团队旅客的服务沟通艺术

在值机服务过程中，团队旅客也占据了一定的比例，团队旅客由于人数众多、事务杂，在服务沟通过程中也需注意技巧，具体要求如下。

1．询问领队团队信息，并与领队核实证件个数

与领队核实的团队信息包括：航班号或目的地、团队人数、是否有同名同姓旅客、是否有儿童及其数量。核实信息的过程一定要细致，否则容易出错。例如，核实证件时，一定要亲自清点，与领队唱收，以免出错。

2．正确接收团队旅客

要求团队信息逐一提取接收，以免出现差错。座位安排时尽量选择中间，并考虑领队的需求，询问是否有特殊旅客，尽量发放相邻的座位，同时也要提醒领队上飞机后不要安排老人和儿童坐靠近紧急出口的座位。

3．交付领队登机牌和证件，并告知详细事项

行李须按实名制托运；液态物品（容器容积大于 100 毫升）必须托运；打火机、锂电池不予托运。

4．提醒领队尽早安排团队旅客排队过安检并在登机口等候

值机员应提醒领队注意具体的登机时间及安检通道的具体位置，建议领队提前组织旅客通过安检，以确保按时登机。

（三）小动物托运的服务沟通艺术

在值机过程中，也会遇到有旅客要求将小动物托运的情况，由于小动物托运比较特殊，程序烦琐，因此服务沟通时也要特别注意，以免出错。

1. 耐心询问，了解情况

通过询问旅客相关信息，确定是否能接收小动物托运。一是询问了解托运的小动物是否属于家庭饲养的动物，如猫、狗是否属于观赏型，不具有攻击性，外观是否不会引起旅客恐慌。二是询问旅客搭乘的航班信息，明确所在航空公司能否接收托运小动物。例如，吉祥航空、西部航空等航空公司就有规定，不接收小动物托运。同时还要了解执行航班飞行任务的飞机机型是否能搭乘小动物。例如，ERJ 属于无氧的货舱机型，就不能接收小动物托运。三是查看航班起飞时间，如果距离航班计划起飞时间超过两小时，则需告知旅客要等待至计划起飞前两小时再办理托运，这样可以避免小动物在行李分拣过程中长时间无人看管。询问后如不能办理，需向旅客进行说明；如果可以托运，需告知旅客小动物需在货舱内运输。

2. 检查证明情况

检查活物检验检疫证明，并查验是否在有效期内。在业务办理过程中一定要询问旅客是否为小动物办理了"小动物检疫合格证明书"和"装运小动物笼子的消毒证明"，两证缺一不可，否则拒绝收运。检疫证明书上需写明小动物的承运人及几日内到达有效。

3. 核实检查

检查小动物的包装是否符合小动物运输规定（详见客规内容）要求。为确保航空运输安全，宠物运输一律要求旅客必须对容器进行"井"字形打包，容器门四周使用"拉扣"加固，容器内必须放防止小动物排泄物漏出的垫子。值班分队长负责对宠物收运是否符合要求进行最后把关，并通知航空公司代办告知该航班上有宠物托运。例如，某航班在接收小动物托运后，由于检查疏忽，容器打包不严，造成小动物在装卸时跑出货舱，到达机坪，后来为了机坪的安全，只得将小动物击毙。因此，当出现包装不符合要求时，要耐心做解释工作，并给出相关建议。

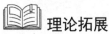 **理论拓展**

装运小动物的容器要求

1. 能防止小动物破坏、逃逸和防止小动物将身体某一部位伸出容器以外损伤人员、行李、货物或飞机。

2. 能保证小动物站立、适当活动，保证空气流通，不致使小动物窒息。

3. 必须由坚固材料制成，应至少三面通风。容器的门可由塑料或金属制成。由塑料制成时，折叶及锁闭装置必须为金属。容器硬件（包括螺母、螺丝以及门）及固定零件必须完整、有效。容器的底部平稳，能够固定在平整的面上而不滑动。带轮子的容器应有轮锁固定装置，防止在运输过程中滑动。

4. 容器两侧应有固定的把手或凸起边缘，以便分拣及装卸过程中能够正常进行搬运。

5. 容器内应有托盘，托盘上铺有吸水性衬垫，如毛巾、毯子或者白纸，以防止小动物排泄物外溢，污染其他行李。吸附性衬垫不得使用含有毒性物质的物品。

6. 装载活物的容器必须上锁并打包加固，打包带需覆盖笼门。

7. 两只体重低于 14 千克且能够共处的成年动物，可以使用同一容器运输。体重超过 14 千克的小动物应使用独立容器运输。同窝 6 月龄以下的小动物最多三只装在同一容器内运输。

8. 每个航班最多允许载运两个装有小动物的容器。

9. 每个容器的总重量（包括其中的小动物以及食物和水等的重量）不得超过 32 千克。

4．填写单据，告知注意事项

确定能接收小动物托运后，需填写"旅客小动物运输申请告知书"。与旅客确认告知书，确保内容填写完整正确。具体要求：装运小动物的容器外侧应附有托运人姓名、地址、联系电话。容器至少有两个相对面粘贴的"向上"操作标签。打印行李条，让旅客在行李条上签署免责声明并告知：除航空公司原因外，在运输中出现的小动物患病、受伤和死亡，一概不承担责任。告知旅客活物、容器及活物饲料的重量按照逾重行李费收取。参考语言："您的宠物×千克，每千克×元，一共需缴费×元。"指引旅客到相关柜台缴费，旅客缴费后持逾重单到柜台领取登机牌，值机员需指引旅客将活物送至超限柜台人工搬运，并电话通知超限柜台。

 思考与练习

一、填空题

1. 值机处的工作内容主要包括＿＿＿＿、＿＿＿＿、＿＿＿＿等内容。

2. 值机处旅客的沟通特点是＿＿＿＿、＿＿＿＿、＿＿＿＿。

3. 小动物办理托运，需具备＿＿＿＿和＿＿＿＿证明，两证缺一不可，否则拒绝收运。

二、判断题

1. 搭乘飞机，驾驶证也能作为有效证件使用。（　　　）

2. 旅客在办理值机手续过程中的心理需求是一致的。（　　　）

3. 值机工作人员对客服务中需主动热情，具备强烈的服务意识。（　　　）

三、思考题

1. 简述值机处服务沟通的特点。

2. 简述值机处服务沟通的一般要求。

3. 怎样与晚到旅客进行有效沟通？

四、技能题

（一）典型案例 1

值机员未关注旅客证件有效期

一旅客欲乘坐 10 月 28 日深圳—台北 ZH9073、10 月 31 日台北—深圳 ZH9074 公务舱往返。乘机当日旅客到达公务舱值机柜台，成功办理乘机手续，到达台北机场后被台北海关工作人员告知因其通行证有效期不满 6 个月被拒绝入境，当天被遣返回深圳机场。旅客不满，称深圳机场办理乘机手续的工作人员未提醒到位，要求航空公司赔偿其往返机票共计 3964 元。

后经调查，此事件因值机员工作疏忽，未能关注到旅客证件有效期不足 6 个月，经征求公司法务意见，航空公司与旅客签署了旅客运输合同，公司的附随义务包括核实旅客证件并指出不合格之处。但在此案例中工作人员未履行注意并告知的义务，公司需要对遣返所产生的机票费用承担一定的责任。经与旅客协商，航空公司与旅客各承担旅客往返机票损失的一半费用。

思考：

1. 造成该旅客被拒绝入境的原因是什么？作为值机部门，在为旅客办理值机手续时应注意些什么？应该做哪些提示说明？

2. 本案例对你有何启示？

（二）典型案例 2

近日，詹女士在南航官网上订了 7 月 9 日 11:45 的机票回银川，对方发来的短信显示"7 月 9 日 CZ5135 航班，西安咸阳 T2（XIY）11:45—银川河东（INC）13:00，由于您乘坐的航班为厦航航班，请前往机场厦航柜台，提前 45 分钟完成办理乘机手续。"

于是，7 月 9 日 10:10 左右，詹女士抵达西成机场 T2 航站楼。当她到厦航柜台办理值机手续时，厦航值机人员告知，詹女士乘坐的是南航的航班，应该去 T3 航站楼，而不是 T2 航站楼。詹女士从 T2 航站楼快走到 T3 航站楼时，南航工作人员说她乘坐的是厦航的 MF8211 航班。而此时已接近 11:00，航班登机通道马上就要关闭了，詹女士再返回 T2 航站楼已经赶不上航班了，于是她又掏了 265 元改签到下午 5:40 的航班。

事后，南航客服人员说，这趟航班是南航和厦航双方合作共享的，实际承运单位是厦航，之前给詹女士发送的短信上已说明去 T2 航站楼厦航柜台办理值机手续。通过调查后，厦航承认是现场工作人员的失误所致，并承担了 265 元改签费。

资料来源：姬娜，罗展. 一个航班两种说法 旅客被滞留机场 6 小时[EB/OL].（2016-07-10）[2023-04-23]. http://www.air66.cn/mh/3708.html.

思考：

1. 此次事件中厦航值机人员在与旅客的沟通中哪个环节有误？正确的做法是什么？

2. 机场和航空公司如何避免类似事件的再次发生？

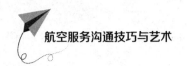

学习情境四　候机室的服务沟通艺术

学习目标

1. 了解候机室服务的主要内容。
2. 熟悉候机室服务沟通的主要类型和特点。
3. 掌握候机室服务沟通的一般要求。
4. 掌握候机室典型工作情景的沟通技巧。
5. 培养团结互助、服务创新的意识。

导引案例

8月28日，时值暑运高峰，红土航空旅客服务部地服分部针对延误航班再次在登机口开展暑运特色活动。

当天从昆明出港的 A67143 航班因华东区域流量控制，导致航班延误，公司 AOC 发布航班延误至 15:00。因考虑到航班延误时间较长，旅客要在登机口等待 5 个多小时，加之天气炎热，容易情绪焦虑。按照暑运前地服分部的策划筹备方案，结合暑运期间多次延误航班开展的特色活动经验，决定当日再次在登机口开展主题活动，以缓解旅客情绪。首先，按照延误处置方案，地服分部第一时间向登机口旅客发布了延误信息及延误原因，并实时更新延误信息，对有后续航班的旅客及时安排专人协助落实退改签事宜。

处置预案落实后，登机口活动也同时开展，活动主要有：针对本次航班上的小朋友群体，开展飞行毯摇骰子、蒙眼敲锣、猜谜语、抢答赢冰箱贴、小机模等系列活动；给延误等待的航班旅客送上免费扑克牌等礼品，开展问答赢礼品等活动。在地服工作人员的用心组织下，延误的登机口不同于往日，旅客的微笑代替了昔日的吵闹。与此同时，现场工作人员也时刻关注航班动态，及时穿插广播播报。13:50，A67143 广播航班可以登机，现场旅客开心地鼓起了掌。

资料来源：曾莹，杨蓉蓉. 红土航空旅服地服分部开展暑运特色活动[EB/OL]. （2019-08-30）[2023-04-23]. http://news.carnoc.com/list/504/504883.html.

红土航空（今湖南航空）地服分部持续开展的登机口暑运特色活动得到了旅客的好评和认可。这些活动体现了一线工作人员认真贯彻"安全第一，真情服务"的准则，同时真正实现了为旅客提供安心、省心、舒心美好旅程的目标。地服部门的服务创新、沟通创新获得了旅客的认可，那么作为地服部门重要组成部分的候机室又将如何通过服务沟通的创新达到服务质量的提升呢？接下来，将对候机室的服务沟通技巧进行详细阐述。

理论知识

　　机场候机室是旅客登机前的集合、休息场所，通常分散在航站楼机门位附近。候机室主要给旅客提供问询服务、广播服务、候机服务等内容。候机室是旅客登机前停留的最后一站。旅客候机的复杂心理及候机过程中遇到的复杂情况都给候机服务沟通增加了难度。

一、候机室的服务内容

　　候机室提供的服务主要包括商业服务和行业服务两大类。其中，商业服务包括餐饮、商店、旅游、邮政、银行、通信等方面的服务内容；行业服务包括问询服务、广播服务、候机服务等内容，其中行业服务是机场服务的主体，下面对行业服务的内容分别进行介绍。

（一）问询服务

　　一般来说，问询服务的方式有电话问询和现场问询，候机室的问询服务主要是指现场问询。问询服务是向旅客提供诸如航班信息、候机室设施使用、遗失物品认领等方面的咨询。问询服务往往能直接解决旅客在候机室等候过程中遇到的一些问题，或为旅客解决问题指明方向，深受欢迎。例如，黄花国际机场在问询服务方面就倡导实施"首问责任制"，候机楼内工作人员对待旅客和客户必须执行首问责任制，要求礼貌热情，语言规范，使用普通话，提供称呼服务，使用文明用语，禁用服务忌语。工作人员遇到旅客询问非自己工作职责范围内的事项时，也应热情耐心地予以解释，并说明有关情况。如遇上自己解答不了的问题，应将旅客指引到能够解答或处理问题的工作人员处或相关部门，绝不能简单地说"我不知道"。

（二）广播服务

　　候机室的广播系统是机场航站楼必备的重要公共宣传媒体设备，是机场管理部门播放航班信息、特别公告、紧急通知等语言信息的重要手段，是旅客获取信息的主要途径之一，也是提高旅客服务质量的重要环节。

　　候机室的广播系统由基本广播、自动广播、消防广播三部分组成。广播系统采用先进的计算机矩阵切换器，对各种音源进行管理和分配，并限定它们的广播范围和广播权限，使所有的广播呼叫站都在设定的范围内工作，避免越权广播。

　　为了提高候机室广播服务质量，我国民航早在 1995 年就制定和实施了《民用机场候机楼广播用语规范》（MH/T 1001—95），以适应广播发展的趋势。

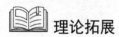

理论拓展

候机室广播服务要求

1. 广播用语的一般规定

（1）广播用语必须准确、规范，采用统一的专业术语，语句通顺易懂，避免发生混淆。

（2）广播用语的类型应根据机场有关业务要求来划分，以播音的目的和性质来区分。

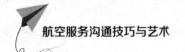

一般应按《民用机场候机楼广播用语规范》第3章进行。

（3）各类广播用语应准确表达主题，规范使用格式，一般应按《民用机场候机楼广播用语规范》第4章进行。

（4）广播用语以汉语和英语为主，同一内容应使用汉语普通话和英语对应播音。在需要其他外语语种播音的特殊情况下，主要内容可根据《民用机场候机楼广播用语规范》第3、4、5章广播用语汉语部分进行编译。

2. 广播用语的格式要求

在候机室的广播服务中，航班信息类的广播服务又是重中之重，为此明确提出，要求表达准确、逻辑严密、主题清晰，并列出了专门的格式以供参考。

具体来说，每种格式由不变要素和可变要素构成。不变要素是指格式中固定用法及其相互搭配的部分，它在每种格式中由固定文字组成。可变要素是指格式中由动态情况确定的部分，它在每种格式中由不同符号和符号内的文字组成。

（三）候机服务

候机服务主要包括旅客在离开和抵达期间所接受的服务，包括一般旅客候机服务和特殊旅客候机服务。特殊旅客主要是指无陪儿童、无陪老人、轮椅旅客等。

二、候机室服务沟通的主要类型

在候机室服务中涉及的沟通类型多种多样。根据信息载体的异同，可以分为语言沟通和非语言沟通。语言沟通又分为口头语言沟通和书面语言沟通。非语言沟通分为仪态语、手势语和表情语等。

（一）语言沟通

语言沟通是指沟通者以语言符号的形式将信息发送给接收者的沟通行为。语言沟通分为口头语言沟通和书面语言沟通。口头语言沟通即以讲话的方式进行沟通，如旅客向候机员咨询航班、寻找失物，工作人员以广播形式发布的航班信息等；书面语言沟通是用文字，即书面语言来传播，如航班信息显示屏，关于机场布局的标示图，候机柜台上关于航班信息的告示，廊桥上关于中转、过站的提示语等。

 案例 3-3

语言不通心灵通

2016年7月的一天，呼和浩特机场头等舱候机室服务员王英琦发现，在航班因天气原因取消的通知广播播放几遍后，仍有一张登机牌迟迟未见旅客领取。于是，王英琦便进入休息厅找到了登机牌的主人。经交谈得知，旅客只会简单的汉语，不知道如何去办理改签手续。王英琦随即主动陪伴旅客到柜台退掉登机牌，开好了延误证明，帮旅客顺利改签到后续航班。登机前，旅客反复用不是很流利的普通话向王英琦说着："谢谢！谢谢！"王英琦热情周到的服务，让只身异地、语言不通的旅客感受到了家人般的关爱。

（二）非语言沟通

非语言沟通是指沟通者以非语言符号的形式将信息传递给接收者的沟通行为，它是以表情、动作等为沟通手段的信息交流。面部表情及眼神、身体动作及姿势、沟通者之间的距离、气质、外形、衣着与随身用品、触摸行为等都是非语言符号，都可以作为沟通工具来进行非语言沟通。在候机室服务中主要涉及的非语言沟通包括仪态语、表情语和手势语。

1. 仪态语

仪态语通常包括身体的姿势、身体各部位的移动等，如候机员的站姿、走姿、坐姿、蹲姿等，良好的、训练有素的仪态能传递丰富的、积极的信息。例如，旅客在向候机员进行询问时，候机员应站立服务，站立时要双腿站直，或呈丁字形或 V 字形。

2. 表情语

表情语主要是指面部的表情变化、目光的接触等，具体是指运用面部器官，如眉、眼、鼻、嘴来交流信息、表达情感的非语言符号。表情语主要包括微笑语与目光语。

3. 手势语

候机员在使用手势语指示方向、引位、递送物品时都要求尽量五指并拢、掌心面向旅客、尽量双手递送，以体现对旅客的尊重。在候机服务中，明确、规范的手势语可以迅速传递信息，有效组织旅客排队，避免出现差错，从而提高服务质量。

三、候机室服务沟通的特点

候机室工作内容的特殊性决定了其服务沟通的特点，主要体现在以下几个方面。

（一）信息反馈的及时性

在候机室服务沟通中，由于旅客在候机室停留的时间是有限的、暂时的，所以对于他们咨询的问题，服务人员需及时反应，第一时间进行回答。例如，关于登机口更改的信息，一旦获知，要及时通知旅客，以便他们及时赶到相应的登机口；特别是更改到远机位，更要及时通知，否则可能延误旅客登机时间，造成误机。又如，关于咨询洗手间、吸烟室、母婴休息室、餐厅等不同类型设施场所，也需及时回答，并进行手势指引；遇到旅客寻找失物、同伴，需要及时回应，帮忙处理；拾到手袋、行李物品或登机牌等旅客物品，需及时进行广播，以方便查找。总之，这些问题的处理都强调速度，尽量在短时间内办理。

（二）信息内容的复杂性

候机室是一个相对封闭的空间，但也能满足旅客多方面的需求。由于很多旅客是初来乍到，对候机室不熟悉，所以提出的问题五花八门。这些问题有的涉及候机室不同服务场所、服务设施位置，有的涉及飞机、飞行，有的涉及行李托运、航空运输政策，还有的涉及其他问题。内容涉及的复杂性，一方面要求服务人员要具备良好的基本功，熟悉机场的设施设备，熟悉不同航空公司的代码、航班号、飞行时间，熟悉航空运输的一般规定等；另一方面还要求服务人员要有足够的耐心，特别是面对关联不大的问题时，也要认真对待，

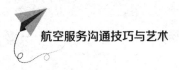

耐心解答。

（三）信息变化的不确定性

在候机服务过程中，旅客最关心的问题就是与飞行有关的问题，如飞机是否到达、何时到达、在哪里登机、何时登机的问题，需要我们提供相关的信息。但实际情况告诉我们，由于很多不确定因素的存在，工作人员很难给出准确的答复，涉及这些方面的回答一定要慎重，否则信息一旦发生变化，与之前的情形不符，就会导致旅客不满，甚至引发投诉。例如，关于飞机何时到达的问题，会有一个预计抵达时间，可能由于天气或者流量控制的原因造成抵达时间的推迟，可以说"预计的抵达时间是几点几分"；又如，关于登机口问题的询问，如果距离登机时间还很长，可以说"暂时安排是从这个登机口登机，如果情况发生变化，会用广播通知，请您留意"。关于飞机抵达时间，特别是在天气状况不好的时候，回答要慎重。飞机前一分钟还在上空盘旋，后一分钟可能就到别处备降了。也可能因为前方站流量控制的原因，使得飞机不能按时起飞等。因此，当有旅客问到类似问题时，一般的回答是："飞机预计抵达时间是×点×分。""系统给出的起飞时间是×点×分，但有可能因为流量控制的原因而推迟。"再如飞机到达后，由于机组要进行准备工作，所以过站旅客需要停留一段时间，不能马上登机，这时广播给出的时间也是大概的时间，而不是精确的时间，否则一旦有旅客较真，可能就会让自己陷入被动，不利于问题的处理。

四、候机室服务沟通的一般要求

（一）态度真诚

真诚指的是真实、诚恳，没有一点虚假，不欺骗，以诚待人，思想和言行保持一致，以从心底感动他人而最终获得他人的信任。真诚表现了人的善良、诚实的美好品行。真诚的态度体现在声音上，声音柔和，具有亲和力；真诚的态度体现在表情上，面带微笑，大方自然；真诚的态度体现在行为上，关注细节，及时落实。

真诚服务的具体表现为时刻为旅客的利益着想。为旅客着想就是要求服务人员从旅客购票的那一刻起，时时处处为旅客行方便，为旅客谋利益，使旅客得到真正的实惠。候机室服务人员应思旅客之所思，想旅客之所想，站在他们的角度感知、体会、思考服务中的问题和不足，采取平等、商量的口气和旅客沟通、交流，切忌高高在上，要学会体谅旅客、感激旅客，一切为旅客着想，洞察先机，将最优质的服务呈现在旅客面前。

态度真诚也意味着一贯的坚持，富有耐心。在候机服务过程中，经常遇到的情形就是同一个问题被问了上十遍甚至二十遍，不断有旅客来询问，这就很考验服务人员的耐心，尽管已经解答多遍，仍需不厌其烦，继续解答。例如，关于何时起飞的问题，尽管已经通过广播通知，仍会有旅客过来询问，甚至不断来询问，这就需要服务人员保持一贯的耐心，真诚作答，满足旅客的心理需求。

（二）语言规范

语言是服务的工具，是沟通最基本的手段。沟通具有意义表达迅速、准确，能即刻得到信息接收者反馈的优点，能有效地帮助旅客形成对企业的信任。但是不当的语言沟通可能导致分歧、误解和破坏信任等不利影响。这里的语言规范包含的内容也是多方面的，主要体现在以下几个方面。

1. 语音规范，能讲一口流利的普通话或英语

在候机服务过程中，接待的是来自全国各地乃至世界各地的旅客。因此，发音吐字成为沟通中至关重要的问题。我们在讲话时语音要准确，音量要适度，以对方听清楚为准。语言艺术大师符·阿克肖诺夫说："吐字不好，不清楚，就像琴键坏了的破钢琴似的，简直叫人讨厌。"因此，应该注意克服发音吐字方面的不良习惯，如鼻音（从鼻中发出的堵塞的声音，听起来像感冒声，音色暗淡、枯涩）、喉音（声音闷在喉咙里，生硬、沉重、弹性差）、捏挤音（挤压声带、口腔开度小而发出的声音，音色单薄、发扁）、虚声（气多声少的声音，有时在换气时带有一种明显的呼气声）等。只有避免了这些不良的发音习惯，才能做到发音圆润动听，吐字清晰悦耳。

案例 3-4

某机场候机办公室接到一起旅客投诉事件，旅客王某声称由于候机员陈某的误导，导致他在过站停留时间过长而误机。最后调查的结果是，旅客误将从长沙到济南的飞行时间理解为在长沙过站停留的时间，从而导致误机。在这一事件中旅客本身有一定的责任，而候机员在回答旅客这一问题后，为避免旅客理解错误，应提醒旅客注意过站停留的时间，避免旅客做出错误的判断。毕竟旅客误机对于任何一方都不是好事，所以在面对这一类询问时，表达应尽量清晰，并做好提示工作。

2. 用词规范，能使用文明服务用语

正确恰当的语言能使听者心情愉快，感到亲切、温暖，而且能融洽彼此之间的关系。讲话时语调要柔和，切忌使用伤害性语言，不讲有损旅客自尊心的话，也不能讲讽刺、挖苦旅客的话，话语要处处体现出对旅客的尊重；语意要明确，表达的意思要准确，使用文明用语，禁止使用"不知道""不清楚""这不是我们部门负责的"等忌语；与旅客交谈时，一定要在语言上表现出热情、亲切、和蔼和耐心，要尽力克服急躁、生硬等不良情绪。

讨论拓展

讨论题目——服务用语如何体现文明礼貌

提示要点

1. 微笑真诚：自然露齿微笑。
2. 语音柔和：语音柔和清晰，语速平缓从容。
3. 目光亲切：主动迎视顾客目光，注视对方眼睛至嘴唇区域。
4. 倾听专注：适度点头致意，根据需要做好记录。

5. 语言文明：落实服务首问责任，使用文明用语和敬语。

6. 电话沟通：铃响三声内接听，遇到疑难问题做好记录并确定回复时间；通话结束时在对方挂机后再挂断电话。

3. 手势引导规范，能运用恰当的非语言

非语言是通过表情、举止、神态、姿势等象征性体态来表达意义的一种沟通手段。在服务过程中，民航员工要注意微笑、目光交流、手势姿势等细节。因为温和的表情、适当的目光交流、得体的举止和姿态会增加对方的信任感和亲切感，而微笑和认真倾听的神态则会让对方感受到重视和关怀。

案例 3-5

某机场候机厅，由于航班延误，三个航班的旅客同时登机，而且又是远机位，旅客需乘坐摆渡车到达相应的登机口。在登机过程中，由于登机人数众多，缺乏必要的手势指引，一名旅客搭错摆渡车，上错飞机。对于这一错乘、漏乘事件，相关的工作人员都需承担不同程度的责任。

面部表情能够真实、准确地反映感情、传递信息。人类的各种情感都可非常灵敏地通过面部表情反映出来。和蔼亲切的表情向他人传递着相互友好的信号，而生硬的面孔则向他人传递着冷漠和疏远的信号。在现实中，微笑具有奇妙的力量，它是礼貌待人的基本要求；它能使面容舒展、容易被接受与欣赏；真诚的微笑能传递出友善、关注、尊重、理解等信息；微笑是一种知心会意、表示友好的笑，是在服务接触过程中最有吸引力、最有价值的面部表情。眼睛是心灵的窗户，是传递信息的有效途径和方式。目光交流既能捕捉自己所需的信息，又能引起对方的注意。旅客可以通过员工的眼神和表情来把握对他们的欢迎和关心程度，也可以从员工的眼神和举止中获取用来判断对方可靠与否的线索。因此，体态语言对于沟通双方好感、亲密感和信任感的形成具有重要影响。

（三）观察细致

在候机服务过程中，细致的观察也可以为我们的服务沟通带来意想不到的帮助。

通过观察，我们能更好地发现旅客的需求，从而提供必要的帮助。要善于发现和留心旅客人群中哪些旅客正在寻求帮助，哪些属于特殊旅客，他们有什么特殊的服务需要。这考察的是服务人员的观察和注意能力。要想为旅客提供优质服务，就必须研究旅客的真正需求。通过细致的观察、经验的积累和感性思维方面的培养，候机员可以更好地发现服务的契机，最大限度地满足旅客的需求。例如，看到拿着水杯的旅客，就会提示他打开水的地方；看到怀孕或带孩子的妇女，就会提示她走快速通道；看到旅客携带超大超重的行李，就会提示办理行李托运；有时甚至会根据离港系统给出的旅客信息，找出那些正在瞌睡或听音乐的旅客，避免他们发生误机事件。"用心"观察，总能在熙熙攘攘的客流中迅速发现最需要帮助的人，通过观察旅客的言行举止来判断旅客需要什么样的帮助。

案例 3-6

　　在打造"最具体验式机场"的进程中，深圳机场进行了多种尝试。首先从了解旅客的需求入手，通过大数据分析和直接调研等多种方式，分析旅客群体特性，了解旅客最真实的需求。通过调查发现，大量随父母家人出行的儿童到了机场候机室后往往表现不佳，让家长操心，其主要原因就是缺乏一个对孩子有吸引力的场所。为了给出行的儿童一个嬉戏玩耍的场地，深圳机场在 25 号登机口区域专门设立了一个面积达 200 多平方米的十分漂亮的儿童区，里面有滑梯等儿童游乐设施，供小朋友在此玩耍。而不远处，就是各种品牌的商铺。据了解，此区域若是用于商业店铺，每年租金不菲，但为了让旅客享有更好的乘机体验，深圳机场毫不犹豫地将其改造为儿童游乐区。

　　资料来源：张薇. "最具体验式机场"是如何打造的？[EB/OL]. （2016-12-15）[2023-04-24]. http://www.caacnews.com.cn/1/5/201612/t20161215_1206671_wap.html.

　　上述案例中深圳机场"儿童游乐区"的设立，就是在充分观察旅客行为、挖掘旅客潜在需求的基础上进行的，事实证明有效的观察能帮助我们获取更多有价值的信息，从而更有效地跟旅客进行沟通，更好地提升服务质量。

五、候机室典型工作情景的服务沟通艺术

（一）过站分流的服务沟通艺术

　　在候机服务中，过站航班占据的比例也不小。过站航班涉及的一个重要问题就是旅客分流，在服务过程中，经常出现沟通不畅导致过站走失的情况，这就会给后续工作带来一定的麻烦。因此，过站航班的旅客分流服务沟通应做到如下几点。

　　1. 落实任务，准备充分

　　候机工作人员应提前了解过站航班的航班号、过站人数、飞机型号、抵达时间、停靠机位，准备相应的地名牌、一定数量的过站牌。这个环节需要注意几点：一是地名牌的名称要与航班信息一致；二是过站牌的数量与过站旅客人数一致；三是过站牌的填写与所在登机口信息一致。如果出现差错，就会给后续的过站人数清点工作带来麻烦，有可能导致过站走失。

　　2. 提前到达，规范操作

　　准备充分后，提前 10 分钟到达登机口位置，需同时打开登机口的门和到达门，将地名牌贴在醒目位置。这个环节需要注意几点：一是提前到达，一般提前 10 分钟左右；二是将到达门和登机口门同时打开，方便旅客通过；三是地名牌的贴放位置标准，方便旅客阅读理解，起到引导作用。以往就出现过由于候机服务人员没能提前到达，使得飞机停靠后，匆忙打开两门而出现混乱的情形。

　　3. 询问核实，人数一致

　　飞机到达后，上机询问乘务员过站人数，以及不下飞机的过站旅客情况，同时要求乘务员广播通知旅客带下原始登机牌和机票。这样做的目的是进一步明确过站旅客人数，降

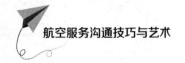

低工作的难度。

4．手势指引，语言提示

飞机下客后，在廊桥口进行分客，发放过站牌，通过语言、动作进行提示、引导，将过站旅客引导至相应候机厅等候再次登机，将到达旅客引导至国内到达处。参考语言："前往××的旅客请领取过站牌，到达的旅客请从您左（右）侧的通道出站。"在分流过程中，为了防止过站旅客走失，要注意几点：一是手势明显，将持有的过站牌举高示意，引起旅客关注；二是语言提示，不断提醒旅客选择对应的通道，声音应响亮、清晰；三是个别提醒，遇到打电话、听音乐的旅客，应加以提醒，遇到老年旅客也需多加提醒，以避免他们出错，帮助他们顺利分流。

5．认真复核，避免错误

当所有旅客都下机后，不要自作主张，而是应该与航班机组人员确认旅客是否下完，得到肯定答复后，再将到达门关闭，完成服务工作。以往也出现过有的工作人员未与航班机组人员确认，提前关闭到达门或登机口门，造成旅客被困在廊桥而引发投诉的情形。

（二）登机的服务沟通艺术

登机服务是候机服务中一项非常重要的任务，其服务质量的好坏直接影响候机室服务质量的好坏。在登机服务沟通中应做到如下几点。

1．登机前

登机前要做好充分的准备工作，这样有助于旅客登机的顺利进行。一是进行登机前的预广播，让旅客对于登机时间有个大致判断，做好准备，一般要求登机前 10 分钟做预登机广播。二是巡视查看登机口周围旅客的行李物品，如果有超大行李，建议旅客提前进行托运，以免影响登机。三是如果发现孕妇，应主动询问怀孕周期、是否有医院的孕检报告，如有异常，提前告知机组。

2．登机过程中

登机过程中应进行有效组织、有序查验、有效放行。为了避免差错，在这个环节的服务沟通中要做到以下几点：一是播放登机广播，提醒旅客按要求排队等候。二是现场巡视，组织队伍，发现携带婴儿的旅客、孕妇和其他需要帮助的旅客，建议他们走 VIP 通道，提醒普通旅客选择普通通道，避免出现插队的现象。三是查验登机牌应迅速有效，遵循"一查二扫三撕"的准则，遇到出现差错的旅客，应委婉提示："先生/女士，这不是您的航班，请在旁边继续等候。"四是催促广播，再次提醒。帮助晚到旅客顺利赶到候机室，顺利登上飞机。有的时候是因为旅客晚到没法赶上飞机；有的时候是因为旅客听音乐、与人聊天或睡着了而造成误机，这种情况下，旅客有可能将责任推到服务人员身上，理由是没有听到广播，所以要注意保留证据，进行录音。

3．登机结束后

登机结束后，服务人员应做好扫尾工作，对于因晚到而没有赶上飞机的旅客，应耐心解释，明确告知。

思政拓展

最美空港党群中心——深圳空港党群服务中心

深圳市大力推进基层党建标准化工作，推出了"1+10+N"的党群服务中心总体布局。为夯实深圳机场集团基层党建工作，集团公司于2018年7月正式启动深圳机场党群服务中心建设工作。

2019年1月23日，深圳空港党群服务中心正式启用。其位于深圳机场地面交通中心三层，面向深圳空港区域广大党员群众及旅客开放，利用机场的城市窗口平台，努力打造彰显深圳城市基层党建质量水平的靓丽名片。

深圳空港党群服务中心旨在打造集基层党建、企业文化、员工服务、旅客体验于一体的社区党建新天地，不仅为空港各基层党组织创新党建工作提供了平台，也为往来旅客提供了一个休闲服务驿站。

1. "空港党建引领平台"标志墙

以机场集团党委倡导的"同一个空港，同一个梦想"的理念为指导，由机场集团党委牵头，组织联合空港区域内的各驻场单位、航空公司、联检单位、街道办等组成的党建工作议事联络协调机构。

2. 党建宣传厅

播放企业优秀党建宣传片，让每一位党员和入党积极分子在耳濡目染中丰富党的知识，强化党员意识，增强党性观念。

3. 党史长廊

庄严生动地回顾了中国共产党百年的光辉历程，激励着党员干部群众学党史、知党恩、跟党走。

4. 新时代大讲堂

搭建远程监控和多方会议系统，连通市党群服务中心，实现传达部署、监管指挥、统筹调度的"一盘棋联动和一张网指挥"。开展"互学互鉴""红色联动"党性实践活动和"跟党一起航行"座谈会等，实现真正打造党建引领群建的政治中心。

5. 党课室

两个党课室可供党组织在此开展日常党建活动、"三会一课""书记谈心"等咨询服务。

6. 微型影院

微型影院以免费观影为主，"佳片周周约"。播放有关党建教育、爱国励志、近期获奖的优秀电影等，丰富党员群众精神文化生活，弘扬爱国主义精神和社会正能量。还可以播放3D电影哦！

7. 宣誓墙

老党员可以到这里重温入党誓词，新党员可以在这里宣誓入党。

当宣誓墙合起来时，这里将变成广大党员群众联盟、联谊的文娱场所，对面的大屏也为了更进一步增强党员群众的爱党精神，播放一系列党建宣传片。

8. 自助服务点

在这里可办理社保等相关便民业务。

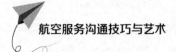
9. 党建书吧

人性化的布局设计打造了温馨舒适的阅读环境，是党群服务中心最具人文关怀的文化驿站。通过征集广大员工的意见，现采购共3000多册书籍，包括各类党建读物、中国文学、历史传记等，后期会更新书籍种类，并定期举行书友会和读书交流等活动。

资料来源：最美空港党群中心，想一起去打卡吗？[EB/OL].（2021-08-13）[2023-04-24]. https://www.sohu.com/a/483191307_121123926.

思考与借鉴：

党群服务中心在机场地面交通中心，面向广大党员群众及旅客开放，打造集基层党建、企业文化、员工服务、旅客体验于一体的社区党建新天地，不仅创新了党建工作，也为来往旅客提供了一个休闲服务的驿站。在我们身边还有哪些党建服务创新模式？一起来说一说。

 思考与练习

一、填空题

1. 候机室的服务主要包括_____、_____、_____。
2. 候机室广播系统由_____、_____、_____三部分组成。
3. 候机室服务沟通的特点是_____、_____、_____。

二、判断题

1. 在候机服务中，需要我们态度真诚，富有耐心。（　　）
2. 语言规范包括语音规范、用词规范等内容。（　　）
3. 在过站旅客分流服务中，过站牌的使用可有可无。（　　）

三、思考题

1. 简述候机室服务沟通的特点。
2. 简述候机室服务沟通的一般要求。
3. 简述过站分流的沟通技巧。

四、技能题

（一）典型案例1

海南航空大连地面保障中心：真情服务温暖旅客出行路

根据疫情期间赴琼航班的相关保障要求，大连—海口的航班为每日重点保障航班之一。5月5日，五一小长假最后一天，该航班旅客人数较多，地面保障中心商务代表张珊珊和钟景旭提前来到登机口，引导并协助前往海口的旅客完成健康码的申报。在当日查验旅客健康码的过程中，其中四位旅客反复扫码后仍旧无法打开网页，因担心行程因此受影响，旅客心情较为急躁。张珊珊一边安抚旅客情绪，一边询问旅客近日是否去过重点防疫地区，在了解相关情况后，张珊珊汇报直属领导，同时向海口机场备案，最终引导旅客填写承诺书，协助旅客顺利登机，旅客对张珊珊的真情服务表示感谢。另外，该航班老年人及儿童旅客较多，为保障航班正常关舱与真情服务，需要重点关注该群体的填报进度，在张珊珊与同事钟景旭的努力下，该航班旅客均顺利登机，之后正点起飞。

在防止疫情输入的关键时刻，海南航空还有许多像张珊珊与钟景旭一样的一线员工，他们时刻坚守在自己的岗位上，他们将"店小二"服务精神传承至今，用"真情服务"为旅客带来宾至如归的服务体验，为每一次飞行保驾护航，是他们用汗水浇筑，将海南航空打造成世界级航空品牌，收获 SKYTRAX "世界五星级航空公司"的美誉。

资料来源：关新苗. 海南航空大连地面保障中心：真情服务温暖旅客出行路[EB/OL]. （2020-05-31）[2023-04-24]. https://www.163.com/dy/article/FDV4F56D05447PQJ.html.

思考：

1．从服务沟通的角度来谈谈海南航空大连地面保障中心有哪些值得肯定的地方，以及能达到怎样的沟通效果。

2．结合自己的经历，谈谈机场在服务沟通方面存在的问题。

（二）典型案例2

一日，包头机场候机楼内迎来了一对特殊的旅客——盲人陈女士和她的导盲犬"珍妮"。

接到航空公司通知后，机场工作人员及时联系陈女士，告知注意事项。陈女士和"珍妮"抵达包头机场后，机场开辟了"绿色通道"。工作人员全程引导，协助核对"珍妮"的乘机手续，安排陈女士和"珍妮"在离登机口较近的区域休息候机，并让其优先登机、最后下机。

"感谢你们细心周到的服务，我和'珍妮'此次飞行很顺利……"登机时，陈女士对机场工作人员感谢道。

资料来源：张薇. 盲人旅客携导盲犬　包头机场真情服务获赞[EB/OL]. （2016-04-26）[2023-04-24]. http://www.caacnews.com.cn/2012zt/zqfw/2/201604/t20160426_1195812.html.

思考：

1．陈女士为什么对机场的服务表示感谢？机场候机室在服务沟通方面有哪些可取之处？

2．谈谈在实际工作过程中，我们如何通过有效沟通给旅客提供个性化的服务。

学习情境五　空中服务的服务沟通艺术

学习目标

1．了解空中服务的服务内容。
2．熟悉空中服务沟通的特点。
3．掌握空中服务沟通的一般要求。
4．掌握空中服务常见问题的沟通技巧。
5．践行以人为本、周到服务的劳模服务理念。

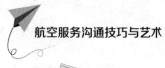
 **导引案例**

微笑服务　内功深厚

深航客舱服务部收到了乘客张先生寄来的写有"微笑服务　内功深厚"的锦旗。原来在今年4月15日无锡飞往深圳的航班ZH9702上，在无锡出港期间，航班因流量控制原因未能按时起飞。头等舱乘务员商婧在得知延误信息后，第一时间将信息告知头等舱旅客。不料，1C座位的张先生听后勃然大怒，高声质问乘务员到底要等多长时间。面对头等舱旅客如此强烈的反应，商婧立即回到服务间，将冰镇饮料递给旅客。在之后的交流中，商婧得知张先生之所以反应强烈，是因为他托运的药品只有8个小时保质期，到达深圳后药品要第一时间送往医院。

了解到张先生的情况后，商婧及时将此信息汇报给机长和乘务长。"单纯地安抚旅客情绪是完全不够的，我们必须拿出具体的解决方案。"事后商婧这样讲道，而她也正是这样做的。她回到服务间用手机上网查询信息，整理了两套可行的方案缩短到达深圳后前往医院的车程，并将其详细写在纸上交给张先生。张先生看到商婧的努力，激动的情绪渐渐平复下来。

此时，驾驶舱也传来好消息，航班接到了航空管制给予起飞的命令。起飞后，商婧时刻关注着张先生。下机时，张先生发自内心的笑容是对商婧细致入微的服务的最大肯定。

资料来源：李金龙. 小客舱里有大爱——记深航客舱服务二三事[EB/OL].（2014-05-14）[2023-04-24]. http://news.carnoc.com/list/281/281785.html.

上述案例中的乘务员面对头等舱旅客提出的问题，能运用真诚的服务与沟通巧妙化解，不仅消除了旅客的不满，还获得了表扬。由此可见，在对客服务中，乘务员的沟通能力、沟通技巧将直接影响其服务质量和服务水平。接下来将详细阐述空中服务的沟通技巧。

 **理论拓展**

山东航空股份有限公司对乘务员迎客的规定

1. 旅客登机时，乘务长播放登机音乐，打开客舱灯光至高亮度，站在机舱门口迎客并负责保持与地面工作人员的交接和联系。

2. 客舱乘务员位于合适位置迎客。

3. 着装整齐，站姿端正，面带微笑，热情礼貌地迎接并问候旅客。

4. 重要旅客及其行李、衣物由指定客舱乘务员负责安排，并根据地面人员提供的VIP名单，使用尊称或姓氏问好。

5. 有秩序地引导旅客入座，协助旅客放好随身携带的物品和衣物。如果安排座位时，有旅客不方便的情况，起飞后可与相邻旅客商量，做适当调整。

6. 对旅客要求托管的物品应妥善存放，为旅客保管衣物时，确认其口袋内无贵重物品，如钱包、首饰、护照等。

7. 原则上不应为旅客保管药品、贵重物品或易碎物品。如不能推辞，应向旅客说明责任，得到认可后，方可接受。

8. 根据普通舱旅客的入座情况提供以下服务。

（1）提供报纸、杂志。

（2）提供热毛巾（或根据旅客要求）。

（3）提供饮料：果汁或茶水（或根据旅客要求）。

（4）起飞前，收回饮料杯、毛巾等。

理论知识

空中服务在整个民航服务过程中处于非常重要的地位，是非常关键的一个环节。空中服务的好与坏，乘务员的一言一行、一举一动，都直接关系到航空公司甚至国家的形象。由于飞机航行在万米以上的高空，机舱内是一个封闭、狭小的空间，无论活动空间还是服务设施都受到一定的限制，乘务员在客舱里所提供的各项服务都是在与旅客之间的互动沟通中完成的。

一、空中服务的服务内容

空中服务涉及面广而杂，既包括安全检查类，又包括服务类，主要包括以下几项。

（一）迎送服务

迎送服务是在旅客上、下飞机时提供的服务。当旅客登机时，各个号位的乘务员要站在各自的号位上迎接旅客登机。在旅客登机的同时要向旅客鞠躬并微笑问好，介绍座位号码的所在，协助旅客安排行李，帮助老幼病残孕旅客找到他们的座位；待旅客登机后要帮助其整理好行李架上的行李，要随时注意旅客有什么需求，以及时提供帮助。

飞机落地后，各个号位的乘务员要站在自己的号位上微笑送走所有旅客并检查客舱里是否有旅客遗留的物品。

（二）客舱安全示范和检查服务

客舱安全示范和检查服务是一项非常重要的工作，一般在旅客安放好行李、坐好后进行，外场乘务员要进行客舱安全示范，进行安全检查。安全检查包括起飞前和下降前的检查，具体内容包括调直椅背、收起小桌板、拉开遮阳板，系好安全带，扣上行李架，检查紧急出口和通道是否顺畅，提醒旅客手机一定要关机等。由此可见，安全检查是一项十分重要的工作。

（三）广播和发放餐饮服务

广播和发放餐饮服务也是非常重要的一项工作，一般在飞机平稳飞行后，乘务员分工进行。内场乘务员负责进行广播，客舱广播的内容十分丰富，主要包括服务广播和安全广播。通过服务广播，能让旅客了解此次航班的航程、时间，途经的省市和山脉、河流，了解相关的服务项目；通过安全广播，能让旅客重视安全问题，配合安全检查。外场乘务员

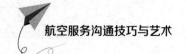

主要负责发放餐饮。一般来说，飞行时间不同，发放的餐饮物品也不同。短距离飞行只发放饮料与点心；飞行时间在 15 小时以上的航班发放饮料、餐食；有的航班还发放纪念品、入境卡、海关申报单、健康申明卡等，必要时还需帮助旅客填写相关表格。

（四）巡视客舱服务

巡视客舱服务也是一项不能忽视的服务工作，也是在飞机平稳飞行过程中进行的。乘务员通过巡视客舱，发现旅客的需求，提供必要的帮助。例如，旅客是否需要饮料；刚醒来的旅客是否需要进餐；帮睡觉的旅客关掉阅读灯和通风口等，同时随时清理客舱垃圾。

二、空中服务沟通的特点

空中服务沟通主要以口头语言为主，从旅客方面调查的结果表明，文明礼貌、真挚和善的语言能引起旅客发自内心的好感；明确简洁、适当中肯的语言能增强旅客的信任感；适合对象、灵活多变的语言能给旅客以亲切感，使旅客获得心理上的满足。因此，空中服务沟通语言作为一种特殊的行业用语，具有以下特点。

（一）准确性

飞机作为一种交通工具，其安全性一直是旅客最关心的问题，乘务员在做安全示范或进行引导时语言必须准确。

（二）灵活性

保持服务一致性的过程中，乘务员应该很灵活且具有创造性，和乘客之间保持良好的关系，而不要只是照本宣科地来做事。如果提供服务时，一位乘客要求吃素食，而飞机上正好没有准备这种食物，这时乘务员应该返回厨房，想想办法，找到一个解决方案，如把各式各样的蔬菜和水果拼在一起，而不是告诉乘客"我们没有准备这种食物，你无法享用"，这样会使乘客很苦恼。

（三）生动性

乘务员要运用具有活力的语言去打动乘客，引起共鸣，特别是对乘客所做的一些景点、名胜介绍更是如此。

例如，对"川剧"可以这样介绍："四川，古称华阳，又名巴蜀，那里民风淳朴，被人们誉为'天府之国'。俗话说'奇山奇水有奇杰'，在四川这块沃野上，不仅涌现出无数雄才大略的政治家、军事家和一大批卓越的词人才士，还造就了一批优秀的表演艺术家；不仅磨砺出无数宏伟的诗篇佳作，同时也孕育出一个独具特色的戏曲艺术形式——川剧。川剧，这个被赞为'天府之花'的戏曲曲种，以其丰富的剧目、多样的声腔、独特的表演，在中国戏曲舞台上领尽了风骚，成为巴蜀之地的又一骄傲。"

（四）亲切性

基于空乘服务工作的特点和性质，服务用语要亲切、简洁。例如，"欢迎您乘坐本次航班！""请问您想喝点什么？""让您久等了！""您的脸色不太好，请问您是哪里不舒服吗？""谢谢您对我们的服务提出宝贵的意见，我一定把您的建议反馈给公司。"亲切的话语可以大大提高乘客的满意度。

（五）委婉性

客舱沟通讲究艺术的说话方式。与客人对话，一般情况下要采用询问式、请求式、商量式、解释式等恰当的说话方式，而不允许使用命令语气。直接使用否定词句会让乘客下不来台，心情不愉快。例如，有两位熟人在飞机上相遇，找到乘务员想协调一下座位，乘务员可以"这两位乘客想坐在一起，能否请您和他们换一下"来与相邻的乘客进行沟通。

询问式："请问……？"

请求式："请您协助……，好吗？"

商量式："您看……可以吗？"

解释式："您好！这里是……"

思政拓展

在温情中感受温度

一位身体瘦弱的老年旅客叫住了正在进行起飞前安全检查的乘务员小 A。"小姑娘，可以拿条毛毯给我吗？谢谢哦。"虽然毛毯已经全部发完，但小 A 还是亲切地对这位阿姨说："阿姨，实在不好意思，我们已经在前后舱都找过，毛毯目前全部发完了。飞机马上就要起飞了，我先把我的外套拿来，您先盖上，起飞后，我再帮您想办法借一条。我们也和机长沟通过，调高了客舱温度，您先休息一下，一会儿就会暖和起来了。您看可以吗？"不一会儿，小 A 就为阿姨拿来外套，还十分周到地用矿泉水瓶装上热水，给旅客先保暖。平飞后，小 A 端着一杯温水，第一时间来到老年旅客身边，"阿姨，现在觉得暖和些了吗？有没有不舒服呢？我去想办法看看能不能帮您借到一条毛毯。"就这样，小 A 一直全程关注着该名老年旅客，让其体验到了客舱中如家一般的温暖，下机时旅客更是感动地一直表扬着小 A。

思考与借鉴：

真情服务无处不在，当我们付出真心，以心换心，为旅客提供温情服务时，我们所感受到的也一定是满满的温暖，被人肯定时也是自我实现的满足。

1. 服务的细节点点滴滴，也许仅仅一句言语，也许只有一个眼神，也许只是一个举动，这些都可以体现优质服务。

2. 毛毯缺乏是目前机上服务的困难之一，如何从其他方面去弥补旅客对此的不满是乘务员应该用心去做的工作。该案例中的乘务员在没有毛毯的情况下能够积极弥补，并多次询问旅客对客舱温度的感受，做到了用心用情，确实值得表扬。

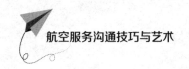
三、空中服务沟通的一般要求

乘务员为旅客服务的过程就是沟通的过程。沟通有利于创造服务机会，提升服务品质。通过有效沟通不但可以提高乘务员的综合服务能力和服务水平，也可以提高旅客的满意度。由于空中服务涉及的内容较多，各项内容的具体要求也不一样，因此不同服务沟通的要求也不一样。

（一）广播服务沟通的要求

1. 符合规范

乘务员进行广播时，应当按照公司广播手册内容落实各项广播。在特殊情况下，根据航班情况的不同可临时组织广播词。当长航线、夜航或大多数旅客休息时，应酌情缩短广播时间或减少广播内容。夜航或头等舱、公务舱旅客休息时，在条件允许的情况下，根据机型分舱广播，避免打扰旅客休息。

2. 控制语速

语速是指乘务员在广播时给旅客听觉的一种接收速度。客舱广播应采用标准语速，若广播语速过快，会让旅客听不清楚，无法理解广播内容；若广播语速过慢，会给旅客一种拖沓、生疏之感。对于不同性质的广播内容，还要掌握语气，做到声情并茂，让旅客切实感受到广播内容的价值，收到事半功倍的效果。

3. 表达流利

流利性是指广播时吐字清晰、发音标准、内容表达连贯顺畅。广播时，乘务员与旅客间并不是面对面的交流，不能借助手势、表情等辅助手段，只有发准每一个字、词的读音，才能使旅客准确地接收广播中传递的信息。如果广播时发音不准、吐字不清、语言表达不连贯，旅客就不能正确理解广播内容，从而影响广播的效果。

4. 及时准确

广播是快速传递信息的一种有效途径，是从点到面的单向传播。为了达到广播效果，必须确保广播的及时性和准确性。例如，在飞行中，如果遇到强气流，会使飞机产生较大的空中颠簸。此时，乘务员应立即进行广播，准确传递颠簸信息，才能在最短的时间内通知到所有旅客，提醒旅客注意安全，并根据要求做好安全防范措施。又如，飞机在起飞爬升阶段和落地滑行时如果有旅客离座，应及时提醒。

案例 3-7

真诚服务　情暖客舱

2022 年 6 月 13 日，由东航山西分公司执飞的 MU2351 从太原飞往贵阳的航班由于天气原因，航班无法正常到达目的地，乘务组的暖心服务得到了广大旅客的认可，特别是受到轮椅旅客的认可与感谢。

【19:45】

飞机还有 5 分钟即将着陆，"叮咚——"一声内话铃响起，乘务长接起电话后回答道："好的机长，我马上广播告知旅客。"原来是贵阳机场被雷雨天气覆盖，飞机无法正常着陆，为了飞行安全，飞机需要在 40 分钟后备降重庆机场。

【20:25】

航班不正常时不仅要第一时间安抚旅客，向旅客耐心解释等待后续安排，还要特别关注老人、儿童这些特殊的群体。

此次的航班上就有一位六旬轮椅旅客，这位老人没有同行人员，不会说普通话，也不会使用手机。备降到重庆机场已经晚上 8 点半了，此刻的时间早已晚于正常落地时间半个多小时了，考虑到老人的家属已经在贵阳机场等待接机，乘务长辗转联系到老人家属，告诉他们现在的情况，并贴心地宽慰老人："阿姨，我刚刚已经和您的家人联系过了，您有任何需要随时和我们说，我们一直陪着您。"同时让区域乘务员时刻关注老人的需求。

【23:45】

贵阳的天气依旧没有好转，又因为涉及当地防疫要求，机长积极协调旅客的后续安排。时间已经到了晚上 11 点多，乘务长又和轮椅老人的家属进行了一次次的沟通，有任何新的进展，都第一时间告诉家属，让他们放心、安心。

【次日 00:15】

在机长的全力协调下，安排所有旅客当晚在重庆过夜，第二天再返回贵阳。等到其他旅客下机后，乘务长单独和地服人员交接了这位轮椅老人，并特意嘱咐地服："老人不会使用手机，普通话也不怎么会说，你们一定要把老人安排好。"老人握着乘务长的手，用自己的方言道谢："姑娘，幸亏有你，谢谢！"一句质朴的感谢，却感动了乘务组。

夏秋季节雷雨天气频发，不正常航班时有发生，东航山西分公司的每一位乘务员都秉承着解决困难的积极心态和真情服务理念，将真心、真情落实在服务工作的每一个环节与细节，保障每一位旅客能够安全、舒心地抵达目的地。

资料来源：康辉，王旭彤. 真诚服务 情暖客舱：不正常航班的客舱暖心服务[EB/OL]. （2022-06-21）[2023-04-24]. https://www.sohu.com/a/559408672_121123719.

5. 赋予情感

广播质量不仅仅局限于语速、语调，充满情感、富有人情味的广播更易被听众接受。广播时若缺乏感情、语调平淡，会使人感觉不亲切，让人失去兴趣，使旅客产生一定的排斥心理；相反，如果把握好广播时的情感，就能引起旅客注意，使广播达到预期效果。

（二）安全检查服务沟通的要求

1. 明确要求

乘务员应清楚安全检查的具体要求，明确告知旅客。还要特别针对容易出现问题的地方进行提示。例如，在起飞、下降阶段，空座位上不能放除衣物以外的其他物品；旅客空余座位上不能放眼镜、手机等小件物品；旅客不能将包带拽在手上，也不能将小件物品放在通道中间、脚后面或靠在壁板位置上；紧急出口座位上，起飞、下降阶段不能有任何物品等。要明确告诉旅客，飞机起飞、下降时属于飞行的关键阶段，旅客的随身行李应放置

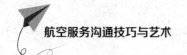

在行李架上或前排座椅下方的挡杆内，不可以随意放置，否则一旦发生紧急情况，行李会成为障碍物，影响本人或其他旅客顺利撤离。

2．把握心理

在进行安全检查时，并不是所有旅客都会认真配合，有的甚至会态度不好、牢骚满腹："就你们公司要求多！""如果东西放在行李架上丢了怎么办？"……对此，乘务员应充分把握旅客的心理，进行换位思考。一般来说，旅客不愿意按要求放置行李主要有几种情况：一是有些女士因为飞行中要取用物品，包放在身上比较方便；二是包内有贵重物品或大量现金，害怕遗失或被盗；三是包比较名贵，放在行李架上怕挤压，放在地上怕脏；四是惯性心理，乘坐其他航空公司的航班时从来没有过这样的要求等。针对旅客的不同心理，要给出不同的解决办法。例如，针对前两种情况，给出的建议就是把包放在前排座位下方的挡杆内，取用方便，便于照看。针对第三种情况，可以拿一个毛毯袋垫在包的下方。

3．委婉解释

面对不配合的旅客，委婉解释就非常有必要。要跟旅客耐心解释安全的重要性，告知原因，注意语气委婉，切忌机械地让旅客执行安全规定，无解释，语言态度生硬。下列情景中语言的运用就比较合适。

情景一：执行安全检查时，旅客不按要求进行操作并且态度不好，如"就你们公司要求多……"

建议语言："您好！女士/先生，飞机马上就要起飞了，请您将包放在前排座椅下方，或者我帮您放在您头顶上方的行李架内，如您需要使用的话，可在飞机平飞后取用，有需要帮助的地方请第一时间联系我，我很乐意为您服务。"

情景二：飞机起飞前滑行安检时，旅客要毛毯、水或者有其他的需求。

建议语言："女士/先生，飞机正在滑行，我们现在正在进行安全检查，飞机马上就要起飞了，等飞机平飞后马上给您送过来，感谢您的配合。"

（三）餐饮服务沟通的要求

餐饮服务也是客舱服务的重要组成部分，不仅影响旅客对航空公司服务的满意度，也反映了航空公司的服务能力。

1．规范操作

客舱的餐饮服务是一种标准化的服务，要求乘务员的操作技能精准、娴熟，要求体态语规范。这里的体态语主要指的是"端、拿、倒、送"的动作操作。如果乘务员"端、拿、倒、送"的动作操作不熟练，在递送热饮的过程中不慎洒在旅客身上，不但会烫伤旅客，还会给旅客带来不愉快的乘机感受。过硬的服务技能会使服务差错的发生概率大大降低；相反，则容易造成旅客不满，从而影响旅客对客舱服务的整体印象。例如，倒饮料时，如果是热饮，不可过急，以免将水花溅到旅客身上；倒冷饮时，杯口不可碰到瓶口；倒带汽饮料时，杯子倾斜一定的角度；拿水杯时，需手指并拢，小指可托于杯底，不可大把抓。

2．主动介绍

在餐饮服务过程中，有一个突出的特点，就是要非常尊重旅客的知情权、选择权，会对提供的餐食内容进行详细的介绍，帮助旅客了解与选择，特别是在两舱（即头等舱和商务舱）餐饮服务中。例如，在国际远程航线头等舱的正餐供餐中，就有着非常具体的介绍，具体包括介绍餐食内容及饮料酒水等；介绍面包品种；介绍汤的种类；介绍色拉；介绍水果和奶酪等。通过具体详细的介绍，旅客的知情权、选择权得到很好的满足，同时也获得了极佳的旅行体验。在经济舱的服务中，主动介绍也是不可缺少的，主动介绍餐食和饮料，可以帮助旅客更好地做出选择。如果在餐饮服务中缺乏主动介绍，就会影响旅客的选择，从而影响旅客的旅行体验。

3. 小心提醒

由于受气流的影响，客舱经常发生颠簸，这就对旅客的进食提出了更高的要求。为了避免旅客在进食过程中出现意外，乘务员必须做好提醒工作。例如，为年幼旅客提供热饮时，应先征求监护人的意见，并放于监护人处；配备热食时，为确保服务安全，与旅客交接时必须加强语言提醒，不要将热食直接摆放在餐盒上送出，以免热食滑落，递送时将热食放在托盘上，以免旅客烫手。

案例 3-8

某航班飞行途中，一位儿童旅客口渴，乘务员为他倒了一杯开水，在儿童喝水的过程中，不慎将开水洒落，导致儿童烫伤。

在此案例中，乘务员没有对旅客进行区别对待，针对老人和儿童，要额外关注。为小旅客提供饮料时，不应该将热饮直接递给小旅客，更为合适的方法是将饮品递给其监护人并做好叮嘱提醒工作；发生烫伤时，不应推卸责任，和旅客探究责任划分，而应在第一时间紧急处理，如检查伤势、冷敷、联系医生或地服等，同时做好安抚客人及其家人的工作。

4. 及时反馈

在客舱的餐饮服务中，经常会遇到一些突发状况或旅客对某问题提出异议等。对此，乘务员要非常重视，及时回应，进行解释，如果不能现场处理，也应认真记录，以便后续跟踪处理。

情景一：旅客告知乘务员餐食有异物。

此时，乘务员应表示歉意，并立刻为旅客更换餐食，如没有富余餐食，尽量利用机上其他资源（如机组餐、富余水果等），同时观察旅客的情绪和反应，通报全组此情况，全组成员在航班落地前对旅客进行重点服务，如发生在经济舱，由负责经济舱的乘务员监控跟踪服务该旅客，主动与旅客沟通并安抚旅客；如发生在头等舱，乘务长监控跟踪服务该旅客，主动与旅客沟通并安抚旅客。如果旅客不满情绪很大，乘务员为旅客提供旅客征询意见卡，表示公司会调查并及时回复旅客，在处理过程中，建议乘务员将问题餐食带回公司航食部门确认、调查。

建议语言："先生，非常抱歉，我立即为您更换一份。我们会在第一时间将这种情况反馈给相关航食单位，让他们立即整改，如果您需要回复，请您留给我们您的联系方式，我们会及时联系您！对于给您造成的不便，我们深表歉意！希望得到您的谅解！"

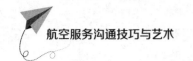

情景二：不小心将餐食或饮料洒到旅客身上。

如果常温饮料泼洒到旅客身上，立刻为旅客提供湿巾或干纸巾，协助旅客擦拭，建议旅客去洗手间清洗，乘务员跟踪后续服务并设法满足旅客需求。如因乘务员原因造成的饮料泼洒，当事乘务员立刻致歉，并协助旅客清理身上饮料，争取得到旅客原谅。如旅客主动提出赔偿，乘务员报告乘务长，乘务长做后续沟通，安抚弥补工作，如旅客坚持赔偿，乘务长对一定权限内的补偿有决定权；如旅客和乘务长对于赔偿数目协商不一致，为旅客提供旅客征询意见卡，留下旅客联系方式，告诉旅客公司相关部门会及时联系旅客。

情景三：航班上因为其他乘务员的一些工作失误忘记给旅客发餐了，现在旅客很生气地质问"为什么不给我发餐"，如何解决？

飞行过程中如果遇到旅客生气地质问"为什么不给我发餐"，请不要惊讶并且过多地去解释，在旅客眼中，乘务员着装及专业化形象统一，如果不仔细去辨识很难确认具体是谁。面对这样的情况，要学会互相补台，第一时间满足旅客的需求，而不是一味地去解释"不是我"。此时，应立即满足旅客所需，帮助旅客解决当下的问题才是当务之急，然后再回到服务间和其他组员确认刚才的情形。当旅客问题解决之后，必要时再去和旅客说明情况。

建议使用语言："先生/女士抱歉，我现在马上为您提供，我们今天为您准备了香菇鸡肉米饭和西红柿鸡蛋面，请问您需要哪种呢？"

当解决完旅客问题后，若有需要，可与旅客进行简短沟通，建议使用语言："先生/女士，刚刚由于您在休息，我们怕打扰您，所以没有将您叫醒！谢谢您的理解，飞行中如果您有任何需要，我们很乐意为您服务！"

四、空中服务常见问题的服务沟通艺术

（一）拒绝不合理要求的服务沟通艺术

在空中服务过程中，我们会尽量满足旅客合理而可能的需求，但不可能满足旅客的所有需求，所以在特定情况下，要学会说"不"。掌握拒绝的沟通技巧就非常有必要。例如，一次航班起飞前，一位男性旅客一直在使用手机，乘务员反复劝说，但旅客还是不停地拨打，还扬言要投诉她。再如，飞机下降时卫生间是不能用的，但有的旅客就是要用，否则他就投诉……乘务员常常要忍住委屈做好解释工作。其实，拒绝是有一些技巧的。

对于乘客提出的无理要求，乘务员要采用一定的拒绝技巧，做到措辞得当、态度诚恳且掌握一定的分寸，既回绝旅客的要求，又不要让客人处于尴尬的境地。这就要做到如下几点。

1. 真诚致歉

遭人拒绝是一件令人尴尬的事，所以拒绝旅客某些不合理要求时一定要真诚，即使要求不合理也要委婉地说："真的很抱歉，没能帮上您的忙，还请您原谅。"这样旅客会比较容易接受。例如，有个别旅客很喜欢飞机上的小毛毯或小碗，但民航规定这些东西是必须清点回收的，这时运用语言技巧进行拒绝必不可少。注意，要耐心解释民航规章，不要因为旅客不知情而流露出对旅客的责备语气。

2．婉言回绝

用委婉的方式从侧面拒绝或用模糊语言回避对方的锋芒。例如，在飞机上，乘务员手中正拿着饮料，某旅客要求撤走空杯子，乘务员说："请您帮忙递过来好吗？"该旅客十分不满，脱口而出："我递杯子，用你干吗？"乘务员装作未听清，面带微笑问道："先生，您需要我做什么？"该旅客的同伴连忙把杯子递过来，一场矛盾无形中化解。

3．化解不满

如旅客对飞机设施不满、发牢骚，乘务员可先感谢对方对民航工作的支持和关注，表示一定及时把该旅客的意见反馈给公司以便及时改进。

（二）劝说违规行为的服务沟通艺术

1．对旅客不文明行为的劝说技巧

说服不是一件容易的事情，将会遇到种种有形、无形的抗拒。要有效说服更难，这不仅要求说服者的人品令人信服，而且要以对方关心的事为话题，符合对方的理解思路。一般来说，应从赞赏和鼓励开始，给对方留有面子，让对方能够理解你的难处和航空公司的规定，要使说话的气氛保持融洽。如果处理不好，就有可能引起冲突，从而影响航空公司的形象。

 案例 3-9

某航班收餐时，一位老奶奶给的餐盘中少了一个碗，因为是精品航线，所以发的是托盘餐，餐具精致小巧，让许多客人爱不释手，很多旅客都想把它带走，而公司规定所有餐盘都要按数回收。看到这种情况，乘务员猜想应该是老奶奶将其收起来了，便微笑着附身跟她说："奶奶，您这个盘里还少了一个碗，您再帮我找找好吗？"看见老奶奶很舍不得，乘务员又说："奶奶，不着急，您什么时候找到了，交还给我们就行了。"随后乘务员继续去收其他旅客的餐具。巡舱的时候，看老奶奶没有反应，乘务员又走到她身边，蹲下来跟她说："奶奶，那个碗您找到了吗？"老奶奶将头靠近乘务员，小声地说："我很喜欢这个碗，你就送给我吧，小姑娘，我回去带给我孙子玩。"听到这儿，乘务员微笑着告诉她："奶奶，我非常想送给您，可这套餐具不是一次性的，回收消毒后还要重复使用。"老奶奶接着又哀求着："那上次坐飞机，她们都送给我了，你就送我一个吧！"看着老奶奶这样，乘务员想到或许客舱里还有其他的礼品可以送给这位老奶奶。于是经过乘务长的同意，乘务员将印有航空公司标志的圆珠笔送给了老奶奶。尽管是不一样的礼物，但老奶奶也很开心，连声说"谢谢"。

资料来源：刘晖. 空乘服务沟通与播音技巧[M]. 4 版. 北京：旅游教育出版社，2016.

2．对违规旅客的劝说技巧

（1）旅客违反安全规定时要制止，但要注意方法，尽量避免矛盾激化，矛盾激化只会造成更多的冲突。例如，按照航空公司的规定，不允许私自穿救生衣。可有的旅客在乘务员演示时，非常好奇地把救生衣拿出来了，这时乘务员要立即进行制止和说服教育，说明

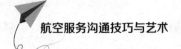

利害关系。可先从旅客的角度入手："这位先生/女士，您好！我很理解您对救生衣非常好奇的感觉。这种救生衣是一次性用品，您打开后，这件救生衣就报废了，万一飞机遇到危急情况时，您和他人的生命就得不到保障了。"

（2）处理手段应视旅客行为带来的后果（是否危及飞行）及旅客行为的性质（无意或有意）而定。乘务员在迎客时应注意观察，及时制止旅客的不当行为。例如，如果旅客已经将机上设备拿下来放了自己的行李，乘务员应巧妙地询问行李的主人是谁，然后帮其找到一个妥善的位置安排，最后再礼貌地解释此位置是用于存放应急设备的，希望旅客能够理解配合。在处理事情上应顾全大局，把握好"度"。在自己能力范围内可以解决的，可事后向机长汇报，以免干扰机长的正常工作，避免因处置过度而造成航班的延误。

（三）处理飞机延误的服务沟通艺术

飞机延误时旅客普遍情绪烦躁，乘务员要用加倍周到的服务来缓解旅客的烦躁和焦虑。同时，要在解释时阐明航空公司是以安全为根本的，以求得旅客的理解和支持。

例如，某航空公司接到投诉，原定 8 点 40 分起飞的飞机，延误到次日零点起飞，旅客在登机时发现接待客人的两位乘务员有说有笑。很显然，两位乘务员此时的表现就很容易引起旅客的不良情绪。在飞机延误情况发生时，乘务员需要进行换位思考，充分体谅旅客的心理，更加耐心地去安抚客人的情绪，不能在此时摆出"事不关己，高高挂起"的态度，可以礼貌地解释："尊敬的客人，很遗憾由于某种原因，航班延迟了，现在故障排除，我们可以马上开始愉快的旅程，我们将更周到地为您服务。"

（四）处理投诉问题的服务沟通艺术

引起旅客投诉的最根本的原因是旅客没有得到预期的服务，即旅客的实际感知与原有期望间产生较大的心理落差。这种落差有可能是因为有形的产品，也有可能是因为无形的服务。假若此落差未能得到有效的解决或控制，则旅客可能会将此心理现象转变成投诉行为。投诉一旦产生，将不同程度地影响到公司的形象，并由此带来一定的经济损失。对此，可以采取"清空不满法（clear）"来进行处理。

1. 控制情绪（control）

当旅客提出投诉时，往往心情不好，其语言或行为可能是不耐烦的，甚至带有攻击性。受其影响，乘务员容易产生冲动，丧失"理性"，这样会使得事态发展更加复杂。因此，要懂得控制自己的情绪。旅客提出投诉是因为他们有需求没有被满足，所以乘务员应充分理解他们可能表现出的失望、愤怒、沮丧或其他过激情绪等。

2. 倾听旅客诉说（listen）

静下心来积极、细心地聆听旅客的说话内容，在字里行间找到旅客投诉问题的实质和旅客的真实意图，了解旅客想表达的感觉与情绪。倾听也是给旅客的抱怨提供一个宣泄口，辅以语言上的缓冲，为发生的事情向旅客道歉，表示出与旅客合作的态度。这样既让旅客将抱怨一吐为快，也为自己后面提出解决方案做好准备。

3．建立与旅客的"共鸣"（establish）

共鸣就是站在旅客的立场，对他们的遭遇表示真诚的理解。当旅客投诉时，他们最希望自己的意见受到对方的尊重，自己能被别人理解。建立与旅客的共鸣就是要促使双方交换信息、思想和情感。

4．对旅客的情形表示歉意（apologize）

投诉发生，即使是客观原因或他人原因造成的，也不要推脱责任，这么做只会使旅客对公司整体留下不好的印象，也会对你留下坏印象。发自内心地向旅客表示歉意，即使旅客是错的，也要为旅客情绪上受到的影响表示歉意，使旅客的情绪趋于平静。例如，可以用这样的语言："让您不方便了，对不起。""给您添麻烦了，非常抱歉。"这样的道歉既有助于平息旅客的愤怒，又没有承担可导致旅客误解的具体责任。

5．提出解决方案（resolve）

在耐心地倾听、与旅客产生共鸣和向旅客表示歉意之后，就要把重点转到旅客最关心的问题——如何解决上，应迅速就目前的具体问题向旅客说明各种可能的解决办法，或者询问他们希望怎么办，充分听取旅客对问题解决的意见，然后确认方案，进行解决。

案例 3-10

某航班上，一名旅客向服务员索要毛毯，服务员因为疏导旅客就座，解释说稍后为这名旅客服务。在发放毛毯的过程中，毛毯数量有限，只有 10 条，发放到这位旅客时，有一位小旅客也需要毛毯，最终服务员把毛毯给了小旅客，结果遭到了投诉。

资料来源：武娜，翟耀. 沟通技巧学科在民航实践中的运用[J]. 当代教育实践与教学研究，2016（3）：206-207.

在此案例中，当旅客提出需要服务用品时，一定要记住旅客的座位号，如果当时不能满足旅客需求，稍后才能提供服务时，要注意服务用语的使用，一定要让对方感到自己受到重视，如可以说："很对不起，先生/女士，您可否在座位上稍微休息一下，我会尽最大的努力在最短的时间内为您提供服务。"当服务用品不能满足旅客需求时，可以提前稍做说明，但是直白地说"已经没有了，发完了"，会让旅客认为他们的基本权利遭到了侵犯，也会带来糟糕的结果。我们完全可以换种说法："对不起，先生/女士，实在不好意思，干净的、没用过的毛毯已经基本发完了，机上这么多老人和孩子，毛毯已经优先发给他们了，我先帮您把通风口关掉吧，需不需要给您倒杯热水？我马上会向乘务长汇报，请机组将温度调高，请您不用担心。"

思考与练习

一、填空题

1．空中服务沟通具有_____、_____、_____、_____和_____的特点。

2．客舱广播的内容十分丰富，主要包括_____和_____。

3．面对旅客投诉，可以采用_____来进行处理。

二、判断题

1．流利性是指广播时吐字清晰、发音标准、内容表达连贯顺畅。（　　　）

2．在空中服务过程中，我们要尽量满足旅客提出的所有要求。（　　　）

3．沟通要看对象，根据沟通对象的需求、性格、心理特点开展不同形式的沟通说服，才会有良好效果。（　　　）

三、思考题

1．简述空中服务沟通的特点。

2．简述客舱餐饮服务沟通的一般要求。

3．简述对待旅客投诉的沟通技巧。

四、技能题

（一）典型案例1

某航班在飞行过程中，旅客无法忍受颠簸，频繁地按铃，后因旅客对服务人员不满，对机长飞行技术感到怀疑，随后拨打95530投诉电话，旅客在电话中对旅行中的颠簸和客舱服务人员的态度表示强烈不满。

思考：

1．如果你是客舱服务人员，将如何与旅客进行沟通，尽量化解旅客的不满呢？

2．为了避免类似情景的发生，客舱服务人员可以提前做好哪些准备？

（二）典型案例2

某航班的一名旅客不知在哪儿受了一肚子怨气，一上飞机，总想无理取闹，找点麻烦发泄一下情绪。乘务员看到这位旅客满脸怒容，知道他的心情一定很坏，便不失时机地主动上前与其搭话，尽可能帮助他解决烦恼。

思考：

1．假如你是这位乘务员，你将从哪些方面化解旅客的情绪？

2．请两位同学分别扮演旅客和服务人员，将场景再现并妥善处理。

学习情境六　行李提取处的服务沟通艺术

学习目标

1．了解行李提取处的服务内容。

2．熟悉行李提取处服务沟通的主要类型和特点。

3．掌握行李提取处服务沟通的一般要求。

4. 掌握行李提取处常见问题的沟通技巧。

5. 理解真情服务精神的内涵，践行真情服务。

 **导引案例**

南昌机场行李服务提升纪实

2016年民航局发布的《关于民航服务工作的调研报告》指出，近十年来，航班问题、票务问题和行李运输问题等一直是社会诟病的焦点，2015年行李问题投诉量占13%。另据美国FlightView公司对2399名商务和旅游乘客进行的调查，接近60%的乘客希望获得更高端的服务，哪怕是多花钱。更有75%的年轻一族在调查中表示，愿意享受这些付费服务。排在前三名的需求有：53%的乘客愿意为实时追踪行李位置的射频识别标签服务付费；40%的乘客愿意为临时在登机口存放行李以便轻松地购物、就餐而付费；37%的乘客愿意为行李优先提取而付费。行李，行李，还是行李。

江西机场集团下属的江西空港航空地面服务有限公司承担了南昌昌北国际机场约80%的行李服务保障任务。在日常运行和管理中公司也发现，旅客对行李的服务要求甚至超过了本人对乘机体验的需求。国内外机场虽有一定的差异性，但旅客对行李优质服务的需求是一致的。2016年春运，南昌机场在行李保障方面表现如何？江西机场人以行践言，优质保障行李，真情服务旅客，把旅客托运时的信任还原为提取时的愉悦。

1. 行李提取速度行业领先

春运期间，行李量大幅增加，日均达到6000余件，南昌机场首件行李的提取时间一如既往地控制在15分钟，在国际机场协会的服务测评中，该项得分在同层级机场一直处于领先水平。

2. 行李托运办理便捷

在南昌机场，航班起飞前3小时即可办理行李托运，旅客有宽裕的时间去享受机场购物和就餐的乐趣。

3. 野蛮装卸零容忍

南昌机场对货邮行的装卸机有着严格的要求，尤其对行李装卸有着近乎苛刻的规定，装卸人员必须做到"轻拿轻放，落地离手"，在每架飞机下都有专职的监装监卸员进行监督，并且设置公司级监管员每日视频取证，从源头上最大限度地保证了旅客行李的完好率。

4. 真情服务，感动常在

进入"钉钉"南昌机场地服全员群，会发现调度员在通报航班时刻，司机在询问行李传输进度，监装监卸员在提醒保障时间。而在现场，会看到值机员在帮忙分拣行李，司机在帮分拣员挂网，监装监卸员在帮城投公司（外包机构）搬运工装行李。为了航班的优质保障，大家在切实履行本岗位职责的前提下，不分你我，互相支撑，全力以赴。各部门各岗位对行李的关注度大幅提高，形成了"齐抓共管，高效补位"的良好局面。

高效优质的行李保障促进了乘机体验的良好延展，给旅客的温暖回家路画上了点睛之笔，一段旅程从托运行李开始，到提取行李结束，留下了一段段回味悠长的故事，真实地演绎着江西机场的"红色服务"，诠释了首都机场集团"中国服务"品牌的内涵，努力坚

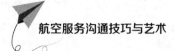

守着中国民航"真情服务"的底线。

资料来源：胡吉伟. 南昌机场行李服务提升纪实[EB/OL]. （2016-04-01）[2023-04-24]. http://www.iaion.com/gl/70082.html.

一段旅程从托运行李开始，到提取行李结束，一直以来行李问题就是旅客非常关注的一个问题，也是投诉较多的问题。为此，南昌机场通过种种努力，采取一系列措施，优化行李运输管理程序与制度，以高效优质的行李保障，促进了乘机体验的良好延展，给旅客的温暖回家路画上了点睛之笔。因此，行李运输管理是行李服务的重要保障，而旅客体验更是不可忽视的一个方面。接下来将从旅客体验的角度，对行李提取处的服务沟通做详细阐述。

理论知识

一、行李提取处的服务内容

一般来说，到了行李提取这个阶段，旅客对行程的需求已经基本得到满足，随之而来的是对自己的行李安全的需求。随着客运量逐年上升，加强行李运输管理、预防行李运输差错事故的发生已成为提高航空客运质量的重要环节。

在行李提取处，旅客的沟通内容一般根据提取行李的流程涉及两个方面：一是行李提取前，关于行李提取的具体地点、时间的询问，如行李在哪个运送转盘提取、哪个时间段提取等。这时工作人员可以查询并告知旅客提取行李的具体地点和大致时间。二是行李到达后关于行李异常情况的沟通，如出现行李迟运、行李少收、行李破损、行李赔偿等问题的沟通。这类问题相对比较复杂，一般由负责行李查询的部门来负责，由具体的工作人员对旅客的行李问题进行查询和帮助。

案例 3-11

借助云存储　三亚机场创新不正常行李查询服务

随着三亚凤凰国际机场（以下简称凤凰机场）客流量的逐年提升，行李运输量也呈逐年递增态势。如何做好行李保障工作早已成为凤凰机场重点关注的问题之一。为帮助旅客在最短的时间内取回遗失物品，凤凰机场地面服务部及时改进工作措施，借助云存储技术在线信息传递共享等功能，实现场站之间的行李查询信息共享。此举不仅能有效缩短不正常行李的处置时限，提高工作效率，而且可方便旅客更为直观、便捷地查找行李。

凤凰机场地面服务部利用办公软件 WPS 在云端创建三亚不正常行李登记表，实时更新并修改本场接收的不正常行李信息，其他机场只需要登录本场的 WPS 云端网址即可了解相关信息，帮助旅客查询、跟踪行李处理信息。与此同时，凤凰机场地面服务部行李查询员建立行李查询专用业务 QQ（号码为 2497133514），依托其图片相册共享功能，将本场无人认领的行李拍照上传至专用相册，以图文并茂的形式详细描述行李的显著特征，外站地面服务人员及旅客可点击查看相册中的行李照片，轻松找到遗失物品。

据悉，凤凰机场积极创新工作思路，通过云存储等技术有效提升了行李查询服务质量，使旅客能够及时、直观地处理行李问题，受到了广大旅客的一致好评。

资料来源：张跃. 借助云存储 三亚机场创新不正常行李查询服务[EB/OL].（2016-04-28）[2023-04-24]. http://news.carnoc.com/list/343/343515.html.

二、行李提取处服务沟通的主要类型

行李提取处服务沟通的主要类型有语言沟通和非语言沟通。语言沟通包括口语沟通和书面沟通。

口语沟通涉及的内容比较多，如旅客询问行李提取处工作人员关于行李提取的时间、地点的沟通，针对行李晚到、行李少运、行李破损和行李赔偿的问题进行的沟通，还有利用"小蜜蜂"提醒旅客正确提取行李的广播沟通。

案例 3-12

"小蜜蜂"的大作用

"乘坐东航 MU5464 来自三亚的旅客请注意：请您在 3 号传送带等候提取托运行李，提取行李时请您仔细核对行李票号码……"行李提取区传来的广播音是转盘巡视人员的声音，这也是上海保障部浦东行李服务中心推出的"小蜜蜂"广播服务，每逢显示屏上显示航班到达时，员工们总会带好记录本、扩音器和耳麦来到转盘边，面向旅客走来的方向站好，用规范化的语言将航班号、转盘号向旅客们播报。

受限于上海浦东国际机场的设施问题，有时旅客提取行李信息不明晰，没有安装区域广播，给旅客带来不便。为了在现有设施设备运行的基础上让旅客少一些怨气、多一份满意，行李查询分部积极想办法提高服务质量，用音响效果较好的扩音设备，为进港旅客提供广播服务。

资料来源：虞雯颖，王挺. 小举措有大作用 东航上海保障部服务有亮点[EB/OL].（2012-02-29）[2023-04-24]. http://news.carnoc.com/list/215/215408.html.

书面沟通的方式也是多种多样，主要包括在行李提取处转盘位置的电子显示屏（告知旅客关于行李的航班号、始发地等信息）、温馨提示语（提醒旅客不要错拿行李），如"类似行李，避免拿错""请仔细核对好您的行李物品，以免拿错行李"，避免旅客错拿行李的事件发生。

在行李提取处，非语言沟通主要使用仪态语、表情语和手势语。

仪态语主要是指行李提取处工作人员的仪态，主要包括站姿、坐姿、走姿和蹲姿。需要注意的是，站立服务时，一定要注意体态，按照规范站立，一方面能表现良好的精神面貌，另一方面也能展示企业的良好形象，如站立时不能东张西望、不能耸肩驼背等。

表情语主要是指行李提取处工作人员的面部表情，主要包括微笑语、目光语等。需要注意的是，行李提取处针对行李异常情况与旅客进行沟通时，微笑要慎用，以免被旅客误

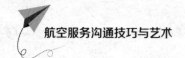
解，从而不利于事情的处理。

手势语主要是指面对旅客询问时，利用手势进行指引，告知旅客具体位置，如指示行李转盘的位置，引导其前往行李查询办公室。

三、行李提取处服务沟通的特点

行李提取处的工作性质、特点决定了其沟通的特点，主要体现在以下几个方面。

（一）沟通内容的集中性

在行李提取处，沟通内容都集中在行李，特别是异常行李上。围绕着行李迟运、行李少收、行李破损和行李赔偿的问题进行沟通。

（二）沟通对象的情绪性

由于行李提取是旅客旅程的最后一个部分，经过长时间的飞行，到达行李提取处时，旅客已经身心疲惫，耐心和容忍度都已降到最低。在这种情况下，稍有不慎，就很容易引发他们的负面情绪。面对稍长时间的等候，他们焦躁不安；面对行李少收，他们焦躁不安；面对行李晚到，他们焦躁不安；面对行李破损，他们焦躁不安。他们就像一座座火山，随时有可能喷发。面对这样一群情绪激动的旅客，要与之进行沟通，显然是非常不容易的，不仅需要有良好的心态、修养和耐心，更需要有高超的沟通技巧。

（三）沟通程序的复杂性

关于不正常行李问题，其沟通程序非常复杂，主要表现在两个方面：一是原因的复杂性，导致行李不正常运输的原因是多方面的，有可能是始发站机场的原因，也有可能是到达站机场的原因，还有可能是航空公司的原因，或者是旅客自身的原因，需要一一核实，逐步落实；二是问题处理参照的规定具有复杂性，不同的机场、航空公司都有各自的规定，针对不同的情况，具体的赔偿标准和赔偿额度也不一样，这给问题的处理增加了难度。

四、行李提取处服务沟通的一般要求

行李提取处的对客服务沟通主要集中在行李异常问题的处理方面。面对行李异常，旅客的情绪往往十分激动，容易出现过激言行，这也使得沟通变得困难重重。因此，在沟通交流中要遵循以下要求。

（一）打造良好心态，调整良好情绪

在行李提取处，服务人员与旅客就行李问题进行沟通，经常面对旅客的指责、质问，承受极大的精神压力，容易被负面情绪所包围，形成消极心态。这种情形不利于问题的处理。对此，服务人员应调整好心态和情绪。

1. 进行积极的心理建设

打造良好心态的前提就是进行积极的心理建设。所谓积极的心理建设，就是积极的自

我沟通。首先，要认可自身工作的价值。作为行李提取处的服务人员，我们的工作价值就在于给旅客提供帮助，帮助他们解决行李异常的问题。其次，要正确看待旅客的指责与质问。这是旅客针对这件事情的态度，而不是针对你本人的态度。最后，进行换位思考。如果换作自己出门旅行遇到行李异常的情况，也难免会焦躁不安，难免会情绪激动。服务人员要充分理解旅客的心理，并且站在旅客的角度对待行李的查询工作。无论什么原因，只要旅客的行李没有随航班同时到达，都会给旅客带来很大的不便，这种不便有时是服务人员很难想象的。

通过积极的自我沟通，打造良好心态，相信自己通过努力，可以帮助旅客解决行李异常的问题。

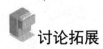

讨论拓展

讨论题目——积极的心理建设对民航人的重要意义

提示要点

1. 民航行业的特点决定了"民航人"的不容易，决定了民航沟通的复杂性，民航人需要积极的心理建设来面对工作的压力与挑战。

2. 积极的心理建设对民航人有何意义？

3. 民航人如何进行积极的心理建设？通过哪些途径完成？

4. 拥有积极心态的"民航人"将在复杂的服务沟通中游刃有余。

2. 进行情绪管理

行李查询处的服务人员要对自己的情绪进行管理，一方面要正确认知旅客的情绪，一般来说，旅客下了飞机以后拿不到自己的行李，很容易出现情绪问题，而服务人员就成为其情绪发泄的对象；另一方面要合理调整自己的情绪，面对没有拿到行李的旅客的过激情绪或行为，要给予理解，不能因为当前的结果不是自己造成的而感到委屈，更不能把这一心理或情绪延伸到自己的言行中，否则就容易在工作中与旅客发生冲突，给自己带来不必要的麻烦。

（二）规范语言，谨慎表达

在行李提取处，面对行李异常情况，旅客的情绪往往比较激动，也比较敏感，所以在对客服务中，也要特别注意服务语言的选择，稍有不慎，就有可能遭来旅客的非议。

1. 使用礼貌服务用语，禁用服务忌语

（1）服务用语。

您好！请稍等，我帮您询问一下。

请不要着急，我会尽快为您处理。

我们正在处理，请您稍候。

对不起，做得不到位的我们一定改进。

如有您行李的消息，我们会在第一时间通知到您。

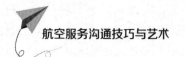

不好意思，您的要求可能超出我们的权限，我们愿意与航空公司再次沟通。

对不起，您的行李未能同机到达，我们感到非常抱歉。

（2）服务忌语。

不清楚！/不知道！

不可能！/做不到！

催也没有用！/急也没有用！

别都挤在这里！

没看见我正在忙着吗？

这不是我们的原因！

这是前方站的原因，与我们无关！

这是规定，我也没有办法！

2. 情绪同步，慎用表情

在与旅客沟通中要想获得旅客的认同，就要进入对方的内心世界，从对方的感受和角度来认知同一件事情，让对方觉得被关心、被理解。

在沟通实践中采用情绪五步法，可以在劝导、说服别人时取得良好的效果。情绪五步法是：同表情—倾听—同心境—同义愤—客观分析与引导。

（1）同表情：笑脸对笑脸，激情对激情，苦脸对苦脸。

（2）倾听：用心聆听，关注对方并以肢体语言反馈。

（3）同心境：设身处地，换位思考，感同身受，用"我也……我很能够理解你现在的感受，那真是……"来与对方说话。

（4）同义愤：站在对方的角度，与对方一起感慨、一同悲痛、一同愤慨。

（5）客观分析与引导：哭过、骂过，待心情平静些后，就要正面引导对方，通过分析现状、积极解释、正确引导，让对方从负面情绪中跳出来，进入积极情绪。例如，"我也……其实你……"（将思路引导到好的一面）。

因此，面对行李异常的旅客，他们的心情往往是烦躁不安的，我们要充分理解他们的情绪，在表情方面要与他们同步。例如，明明旅客由于行李晚到已经非常着急，甚至生气了，如果相关服务人员依然微笑面对，则很容易导致旅客误解，发生冲突。

（三）反应迅速，落实行动

围绕旅客的行李问题进行沟通，说得再多再好，没有落实到行动上也是徒劳的。因此，面对行李晚到、漏装、运错地方的旅客，只有用积极的态度与热情的服务来弥补，除此以外别无办法。对于旅客，最好、最满意的服务就是马上帮他们联系、寻找。因此，行李提取处的服务人员应该针对旅客这一心理，马上与始发站联系查找行李的下落，适当的时候可以把拍发的电报、传真给旅客看，以表示在积极地为旅客寻找行李。一旦有消息马上与旅客沟通，这样可以使旅客的心理得到平衡或安慰。

（四）赔偿问题，要善处理

适当的赔偿是行李问题服务的难点。从理论上说，适当的赔偿似乎很容易，但在实际工作中很难掌握好。这一问题的难点在于：一方面，对于给付旅客的赔偿，民航有一定的明文规定，作为一般的服务人员没有权力突破规定；另一方面，民航给付旅客的赔偿数额往往无法满足旅客的心理价位，会令旅客感到不满意，所以在服务过程中，行李赔偿问题常常成为矛盾的激化点。

如果是航空公司方面的原因对旅客的行李造成延误，应由航空公司为旅客提供一笔临时生活费用。同时，航空公司也应及时与有关部门联系，安排下个航班及时将旅客的行李运抵目的地。

五、行李提取处常见问题的服务沟通艺术

（一）处理少收行李问题的服务沟通艺术

航班到达站无法将应随旅客同机运达的托运行李交付旅客，称之为少收行李。旅客在航程的目的地或中转站出示行李牌后取不到自己随机托运行李的情况，也属于少收行李。

旅客面对行李少收的情形时，心情一定会受到影响，情绪也容易激动。此时，服务人员应充分把握旅客的急切心理，认真处理好行李少收的情况，具体处理如下。

 理论拓展

少收行李的处理原则

1. 旅客乘坐航空公司航班至终点站或中转站时，航空公司有责任负责处理整个少收行李的查询和处置业务，直到最终解决，无论该旅客是否继续旅行或者已经找到行李。

2. 当乘坐航空公司航班的旅客在中转站发现行李丢失后，本公司行李查询部门应该在该旅客到达最终目的地前向中转站或终点站拍发 AHL 电报查询丢失行李。

3. 除有义务为旅客提供查询服务之外，在旅客乘坐航空公司航班时发生少收行李，属于以下任何一种情况，航空公司不承担运输责任（即不予支付临时生活费、不予赔偿、不承担运送费用及报销车费等）。

（1）不能出示全程机票或登机牌。

（2）不能出示行李牌存根或证明其托运过行李的证据。

（3）行李牌存根上的目的地非本航站（非航空公司原因造成）。

（4）旅客未在航班到达地当场报失，或事后报失不能提供证据证明是由航空公司造成的。

1. 安抚情绪，表示歉意

旅客面对不知去向或下落不明的行李，内心的焦虑是毋庸置疑的。作为服务人员，首先要安抚旅客的情绪。此时旅客的心理是比较敏感的，服务人员稍有怠慢，很容易导致旅客不满，从而引发矛盾和冲突。这个时候切忌"事不关己，高高挂起"的态度，要进行换位思考，让旅客感受到你的诚意。参考语言："先生/女士，我非常理解您此时的心情，如果换作是我，遇到这样的事情，心情也会很糟糕。"其次代表航空公司向旅客致以歉意，让旅客感受到解决问题的态度。

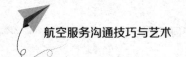

2．详细询问，了解情况

这个环节，需要仔细询问旅客相关信息，核实行李少收发生的事实，核实具体责任的承担。具体询问旅客情况，询问旅客是否有随行同伴，告知姓名、人数和当时地点，排除丢失行李被其同伴错领的可能；询问旅客的客票情况（核实是否具有行李牌），查验票证，进一步了解行李少收的原因（迟交运、错拿、错挂、中转、改签等），核实旅客申报是否属实。核实的依据包括：托运行李记录；是否支付逾重行李费；行李牌号；行李牌或其他免责行李牌的目的地；AHL 电报注明的行李牌号。一旦旅客申报属实，就进入查找阶段。

3．依据线索，多方查找

在查找之前，应及时告知旅客查找行李的相关程序、查找所花的大致时间和查找后可能出现的几种结果。提前告知，一方面让旅客了解服务人员的工作进展，另一方面合理调整旅客的心理预期，缓解其焦虑的情绪。查找的大致线索是：对照本站多收行李记录、外站多收行李和运送行李电报查询丢失行李，进行本站查询、相关航站电报及电话查询。在本站对飞机、装卸设备、海关、货运部门以及可能经过的地点进行检查，查找丢失行李。

4．查找未果，解释说明

现场查询一段时间，仍未发现行李线索，应及时进行解释说明，如实告知旅客，详细告知旅客接下来的查询步骤：首先填写"行李运输事故记录单"，附上旅客提供的行李牌的旅客联合登机牌；其次根据"行李运输事故记录单"向各承运航空公司的行李查询部门和本公司的行李查询中心拍发 AHL 电报；再次对这次少收行李事件的处理进行登记，根据情况请旅客填写遗失物件问卷；最后根据旅客的实际情况和航空公司的规定支付临时生活用品补偿费。关于补偿费用的支付，一定要好好与旅客进行解释，力求既能满足旅客的实际需要，又不违反航空公司的有关规定。

5．定期联系，告知进展

接下来的查询工作并没有结束。服务人员需定期或在规定的时限内告知旅客查询的进展情况。如果少收行李到达，应及时联系旅客并将行李完好地交付旅客。

6．确认丢失，进行理赔

通过长时间、多渠道查询，仍旧没有行李下落，超过规定期限后，可以确认行李丢失。一旦确认丢失，应及时联系旅客，并就赔偿问题进行协商。协商的原则是既不损害航空公司的利益，又能充分考虑旅客的实际情况，这需要服务人员与旅客进行真诚有效的沟通。

（二）处理污损/破损行李问题的服务沟通艺术

行李破损是指在运输过程中，旅客所托运的行李的外部受到损伤或行李的外部形状改变，因而使行李的外包装或内装物品的价值遭受损失。

1．受理事件，安抚情绪

当有旅客投诉出现行李破损时，首先应表示对此事件的歉意，尽量安抚旅客的心情。

2．查明原因，明确责任

根据行李破损的相关情况进行核实，以查明原因，明确责任。如果属于在运输过程中的正常现象，应耐心向旅客解释，因为在正常的行李运输过程中，行李箱包也会受到一定损耗，如轻微的摩擦、凹陷或表面沾染少量的污垢等。这些轻微摩擦，承运人不负责任。

如果是行李本身的原因造成的，承运人也不负责任。例如，检查行李上是否拴挂"免除责任行李牌"，如有拴挂，属于免责情形之内的不予承担责任；查看旅客行李凭证，查看行李牌上是否注明"行李托运前已破损"或"包装不符合规定"等字样，如果有则不承担责任。会同旅客检查行李外包装的损坏情况：是否有人为的开、撬现象，破损痕迹的新旧，行李本身的包装是否符合规定等，并尽可能明确责任。

如果是超过正常损耗的污损或破损，承运人应当负赔偿责任。

3. 承担责任，进行赔偿

一旦责任明确，是航空公司的原因造成的，就应承担责任，积极赔偿。这时需请旅客填写"破损行李事故记录单"作为索赔的依据，记录单在填写时应达成一致。例如，针对填写事项对旅客进行说明，特别是涉及专业术语时，更要解释，以利于旅客的理解，保证后续赔偿问题的顺利解决。同时还需填写"旅客行李索赔单"，索赔单的填写也要对旅客进行说明，告知航空公司关于赔偿的有关规定，确保旅客合理预期，有助于赔偿问题的妥善处理。

（三）处理托运行李内物品被盗丢失问题的服务沟通艺术

在行李运输中，有时还会遇到旅客收到托运行李时，外包装完好无损，但行李内物品出现短缺的情况，造成这种情况的原因大多是在运输过程中行李被盗，遇到类似问题的服务沟通应明确以下几点内容。

1. 提出行李内物品被盗的时间

旅客在提取行李时，如果没有提出异议，即视为托运行李已完好交付。事后旅客又提出行李内物品被盗或丢失，除非旅客能提供证明是由于承运人的过失造成的，否则承运人可不承担任何责任，但应协助旅客查找。因此应明确提出被盗的时间是提取时，还是提取结束后。

2. 关于被盗物品的责任问题

旅客在提取行李时，提出所托运的行李内物部分被盗或丢失，并要求承运人赔偿时，因一时难以明确责任，承运人应详细询问旅客，并请旅客书面提出被盗或丢失物品的价值。如属于承运人责任，应负责赔偿。

3. 关于被盗物品种类、金额的问题

旅客在托运行李内夹带现金、贵重物品等，一旦丢失或被盗，如属于承运人责任，承运人只按一般托运行李承担赔偿责任。

4. 明确责任，查找源头

发现托运行李内物短缺，应立即通知装卸部门和运输部门的值班领导到现场查看情况，检查该到达行李的交付过程，记录卸机、运送行李和交付行李的经办人员名单，尽可能找到疑点。短缺严重的要向保卫部门或公安部门报案。

5. 书面单据，填写记录

会同旅客填制"行李运输事故记录单（P/LOST）"一式两份，一份交旅客作为赔偿凭

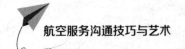
证，一份留行李查询部门存查。如承运人责任已解决，仅填制一份作为存查之用。

填制"行李内物短缺报告"，作为对"行李运输事故记录"的补充。

填制"行李内物短缺赔偿工作表"是为了较准确地判断托运行李内物被盗或丢失应赔偿的金额，此表与"行李运输事故记录单"和"行李内物短缺报告"共同构成调查和赔偿的依据。

6. 拍发电报，协助查找

向有关航站行李查询部门拍发托运行李内物被盗或丢失电报。有关站收到电报后，应立即协助查找。若找到，可按"速运行李"运送到查询站。贵重物品、易碎物品或小件物品应交乘务长带到目的站。

思政拓展

以真情服务践行党员担当

在海口美兰国际机场（简称美兰机场）行李提取处有这么一群人，他们佩戴白手套将传送带上的行李摆放整齐，他们提前摆放告示牌通知旅客不正常行李的提取信息，他们使用行李验放仪加快行李核对，他们协助老年人提拿行李……他们便是机场里的地面服务工作人员。陈彦作为其中一员，带领着她的行李查询组组员们，先后开展了"白手套服务""晚到行李早知道""爱心便民箱""老有所享""行李扫描上线"等一系列服务产品创新工作，打造出了"一路箱伴"服务品牌，提升了美兰机场行李提取的服务品质，获得了旅客的一致好评。

（一）高标准严要求，践行党员职责

在日复一日平凡的民航工作中，陈彦坚定全心全意为人民服务的信念，始终如一、严谨尽责、兢兢业业地完成本职工作，时时刻刻以党员的标准要求自己，坚持政治理论学习，扎根群众，遵纪守法。无论是在日常生活中还是在工作中，她都努力学习党的方针政策，坚持党的领导，用党的理论来丰富自己的政治头脑，牢固树立正确的人生观和价值观，坚定共产主义信念，时刻用党员的标准严格要求自己、约束自己，加强党性修养。

"先进个人""服务明星""先进党员""自贸港服务标兵"这些大大小小的奖状证书都是对陈彦从业二十载工作业绩的肯定。自2000年加入海航以来，陈彦在问询柜台、售票、配载、值机、行李查询等岗位均有任职经历，不仅个人综合业务能力较强，还有着丰富的工作经验。2007年，陈彦支援敦煌机场工作；2013年因业务能力突出，陈彦被马来西亚飞萤航空授权为航空公司地面服务代理人，全权负责海口场站地面业务。除了拥有过硬的专业技能，陈彦还是一名优秀教员，教书育人，培养了一批又一批的学员，为各岗位输出了一批又一批的业务骨干，正所谓桃李满天下。

（二）将真情服务播撒，舍小家为大家

旅客行李提取作为航空运输服务的最后一站，一直是服务中的痛点。如何改善服务环境、优化服务流程、提高服务标准、创新服务产品、提高旅客的满意度，一直都是陈彦孜孜不倦研究的课题项目。陈彦作为一名在一线工作了十几年的基层党员，在工作岗位上不断践行"多问候一句，多服务一点，多弯一下腰，多微笑一下"的服务要求，在平凡的工作岗位上做着不平凡的服务工作。在今后的工作中，她将时刻牢记党的教诲，继续加倍努力提升自我，在思想上提高觉悟，在工作中提升业务水平，努力成为一名优秀的共产党员。

据悉，陈彦的爱人也是一位民航一线机务工作者，从业二十余载，由于工作的特殊性，夫妻俩早已习惯了聚少离多。每逢佳节倍思亲，可以说是众多民航从业者的心声。2021年的春节是陈彦连续在机场度过的第 4 个春节。傍晚时分，她接到 5 岁多孩子的电话，孩子问："妈妈，你怎么还不回来和我们吃团圆饭啊？"她心中一酸，对孩子说："宝宝，妈妈这里还有好多叔叔阿姨在坚守岗位，都没回家吃饭。妈妈要和同事们一起加油工作。妈妈明天再陪你吃饭，好吗？"这只是万千民航家庭的一个缩影，他们都在做同一件事，就是"舍小家为大家"。

当问及她是否后悔选择民航时，她坚定不移地说："选择在蓝天白云下从事工作，是我的梦想，青春就是落子无悔，我相信在未来海南自贸港建设的浪潮中，我会拥有更广阔的舞台，让我能实现更美好的人生抱负。"

资料来源：学习十九届五中全会精神：美兰机场地面服务部陈彦以真情服务践行党员担当[EB/OL]．（2021-03-22）[2023-04-24]. https://www.thepaper.cn/newsDetail_forward_11821675.

思考与借鉴：

陈彦是万千民航人中的一员，在她身上体现了一个共产党员的先锋模范作用。作为一名共产党员，她时刻按照党员的标准要求自己、约束自己，在思想上和业务上保持先进性，做到常怀忧党之心、为党之责、强党之志。

 思考与练习

一、填空题

1. 行李提取处服务沟通的特点是_____、_____、_____。

2. 为打造良好心态，需要进行积极的_____，需要进行_____。

3. 在就行李异常问题与旅客进行的沟通中，_____常常成为矛盾的激化点。

二、判断题

1. 在与旅客就行李异常问题进行沟通时，需要一直保持微笑。（　　　）

2. 通常所说的少收行李是指到达少收行李。（　　　）

3. 对于在行李运输过程中发生的行李轻微破损情况，应耐心向旅客解释，同时航空公司应进行赔偿。（　　　）

三、思考题

1. 行李提取处的服务内容是什么？

2. 行李提取处服务沟通的一般要求是什么？

3. 旅客托运行李内物品被盗或丢失应如何处理？

四、技能题

（一）典型案例 1

某日，王先生从上海搭乘飞机抵达大连机场，但托运的两件行李少了一件。机场工作

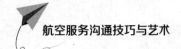

人员为他填写了"行李运输事故记录"并让他先回去等消息。20多天后，航空公司在大连机场的地面代理单位致电王先生说行李仍没有找到，愿意赔偿，丢失的行李总重2.8千克，按每千克100元的标准赔偿。王先生说，行李里有一部新的苹果手机和一台摄像机，仅这两件物品就价值10 000多元，这些损失怎么能按重量来计算？

思考：

1．你认为案例中旅客提出的赔偿要求合理吗？

2．类似这种少收行李的情况，航空公司应如何与旅客进行沟通？

（二）典型案例2

旅客乘坐4月8日深圳—扬州的航班，托运的行李未到达目的地，联系深圳机场，当日无法给予确定消息。旅客想尽快找到行李箱，重要的证件都在箱子内，故提出投诉。

思考：

1．如果你是机场行李提取处服务人员，应如何与旅客进行沟通？

2．你认为应该如何避免因行李问题与旅客发生冲突？

本章小结

本章以电话咨询处、客票销售处、值机处、候机室、客舱、行李提取处等典型服务处所的服务沟通为对象，指出不同服务处所的服务内容，分析不同处所服务沟通的类型、特点与一般要求，提出处理不同服务处所沟通问题的艺术。通过本章的学习，学生可以掌握不同服务处所的沟通要求，为后续服务工作打下坚实的基础。

荐读

1．王佳琳．弘扬劳模工匠精神　践行民航真情服务：记吴尔愉劳模团队创新工作室[EB/OL]．（2022-04-29）[2023-04-23]．http://news.carnoc.com/list/583/583579.html．

2．关新苗．海南航空大连地面保障中心：真情服务温暖旅客出行路[EB/OL]．（2020-06-01）[2023-04-23]．https://www.ccaonline.cn/baozhang/589651.html．

3．深圳航空有限责任公司．深航"一程无忧"优秀示范组荣获首届"中南民航青年文明号"称号[EB/OL]．（2022-06-09）[2023-04-23]．http://news.carnoc.com/list/586/586013.html．

4．王梦娇，陈雪．深航创新服务，助首乘旅客顺利出行[EB/OL]．（2022-07-25）[2023-04-23]．http://news.carnoc.com/list/588/588749.html．

模块四　民航运输非正常情况下的服务沟通艺术

【学习要点】

　　民航运输是现代化综合交通体系的重要组成部分，是建设交通强国的重要支撑，做好民航运输服务工作的重要性不言而喻。2022 年 4 月，民航服务领域的第一部专项规划《"十四五"航空运输旅客服务专项规划》（以下简称《服务规划》）正式印发，明确了"使人民群众对民航服务的满意度、获得感和安全感进一步提升"等总体目标。自然而然，这个总目标的实现依赖于各机场、各航空公司的正常运营与优质服务。旅客在乘坐飞机的过程中如果遭遇非正常情况，如误机、漏乘、错乘、超售，航班延误、取消、中断等，尤其是遭遇航班运输不正常情况，一旦没有及时妥善处理，旅客的怒火和怨气就会直接发泄在一线员工身上，容易发生言语或肢体冲突，更有甚者拒绝登机、冲击机场工作区域，甚至辱骂、殴打工作人员，这不仅会带来一系列的安全隐患，航空公司的声誉也会受到一定的影响，旅客的满意度、获得感和安全感更是无从谈起。因此，民航运输非正常情况下的优质服务与沟通尤为重要，它也最能体现地面保障的服务水准。要想做到这些，不仅要求服务人员具备良好的业务素养，还要求服务人员有很好的心理素质和沟通技巧。其中，提高服务沟通技巧是解决问题的重要法宝。

　　本章从旅客运输和航班运输两个维度，对民航运输非正常情况的种类、含义、原因进行了基本介绍，在此基础上，重点论述了旅客运输和航班运输非正常情况下的服务处理与沟通技巧，旨在提高民航运输非正常情况下的服务沟通能力，妥善应对各种运输非正常情况，最大限度地避免或挽回机场、航空公司可能造成的各种损失。

【知识目标】

1. 掌握旅客运输非正常情况的种类和原因。
2. 熟悉航班运输非正常情况的种类和原因。

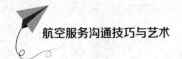

【素质目标】

1. 通过学习本章知识，能具备旅客运输非正常情况下的服务沟通能力。
2. 通过学习本章知识，能具备航班运输非正常情况下的服务沟通能力。
3. 爱岗敬业，增加服务耐心，提升服务沟通能力与技巧。

【能力目标】

1. 掌握旅客运输非正常情况下的沟通技巧，妥善应对各种旅客运输非正常情况。
2. 掌握航班运输非正常情况下的沟通技巧，妥善应对各种航班运输非正常情况。

学习情境一　旅客运输非正常情况下的服务沟通艺术

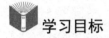 学习目标

1. 掌握误机旅客的服务要点及沟通艺术。
2. 掌握漏乘、错乘旅客的服务要点及沟通艺术。
3. 掌握登机牌遗失旅客的服务要点及沟通艺术。
4. 掌握航班超售时航空公司的服务要点及与旅客的沟通艺术。
5. 爱岗敬业，增加服务耐心，提升服务沟通能力与技巧。

 导引案例

机场问询员温情服务　感动两位漏乘老人

一对老夫妇来到南宁吴圩国际机场的问询处，询问他们赶明早的航班，晚上是否可以留在候机大厅休息。机场服务人员告诉两位老人，晚上候机厅要清场，是不能留宿的。那位老妇人听后着急地说："这可怎么办呀？我们家中有亲人过世，刚买了机票从海口赶回贵阳，但是下飞机出站后才发现是南宁。现在身上只剩下几十块钱了……"原来这对老夫妇是乘航班从海口到贵阳的，在南宁过站时漏乘，现已改签明早飞往贵阳的航班，但身上的钱仅够吃顿饭的了。机场服务人员一面安慰旅客不要着急，一面立即将此事向当日值班队长汇报。值班队长赶到现场后，经核实情况立刻做出决定：帮助联系酒店安排住宿，让饭店来车接两位老人休息，并向酒店垫付了住宿费用，安排第二日"红马甲"引导，确保旅客顺利乘机。两位老人非常感动，因为家里亲人过世很悲痛，一路强忍泪水，但这一刻却因为人间温暖而不禁落泪。第二天，两位老人在特服人员的引导下到达登机口时，一再表示感谢：愿好人一生平安！

资料来源：舒英娇．南宁机场问询员温情服务 感动两位漏乘老人[EB/OL]．（2011-11-04）[2023-04-24]．http://news.carnoc.com/list/204/204628.html.

无论是从旅客的角度还是从机场、航空公司的角度而言，都不愿意发生运输不正常的情况。在不断努力提高服务质量和完善服务举措的同时，却总也避免不了一些突发事件的发生，作为民航服务人员，一定要充分理解旅客的需求，及时了解旅客的想法和心态，并以优质的服务和贴心的沟通去感化旅客。

通常情况下，旅客购买客票后，必须按照承运人规定的时间到达乘机手续办理处和登机口。为保证航班正点，如旅客未按承运人的规定办理乘机手续，承运人可以取消旅客订好的座位和安排好的座位。承运人对由于旅客原因未能乘机而产生的损失或费用不负责任。但由于某个环节中的差错，如客票出售后或因客票填写时的差错、值机工作人员办理航班时出错，以及航班飞行过程中出现的特殊情况，或由于旅客乘机过程中的种种原因导致的个人失误，造成旅客未能如期完成客票上所列航程的旅行，称之为旅客运输不正常。出现旅客运输不正常情况，不仅给旅客带来不便，也会给航空公司带来经济效益和社会效益上的损失。服务人员所要做的是主动热情、耐心细致，并及时为旅客解决困难，为其提供便利。旅客运输不正常情况主要包括误机、漏乘、错乘、登机牌遗失、航班超售等类别。在服务沟通方面，服务人员要站在旅客的角度考虑问题，考虑其感受，不做出与旅客争吵和其他不文明的言行举止，尽快为旅客解决实际困难，最大限度地挽回可能造成的损失。

理论知识

一、误机

（一）误机的含义及原因

1. 误机的含义

误机是指旅客未按规定的时间办理乘机手续或因旅行证件不符合规定而未能乘机。

2. 误机的原因

造成旅客误机的原因包括很多方面，如因非承运人原因发生此问题，站在旅客心理角度分析，旅客能够意识到问题的发生源于自身，虽然也会由此产生不良的情绪，但大部分旅客都能够自我调控，而这种情绪的调控会使旅客产生另外一种需求，那就是尽快把问题解决。相反，如果由于承运人原因造成旅客误机，如客票上的日期、起飞时间填写错误以及航班衔接错失等，就会促使旅客另外几种不良情绪的产生。这种情绪的产生是建立在旅客对航空公司服务的期待与信任上的，可是由于承运人的服务失误，旅客心中的期待与信任转化成失望，甚至是怀疑、焦虑、愤怒等不良情绪，这时就需要民航工作人员具备良好的沟通技巧与服务态度，如对旅客深表歉意，不忙于辩解，快速采取解决办法，优先安排旅客乘坐后续航班或签转给其他承运人承运等。

（二）误机旅客的服务及沟通艺术

根据 2021 年 9 月 1 日起施行的《公共航空运输旅客服务管理规定》第三十四条规定，因承运人原因导致旅客误机、错乘、漏乘的，承运人或者其航空销售代理人应当按照本规

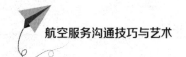

定第二十四条第一款、第二十五条办理客票变更或者退票。其中，第二十四条第一款为由于承运人原因导致旅客非自愿变更客票的，承运人或者其航空销售代理人应当在有可利用座位或者被签转承运人同意的情况下，为旅客办理改期或者签转，不得向旅客收取客票变更费。第二十五条为旅客非自愿退票的，承运人或者其航空销售代理人不得收取退票费。在为旅客办理相关服务工作的同时，民航服务人员应积极热情，及时关注旅客因当前误机情况产生的情绪，主动与旅客沟通，注意沟通态度，尽快帮旅客解决问题。

旅客误机后，与旅客沟通过程中，首先要询问旅客后续意愿，如旅客要求继续旅行，在后续航班有空余座位的情况下予以办理，免收误机费（团体旅客误机，客票作废，票款不退，承运人原因除外）；但持有在航班规定离站时间前 72 小时以内变更过航班、日期客票的旅客应交付客票价 5%的误机费；未获得误机确认的旅客，如果要求继续旅行，应交付客票价 20%的误机费；旅客误机变更后，如要求再次变更航班、日期，应交付客票 50%的变更手续费。旅客误机后，一些旅客还有退票需求，承运人根据规定收取误机费。例如，有些航空公司规定：旅客在所乘航班停止办理乘机手续后，航班离站时间前要求退票的，收取客票价 20%的误机费；在航班离站时间后要求退票的，收取客票价 50%的误机费（各航空公司规定不一，一般收取原付票款的 30%～50%，具体按照实际情况进行）。在服务沟通当中，向旅客介绍误机等相关解决办法时，要注意语速平缓，耐心细致，特别是当旅客实际意愿确定后会涉及误机费问题，一定要和旅客讲解清楚，及时有效地为旅客提供最快捷的解决办法，不可不耐烦、语气生硬，造成不必要的矛盾。

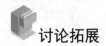 讨论拓展

讨论题目——如何避免人为误机

提示要点

1. 春运期间客流量猛增，高峰期机场周边交通容易出现拥堵，建议旅客提早出门前往机场办理值机手续，以免耽误出行。

2. 为避免因地面交通拥挤而误机，建议旅客尽量乘坐地铁前往机场。

3. 春运期间安检通道人员较多，已办理值机手续的旅客应尽快通过安检至相应登机口候机。

二、漏乘

（一）漏乘的含义

漏乘是指旅客在航班始发站办理乘机手续后或在经停站过站时，未搭乘上指定的航班。通过定义的字面意思可以了解到，漏乘的旅客包括两个类别：第一类是办理完乘机手续之后的始发旅客，第二类是过站经停的旅客。发生旅客漏乘时应首先查明漏乘原因，根据不同漏乘原因进行处理。

（二）漏乘的原因

按照旅客类型分类，漏乘可分为过站旅客漏乘和始发旅客漏乘。

1. 过站旅客漏乘

（1）过站旅客到达经停站后，注意力不集中，个人认为已经到达目的站，下机后没能注意到机场的标识标牌以及工作人员的提醒，直接走出候机楼，选择乘坐其他交通工具前往下一目的地，导致漏乘。

（2）过站旅客已知自己到达的是经停站，同时也换取了工作人员发放的过站登机牌，但是在候机隔离厅内因购物、上洗手间、看书报、睡觉等原因，导致精力不集中，没有注意登机广播，导致漏乘。

2. 始发旅客漏乘

（1）旅客办理完登机牌进入隔离厅之后，在错误的登机口休息等待，没有注意听登机口广播和标识大屏幕提醒，或在洗手间、在吸烟区域、看书报、娱乐放松、逛商店、用餐等，导致漏乘，这一类情况在所有漏乘旅客里面比较多见。

（2）旅客本身到达机场时间就很晚，已经结束办理乘机手续，机场工作人员为了给旅客提供方便给予办理，但该旅客在过安全检查和到达登机口的过程中花费了过多的时间，导致无法登机，造成漏乘。

（3）旅客办理完手续进入隔离厅后，登机牌丢失，需要重新补办，在补办的过程中超过了最后登机时间，无法登机，造成漏乘。

（4）机场登机口临时变更，广播通知变更登机口，旅客没有注意听广播通知，导致漏乘。

（5）由于机场设施原因（电力系统、离港系统、安检仪器、广播系统等），导致旅客不能够办理登机牌或者不能进行安全检查、没有听到登机广播，造成漏乘。

（6）由于航空公司对于登机关闭舱门时间的特殊规定，而旅客按照计划起飞时间来登机，造成航班已走，旅客未能够登机成行，造成漏乘。

以上都是机场经常遇到的过站旅客和始发旅客漏乘的情况。当然，每个机场都有各自的特殊情况，这些类型并不代表全部漏乘情况，具体要按照实际情况来处理。

案例 4-1

小心误机！深圳机场每天漏乘旅客近 400 人，航班满员难改签

这几天春运进入高峰期，深圳机场已连续 7 天单日出港客流超过 8 万人次，可以说是一票难求。但是有消息说，近来整个深圳机场每天竟有数百名乘客漏乘，究竟是什么原因？

据了解，春运期间机场出发客流有好几波高峰，中午 11 点左右相对来说比较清闲，但出发大厅里还是有很多人。旅客袁先生就是早早赶来值机的。袁先生表示，自己是下午 2 点的航班，早上 9 点就出门了，春运人多，得提前四五个小时出门。

受访旅客说，出地铁、进机场、托运行李、过安检，各个环节都有很多人排队，比平时预留一倍的时间是必需的。但并不是所有旅客对时间的规划都这么具有前瞻性。据统计，整个深圳机场每天有接近 400 名旅客漏乘，其中南航每天有近百名旅客错过自己的飞机。这些误机乘客中，有 80%是因为预留时间太短。据了解，办理值机是航班起飞前 45 分钟截

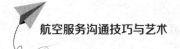

止，而飞机舱门是起飞前 15 分钟就关闭。

误机的第二个原因是行李不规范，占比为 15%。很多返乡旅客的行李中夹带了不能托运的物品，还有一些托运行李非本人整理，行李当中夹带的物品托运人并不知情。

此外，因为春运加班航班多，有些凌晨时段的班机，乘客很容易记错时间。如 1 月 31 日凌晨的航班，实际上 1 月 30 日晚上就要来机场，有些人 31 日才到。遇到这种情况可以改签，但折扣不同，改签条件也不同，需要第一时间跟售票点联系。

南航工作人员表示，春运期间，航班客座率几乎都是 100%，特别是热门的返乡航线，后续的航班也是满客，一旦错过自己的航班，后续航班也是无座位可以更改，乘客会很被动。因此，在此也提醒各位出游旅客，请妥善处理自己的行李，看清楚起飞时间，在起飞前 2~2.5 小时到达机场办理手续，预留足够的登机时间，切勿因为马虎大意错过航班。

资料来源：吴嘉玲. 小心错过航班！深圳机场每天 400 名旅客误机[EB/OL]. （2019-01-30）[2023-04-24]. https://www.sohu.com/a/292472841_120055851.

（三）漏乘旅客的服务及沟通艺术

1. 漏乘旅客的服务

通过对旅客漏乘情况的分析，可以根据旅客漏乘的原因有针对性地开展服务沟通。

由于旅客原因造成漏乘，发生在航班始发站，按误机有关规定处理，即旅客可办理改乘后续航班，也可以办理退票；发生在中途站，不得改乘后续航班，按旅客自动终止旅行处理，该航班未使用的航段的票款不退。

由于承运人原因造成旅客漏乘，承运人应尽早安排旅客乘坐后续航班成行，并按航班不正常的相关规定，如旅客要求退票（航程改变或承运人不能提供原订座位时，旅客要求退票，始发站应退还全部票款，经停地应退还未使用航段的全部票款，均不收取退票费），承运人应承担漏乘旅客等候后续航班期间的相关服务。

根据以上处理办法可以了解到，如果因为承运人原因导致旅客漏乘，旅客不会付出额外的机票成本，主要是在时间安排以及行程方面受到损失。其所造成的漏乘由于承运人的快速反应，及时疏导，事情往往可以比较圆满地解决，所以由承运人原因造成的漏乘占极少数。而由旅客自身原因造成漏乘，则旅客需要支付机票改签、退票方面的费用以及承担时间安排和行程耽误造成的一系列损失。这个后果往往导致旅客的情绪变得焦虑，心理压力增大。同时，旅客在这种时候会把所有的过错归于机场和航空公司，造成投诉量的增加，给机场及航空公司的形象造成一定损害。

2. 漏乘旅客的沟通技巧

在机场，几乎每天都有漏乘的旅客。这些旅客在没有赶上飞机之后，情绪上都是比较难以控制的，往往会把情绪发泄在机场工作人员身上。作为民航工作人员，应该抱着理解的态度去与旅客沟通。不论是过站旅客还是始发旅客漏乘，都不是故意为之，无论责任出于承运人还是旅客自身，未能乘机、造成经济损失都已经形成既定事实，所以民航服务人员在服务与沟通时，要充分认识到这一点，抱着尽量帮助旅客和理解旅客的态度去处理，这样就能够有一个较好的思想定位；避免在处理过程当中，因工作人员思想上的不理解，在语言上给旅客造成误解，导致旅客把对漏乘的抱怨转换为对工作人员服务态度的不满。

同时在服务及沟通时要关注信息的全面性，每位漏乘旅客所遇到的问题不尽相同，每一种原因都有诸多分类，所以要能够倾听旅客的描述，再找相关岗位的员工了解清楚当时的状况。在了解到各方所描述的情况后，才能够做出一个较全面的评估，并最大限度地帮助旅客，避免在处理过程中让旅客误解。

工作人员在服务程序环节中也可以用声音，如触发广播对旅客进行另外一个层面的提醒，减少注意力不集中的过站旅客漏乘；同时对于晚到旅客的手续办理一定要谨慎，在处理这一类旅客时要充分考虑到登机状况、剩余的时间，要做好信息的传递与沟通，如有特殊情况发生，可考虑工作人员全程引导。

综上所述，机场旅客漏乘的情况有很多类型。旅客出现漏乘之后，给旅客自身、机场和航空公司都会带来很大的麻烦，所以机场要尽力完善工作流程、硬件措施来减少旅客漏乘情况的发生。在处理旅客漏乘时，工作人员要遵照"充分理解、全面了解、尽力帮助"的原则，程序规范、服务态度明确，这样可以大大减少机场旅客的漏乘现象，也能够尽力帮助漏乘的旅客，让他们对机场的服务满意。同时在工作中对于漏乘的旅客还要有后续的关注，当漏乘旅客办妥手续登机后，客舱服务人员要以优质的服务来缓解旅客旅途中不愉快的心情。

思政拓展

相对于服务技巧，真心更容易打动旅客

2016年11月，航班CA4319执行由重庆到广州的航班任务。旅客还在登机阶段，一名旅客一上机就提出要见当班乘务长，乘务长凭着多年的经验立即意识到旅客可能在地面遇到了不顺心的事情，于是面带微笑地来到旅客身边，耐心询问旅客情况后得知，这名旅客由于在候机楼购物，没听到地服登机广播，导致原订的航班行程取消，怀着满腹的怨气，踏上了本次航班，并表示要在相关媒体上投诉。虽然旅客并不是对自己的航班提出不满，乘务组也没有任何的责任，但乘务长想的却是："如果我是旅客，漏乘了航班，我也会生气的。"站在旅客的角度想问题、看问题是她多年来养成的服务习惯。她说只有把自己当作旅客，才更愿意去满足旅客的需求。于是她首先真诚地对旅客说："今天让您旅途心情不好，我们真的很抱歉。"然后面带笑容地将旅客带到自己的座位上，并亲自端来一杯热茶。在随后的整个客舱服务中，乘务长一直重点关注这名旅客，每次巡舱的时候，都要主动来到该旅客身边，问询他是否有服务需要，同时先后致歉了三次。当旅客下机的时候，主动找到乘务长说："我原本真想下去投诉的，但你的服务让我的怒气全消了，我今天亲身感受到了国航的服务精神，真的很佩服。"

资料来源：毛竹. 国航重庆分公司高级乘务长邵娟：细水长流积累的优秀[EB/OL].（2017-01-16）[2023-04-24]. https://www.ccaonline.cn/hqtx/307237.html.

思考与借鉴：

旅客漏乘现象时有发生，也是难以避免的。即便机场工作人员能够及时地为其安排乘坐其他航班，但是在短时间内，旅客通常仍然会带有不满情绪，旅客的这种心理是完全可

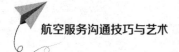
以理解的。这就需要工作人员在后续的服务过程中用真心和耐心为旅客提供暖心的服务。

上述资料中，乘务长能够站在旅客的角度思考问题，虽然旅客的不满与本次航班机组服务没有直接关系，但民航服务是一个整体的大系统，无论在机场地面环节还是飞行客舱环节都应为旅客提供最完善的服务，缺一不可。乘务长能够认真倾听旅客的抱怨，因为有时在服务沟通中抱怨也是人们发泄情绪的一种方式，而所抱怨的内容并不一定是真正需要解决的问题。乘务长在倾听后并没有辩解漏乘问题，而是采取了真诚用心的服务方式，不断问候、安抚、关注等，让旅客在旅途中平复了情绪，并感受到乘务长的用心与真诚。

因此，在一些突发事件发生后，结合旅客心理，用心地为旅客提供服务，真诚地与旅客沟通是非常重要的。

三、错乘

（一）错乘的含义

错乘是指旅客搭乘了不是其客票列明的航班。

（二）错乘的原因

按照责任主体分类，错乘的原因可以划分为以下两类。

1. 旅客自身原因

旅客自身原因是导致错乘的主要原因，具体表现在安排日程不当，没有核实机票信息，没有确认始发机场，将离站机场或离站航班弄错，未及时注意航班时间变更通知等。为了避免错乘，旅客在办理完乘机手续后，应该到指定候机厅候机，不要在机场商店、酒吧等处停留过久，也不宜戴耳机听音乐，要注意听好登机广播。

2. 承运人原因

由于承运人原因导致旅客错乘，大致有以下几种情形。一是当旅客在登机口接受登机检查时，登机口工作人员未仔细核对旅客航班等信息。二是旅客所乘航班停靠在远机位，须乘坐摆渡车前往。当旅客正常通过登机口后，工作人员未正确引导旅客乘坐指定摆渡车或未及时发现旅客上错摆渡车。三是旅客登上了不是其客票列明的航班后，客舱服务人员未仔细清点和核对乘机旅客人数而导致错乘未被及时发现。

（三）错乘旅客的服务及沟通艺术

1. 由于旅客原因造成错乘的服务及沟通艺术

虽然是旅客自身原因造成了错乘，错不在承运人，但是错乘事实一旦发生时，大多数旅客都会产生焦虑、担心、怀疑等一系列心理情绪。因此，作为承运方，我们仍然要站在旅客立场，从旅客的角度给予充分理解和同情，稳定旅客情绪，并及时采取有效措施帮助旅客解决问题。

如果在始发站发现旅客错乘，承运人应安排错乘旅客搭乘飞往旅客客票上所列明地点的后续航班，票款不补不退。在中途站发现旅客错乘，应中止其旅行，承运人应尽量安排错乘旅客搭乘飞往旅客客票上所列明目的地的直达航班，票款不补不退。

2．由于承运人原因造成旅客错乘的服务及沟通艺术

如果由于承运人原因造成旅客错乘，旅客不可避免地会出现抱怨、指责、寻求补偿，甚至谩骂等行为。因此，承运人要保持冷静，不能因为出现紧急情况而心慌着急、自乱阵脚。首先，承运人应向旅客赔礼道歉，道歉过程中态度一定要诚恳，无论旅客当时是否有负面情绪，都应耐心地倾听旅客的描述。其次，尽快找到有效的措施，控制局面，安抚乘客的情绪，以免事态进一步恶化。

如果在始发站发现旅客错乘，承运人应当在有可利用座位的前提下，安排错乘旅客搭乘飞往旅客客票上所列明地点的最早的一趟航班。如当日无可利用座位航班，承运人应当在有可利用座位或者被签转承运人同意的情况下，为旅客办理改期或者签转手续，不得向旅客收取客票变更费。如果旅客要求退票，按非自愿退票处理。即旅客非自愿退票的，承运人或者其航空销售代理人不得收取退票费。如果在中途站发现旅客错乘，应中止其旅行，承运人应尽量安排错乘旅客搭乘飞往旅客客票上所列明目的地的直达航班。如旅客要求退票，按非自愿退票处理，退还自错乘地点至旅客客票上所列明目的地的票款。但是，任何情况下退款都不得超过旅客实付票款。

案例 4-2

机场爱心传递，错乘旅客安然到家

2015 年 1 月 13 日 19 时，一个右手受伤、背着行李包的旅客一脸焦急地走进南通机场问讯处求助：因错乘航班不能回家，希望能得到帮助。经了解，旅客胥某（55 岁）为四川南充人，家境贫困，现在北京打工，是一家银行的保洁员，上班第三天就不慎摔跤导致右手骨折，钱没有赚到，还要花费一笔不少的治疗费，于是胥某决定回老家南充继续医治。为了节省开支，胥某原本准备乘火车回家，和她一起工作的姐妹得知后，凑钱让她坐飞机回南充，尽早接受治疗。由于文化程度不高，南充和南通的发音又比较接近，结果胥某的朋友错买了北京飞往南通的机票。下了飞机，胥某才知道坐错地方了，人生地不熟的她只能向机场求助。老人普通话不标准，同时因为着急说话没有逻辑性，但机场工作人员耐心地倾听老人的描述，了解情况后，考虑到胥某年纪较大，右手骨折，南通也没有直达南充的火车，转站扬州非常不方便，随后决定传递爱心，组织机场工作人员捐款资助胥某购买南通—成都的机票，并准备了南通特产送其回家。虽然近期机票紧张，但在机场公司领导的帮助下，还是为胥某争取到了 14 日中午的一张机票，并就近安排其到宾馆住宿，次日早晨派专人将胥某接到了机场为其送行，并与机组进行了沟通，尽可能地给予胥某帮助。其间，为安慰老人，机场工作人员与胥某的儿子也一直保持联系，直至胥某安然到家。14 日下午，老人专门从老家打来电话，感谢南通机场的热情帮助，今后她将永远记得南通市、南通兴东机场，还有机场所有帮助过她的工作人员。

资料来源：孙芮，陈佳佳. 错把南通当南充，四川大妈飞到异乡　今年已有 4 例错飞[EB/OL]. （2013-05-12）[2023-04-24]. http://news.sina.com.cn/o/2013-05-12/064827096741.shtml.

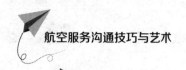

 案例4-3

在成都赶飞机请注意！已有1300多名旅客走错机场

自成都天府国际机场通航投运以来，截至2021年7月4日，已累计有1300多名旅客走错机场。省机场集团再次提醒称，旅客在出发前务必先确认始发机场，目前双流机场、天府机场都针对走错机场的旅客设有专门的服务措施。

双流机场走错旅客服务举措如下。

（1）在T1的5号门问讯柜台、T2的11号门问讯柜台设置错走机场旅客咨询点。

（2）在T1、T2出发大厅入口、候机厅设置转场保障流动问讯。

（3）成都双流机场呼叫中心028-85205555在最前端做好转场航班旅客的解释、引导工作。

天府机场走错旅客服务举措如下。

（1）若错走机场旅客仍选择双流机场出发，有工作人员指引旅客采用出租车、网约车或地铁等交通方式乘车。

（2）若错走机场旅客需要在天府机场进行票务变更，工作人员会指引旅客前往相应航空公司退改签服务柜台完成相关手续办理。

（3）对于已签转天府机场航班的旅客，可在问讯柜台领取错走机场旅客"爱心手环"，旅客可在通过安检后免费乘坐服务专车快速到达登机口。

资料来源：在成都赶飞机请注意！已有1300多名旅客走错机场[EB/OL].（2021-07-06）.[2023-04-24]. https://www.sohu.com/a/475861710_162758.

面对一些不正常旅客运输情况，我们只有积极、主动与旅客沟通，表明我们的态度和诚意，重要的是从旅客的角度考虑，并及时向旅客提供合理的、应该提供的全部服务，和旅客进行感情沟通，才能赢得在各种不正常运输情况下旅客的理解，将旅客的不满、抱怨、焦急等情绪及时化解。同时在与旅客沟通中，倾听是获得旅客信息的重要手段，更是帮助旅客发泄情绪的有效手段，真诚地倾听旅客描述，可以建立旅客对民航的信任。

四、登机牌遗失

（一）登机牌

登机牌也称为登机证或登机卡。它是航空公司在验证了旅客有效机票和身份证件后为旅客提供的登机凭证。旅客在安检、登机、转机时必须向工作人员出示登机牌，因此在每位旅客的空中旅行过程中，登机牌都扮演着不可或缺的角色。同时，作为我国民航高速发展的记录者和见证者，登机牌自身也在不断革新中变迁。

 **理论拓展**

登机牌的"演变史"

20世纪70年代，我国使用的登机证印制十分简单，多为手工填写和加盖橡皮戳记。北京、上海、广州等城市的机场登机牌上标有"CAAC"和"中国民航"字样，这种登机牌上一开始没有航班号、登机时间等航班信息，只有手写的座位号。

进入20世纪80年代，登机牌面上出现了航班号、飞机号、座位号和起飞时间等信息。1985年之后，各航空公司的登机牌纷纷亮相，登机牌采用中英文双语，背面还印有精美的广告，将我国民航登机牌正式引入了个性化年代。

进入20世纪90年代后，各航空公司告别CAAC标识，开始使用有自己公司Logo和标识的登机牌，并出现过红、黄、蓝、绿等近20种颜色的登机牌，这种登机牌的出现可以帮助工作人员值机时快速、准确地识别不同航班的旅客，避免旅客上错飞机，确保航班正点起飞。

2005年，国际航空运输协会确立标准二维条形码，由此二维码登机牌被广泛使用。2009年4月8日，中国南方航空和中国移动合作，在国内率先推出了电子登机牌服务。到达机场后，无交运行李的旅客可持二代居民身份证直接安检登机；持有其他有效合法身份证件的旅客，可凭手机短信二维条形码登机牌安检登机。随着越来越多的航空公司支持通过手机接收条形码，意味着我们的旅行真正步入了无纸化时代。

（二）登机牌遗失旅客的服务及沟通艺术

在旅客候机环节中，登机牌遗失是常有的情况。有的旅客把登机牌放在身上某个角落但忘记所放位置，看报夹在报纸里，行走过程中掉落，遗忘在休息室等都是导致登机牌丢失的原因。按照规定，遗失登机牌的旅客是不能登机的。当旅客发生登机牌遗失的情况时，具体服务沟通如下。

1. 隔离区外登机牌遗失

旅客办完乘机手续，未进入隔离区时发现登机牌遗失，应立即到原值机柜台向值机工作人员说明情况，并出示有效身份证件，工作人员要根据旅客提供的信息确认旅客要乘坐的航班号，查验相对应的乘机联是否一致，确认该旅客提供信息的准确性之后，按原发放的座位重新补发新登机牌（值机人员应核实乘机联与所发的登机牌数量是否一致）。

2. 隔离区内登机牌遗失

旅客通过安全检查进入隔离区以后，发现登机牌遗失，应立即到承运人登机门的服务台向工作人员说明情况并提供有效身份证件，该航班的值机工作人员应查验旅客所提供个人信息的准确性，确认该旅客已办理完手续后，按原座位补发新登机牌，并重新安排旅客进行安检，补盖安检章（值机工作人员务必核实准确乘机人原座位号，避免发生补发登机牌的座位有其他旅客就座的情况）。

当旅客第一时间向工作人员寻求帮助时，工作人员应先安抚旅客的焦急情绪，仔细询问旅客乘坐的航班号以及到达的目的地，然后对应航班信息查询是属于正点航班还是延误航班。根据当时实际情况与时间是否充裕的情况，为旅客及时寻找或补办登机牌，同时广播通知寻找遗失登机牌，如"这位旅客，请先不要着急，我很理解您的心情，让我帮助您解决问题""这位旅客，请问您的航班号是什么？我来为您查询一下""这位旅客，请您试着回想一下刚才都去过哪些区域，我们马上为您广播通知寻找登机牌""旅客您好，麻烦您出示一下身份证件，由值机人员为您补办登机牌"等。在与旅客沟通时，应站在旅客

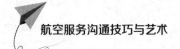

立场考虑问题，选择最优的方式为旅客解决困难。通常情况下，登机牌遗失旅客如果发现得及时，可以直接拿身份证进行补办，只要工作人员耐心细致，补办环节非常便捷。即便有些旅客登机牌和身份证件同时丢失，各机场都有公安局临时补办身份证的窗口，旅客补领临时身份证即可。由此可见，登机牌遗失方面的服务沟通主要取决于工作人员对此问题的处理态度、说话方式及环节操作的熟悉程度，只要用心为旅客服务，就可以减少旅客运输不正常情况的发生。

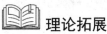

理论拓展

登机牌的漏扫与漏撕

在登机过程中，除了旅客自身原因将登机牌遗失给出行带来不便，还有一种情况也会给旅客带来不必要的麻烦，那就是登机牌的漏扫与漏撕。通常这种情况发生的原因多出在工作人员的疏忽大意或设备运行故障方面。

漏扫是指旅客持登机牌到登机口准备登机，工作人员持专业仪器扫描登机牌，每成功扫描一名旅客登机牌后，系统会有提示声音并显示人数增加一人。但因工作人员工作疏忽，没有听到系统提示声音，或者扫描的是行李牌而不是登机牌，认为已经扫描成功，便把登机牌交还旅客，而系统显示旅客状态为未登机，但实际上旅客已经登机。

漏撕是指旅客持登机牌登机，登机牌共有两联，工作人员扫描后将主联交还旅客，副联撕下留存。如果工作人员扫描后忘记撕下副联就将登机牌交还旅客，便会产生系统显示人数与副联留存数不一致的情况。例如，系统显示已登机人数为 100 人，但副联存根只有99 人，造成差异。

出现这两种情况可能会对旅客出行产生一定影响。例如，因为登机牌漏扫、漏撕，系统显示旅客属于未登机状态，实际上旅客已在飞机客舱中，工作人员发现数目核对不一致依然粗心大意，没有进入客舱清点人数，而是在地面不停地广播寻找旅客，那么到了起飞时间，旅客没有回应，工作人员就会把旅客减掉，把该旅客行李取出。而实际上该旅客已在飞机客舱中，到达目的地后，行李却在起始地。如果该旅客是两段航班行程，如沈阳—青岛—厦门，旅客在青岛中转期间因事要终止行程，涉及退票等一系列服务，却因为在起始地被当作减掉旅客，不能正常办理。这将会给旅客的行程带来极大不便，并会导致旅客情绪激动，矛盾升级。

因此，工作人员在扫描登机牌和手撕副联环节时，一定要认真细致地对待。

案例 4-4

随手乱放乘机证件　旅客白云机场惹虚惊

2016 年 6 月 2 日上午 9 时，在广州白云国际机场 A 区 4 号安检通道，刚接受完开包检查的卢先生在收拾行李时发现自己的身份证、登机牌都不见了，于是他乱了阵脚。在工作人员回查了当时的录像后发现，卢先生在接受开包检查过程中手里始终拿着身份证、登机牌，在收拾行李时只顾着与同行人聊天说笑，随手把身份证、登机牌放在旁边。旁边的旅客在收拾完自己的行李后，发现一旁的身份证、登机牌，就顺手拿走了。卢先生在走出通道后才发现身份证、登机牌都不见了，连忙返回通道寻找。一开始，卢先生认为可能放到了行李箱或背包里，于是众人在行李箱、背包里翻找，可在一个大箱子里翻出一张纸、一个卡片谈何容易。登机牌掉了不要紧，可以补办，但身份证丢了又怎么补办登机牌呢？卢先生急出一头汗。幸亏，另一位旅客在去登机口的路程中发现错拿了别人的身份证和登机牌，急忙送回来。卢先生看着失而复得的身份证、登机牌，才长长地松了一口气，连忙向我们的工作人员道谢，并快步赶往登机口乘机。

资料来源：伍秋英，伍术丹，郭俊毅. 随手乱放乘机证件　旅客白云机场惹虚惊[EB/OL]. （2016-06-02）[2023-04-25]. http://news.carnoc.com/list/346/346935.html.

该案例中旅客在接受完证件检查后，遗失了身份证和登机牌。机场丢失物品的情况每天都在发生，机场工作人员应以多种方式提醒旅客带好随身物品，清点证件，避免旅客在旅途中产生不必要的麻烦。如果已经出现丢失问题，也不必慌张，按照之前提到的服务程序解决即可。

五、航班超售

随着社会经济的发展，越来越多的旅客选择乘坐飞机出行。民航运输规模的日益增长，随之而来的是飞速增长的客货运输需求。由于旅客订票后并未购买或购票后在不通知航空公司的情况下放弃旅行，从而造成航班座位虚耗。为了满足更多旅客的出行需要和避免航空公司座位的虚耗，航空公司会在部分容易出现座位虚耗的航班上进行适当的超售。

（一）航班超售的含义和影响

1. 航班超售的含义

航班超售实际上就是指旅客订座数超过了相应的实际可利用的座位数。这种做法对旅客和航空公司都有益，也是国际航空界的通行做法，其目的就是节约成本。

例如，一架由沈阳到广州的波音 747 客机拥有 400 个座位，而航空公司对这 400 个座位可能接受 450 个预订。这样，当一名旅客手持机票来机场办理乘机手续时，就有可能因为航班的超售满员而被拒绝登机。航班超售是国内外航空公司使用最早、最广泛的收益管理手段，是在机票销售旺季普遍采取的一种销售方法，超售的目的是减少座位虚耗损失，从而增加航班收益。因此，航班超售可以说是航空公司为规避旅客"放鸽子"而采取的应对措施。通过超售，配载比例将被提高，从而降低费用。如果航空公司不实行超售，它将只能根据飞机上座位的实有数目进行预订。但施行超售后，也容易发生一部分旅客购买了机票却登不了机的事情。

讨论拓展

正点值机遇"超售"，乘客很恼火

旅客陈女士介绍说："2016 年 9 月 15 日中秋节当天，我与家人准备搭乘某航空公司7 点 55 分起飞的航班去往西安。当我们 7 点左右抵达机场的时候，工作人员一直办理不出登机牌。听工作人员与其他人员电话联系时的对话，好像我的机票卖给了后补的其他乘客。后来工作人员告诉我们机票超售了，我和家人无法乘坐该航班。"陈女士认为，消费者已

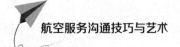
经付了钱，准点抵达机场，却拿不到自己购买的机票，还被工作人员称呼为"不正常旅客"，让人非常恼火。由于陈女士一家要赶往西安参加朋友的婚礼，如果因为超售耽搁了时间，将打乱陈女士的整个行程计划。"当时天航说给我们安排下午的航班，被我拒绝了，在我的强烈要求下，给我们安排了南航上午飞往西安的航班。"

提示要点：

上述案例中陈女士所遇到的情况就是由于航空公司机票超售所导致的，那么航班超售会带来哪些影响？一旦发生航班超售，又要如何解决呢？

2. 航班超售的影响

利好方面：对航空公司而言，超售是其收益管理的重要优化手段之一，是其减少座位虚耗、提高座位利用率的有效手段，也是增加收入的有效途径。座位超订给公众旅行者所带来的好处是不容低估的，它增加了可用座位的数量，提高了座位利用率，使更多的旅客有机会乘坐首选的航班，更少的旅客被拒绝预订某一航班的座位，并且由于航空公司座位的更有效利用，使得旅客整体的旅行成本减少等。

弊端方面：超售在带来如上好处的同时，也存在一些消极影响。例如，手持经确认有座位的机票的旅客带着行李赶到机场时，在值机柜台前却发现旅客拥挤不堪、无法登机，这种情形给旅客带来的心理影响绝对不能低估，何况有过这种经验的旅客还会把"受骗"的感觉传播开来，扩大影响。因此，航班超售虽是业内惯例，却应谨慎处理。

一般情况下，国外航空公司通常将超售机票占售出机票的比例控制在3%左右。我国民航总局则规定，超售机票不能超过5%。据国内某知名航空公司的一份资料显示，公司每超售10 000张客票，受影响的旅客为4人。但如果不实行超售，按最保守的数据预测，每销售10 000个座位，将虚耗200个座位。因此，各航空公司都会通过数据分析系统抽取历史订座和离港数据，同时参考前期被延误行程人数和补偿费用，决定是否对航班进行超售及超售数量。

（二）航班超售的处理

航班超售并不一定意味着已购票的旅客无法乘机，只要工作人员能够及时并妥善合理地处理，相应问题都是可以解决的。

1. 国外航空公司处理办法

在美国和欧洲，政府部门均出台了超售的相关规则，航空公司根据这些规则制定各自的超售处理办法，这些处理办法在细节上有所差异，但是总体来说较为相似。通常处理方式如下。

首先，一旦发生航班超售，将导致旅客不能成行的情况，航空公司要召集旅客并告知旅客航班超售情况，保证旅客的知情权，让旅客在心理上容易接受。

其次，在进行协商时，航空公司要寻找自愿放弃乘机的旅客，会尽力给这些旅客安排后续航班，提供相应服务，还会根据不同情况给予自愿放弃乘机的旅客一定的补偿。

最后，如果自愿放弃乘机的旅客数量不足，航空公司就要拒绝一部分旅客登机，并按照规定为其提供一系列服务，给予一定赔偿。

以汉莎航空公司为例，当出现航班超售，并且所有旅客都需要值机的情况时，将会有代办广播通知旅客当日航班出现超售的情况，如有旅客愿意自动放弃行程，改乘下一航班，即到柜台与代办联系。如果没有，代办会询问旅客的意见，给愿意放弃行程的旅客相应的补偿，如汉莎航空公司的代金券或里程，并且承担旅客在下一航班期间的食宿费用，提供免费升舱或其他福利。因为超售的确是出于航空公司原因，所以在福利方面会尽量地满足旅客，对于延误的旅客行程予以补偿。

2. 国内航空公司处理办法

首先，收到座位控制部门的航班超售预报后，应对预计超售的航班制定处理预案。预案内容包括：航班超售情况分析；列出座位应予优先保证的旅客名单，必要时可预留出机上座位；需要安排提升舱位等级的，选择出候选旅客名单；需要降低舱位等级的，选择出候选旅客名单；需要暂缓办理乘机手续的，选择出暂缓办理旅客名单；可能发生的超售补偿安排。

其次，超售航班办理乘机手续的，应采用逐一核对姓名接收旅客的方式进行登记。

再次，当较低舱位等级座位发生超售而较高舱位等级有空余座位时，可根据逐级升舱的原则按非自愿升舱将较低舱位等级的旅客安排在较高舱位等级的座位上。

最后，对持航空企业职员免折票的旅客，在航班预计出现超售时，应根据情况暂缓办理乘机手续。超售时的拉客顺序是：① 填空旅客；② 限时订座旅客。

（三）航班超售时航空公司与旅客的沟通艺术

航空公司对于航班超售应及时与旅客沟通，其中包括航班超售信息，航空公司应以适当的方式告知旅客超售的含义以及超售时旅客享有的权利，如编写航班超售公告并在售票处或网上提供，内容应能告知旅客本航空公司超售实施具体细则，解释登机规则和有关补偿的规定等，同旅客沟通并对旅客降舱退差价、退票、赔偿和乘坐后续航班等做出安排，以获得旅客的谅解与支持。同时在沟通过程中应对超售旅客反馈信息的接收、处理做出安排，包括满意和抱怨的信息，并做好旅客沟通，投诉部门要做好航班超售的投诉处理。总之，在沟通过程中，航空公司应确保与航班超售有关的信息的真实性，不能误导旅客，也不能做出不切实际的承诺。

思政拓展

耐心沟通赢得理解

2017 年 1 月 25 日，某航空公司从南昌前往深圳的航班头等舱实超两位，经过几番恳求和艰难的谈判，终于有两位旅客同意接受降舱乘行，每位旅客获得 400 元降舱补偿及 1800 元客票差价。该航空公司以真诚沟通的态度和耐心细致的服务，圆满处理了这次航班超售。

25 日，某航空公司地服部值机主任发现从南昌前往深圳的航班系统订座中，头等舱超售了两个座位，意味着有两名旅客无法正常享受头等舱待遇乘行。幸运的是，经济舱有些许空余座位，如果旅客愿意，仍旧可以正常前往深圳。根据多年的工作经验，值机主任知道接下来和旅客沟通的工作将会十分困难，一般情况下经济舱超售但头等舱有空座，旅客被"升舱"还是很乐意的，但要头等舱旅客"降舱"乘行十分困难。中午，离航班起飞还

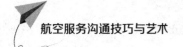

有 4 个小时，值机主任就已经在柜台上等待第一位头等舱旅客的到来，他和每一位头等舱旅客沟通，把实际情况告知旅客，希望旅客理解。知道情况后，有的旅客愤怒，有的旅客漠然。功夫不负有心人，直至航班起飞前一小时，头等舱旅客王女士和熊女士提出愿意接受"降舱"乘行航班。值机主任如释重负，并按规定给两位旅客相应的差价补偿。

超售事件完美解决了，皆大欢喜。平时在媒体中，人们更多时候看到的是一些因超售引发的争执，旅客因为被超售而愤怒，甚至使用暴力行为来解决。但该航空公司更愿意用真诚、耐心的工作态度和"客户至尊，精细致远"的服务价值观去赢得每一位旅客的理解和支持。

资料来源：邓国邦. 处理航班超售：东航江西人耐心沟通赢得理解[EB/OL]. （2017-02-04）[2023-04-25]. http://news.carnoc.com/list/390/390421.html?tab=AllReplies.

思考与借鉴：

真诚、耐心的沟通可以赢得旅客的理解与支持。在处理航班超售问题上，除了工作人员的服务，最根本的解决方式还是需要从航空公司本身做起。航空公司有权为维护自身权益而做各种努力，但是作为服务行业，只有最大限度地保障了旅客的正当权益，才能最终达到双赢的局面。

（四）国内主要航空公司针对超售的补偿及服务细则

近年来，随着超售引发的旅客投诉渐趋频繁，民航部门开始下发通知督促航空公司尽快向旅客公布航班超售服务条款，要求各航空公司严控超售行为，避免因此加剧与旅客的服务争端。国内多家航空公司相继发布了超售服务条款，笔者查询国内主要航空公司网站，整理了它们有关超售的补偿及服务细则以供参考。

国内航空公司对于超售服务的总原则是：航班出现超售时，航空公司首先会征询自愿搭乘后续航班或者自愿取消行程的旅客，并为自愿者提供经济补偿和后续服务；在没有足够的自愿者的情况下，航空公司会按照优先保障乘机顺序拒绝部分旅客登机，对于该部分被拒登机的旅客，航空公司同样会给予一定的经济补偿并提供改签、退票等后续服务。

目前，中国国际航空、中国南方航空、中国东方航空的主要处理原则都是遵循上述规则。

四川航空在其有关超售致旅客的公开信中规定，一旦超售，旅客除免费退票外还可获得 300 元补偿；若旅客改签后续航班也可获得相应的经济补偿，300～800 元不等；改签的后续航班等待时间在 2～4 小时的，将免费提供宾馆休息服务。

春秋航空承诺出现超售时会给予旅客 200 元现金补偿，提供免费退票和改签，若改签的后续航班等待时间超过 4 小时，则提供免费住宿。

海南航空规定对超售旅客免费退票并补偿票面价格的 30%，如果补偿金额低于 200 元，则按照 200 元补偿；旅客改签后续航班也可获得相应的经济补偿；改签后续航班等待时间超过 4 小时的，将提供免费的酒店休息服务。

山东航空对超售旅客免费退票并补偿旅客所持机票票面金额的 30%，如果补偿金额低于 200 元，则按照 200 元补偿；对于改签后续航班的旅客也会给予相应的经济补偿。

深圳航空对超售旅客优先安排其乘坐后续航班，票款差额多退少不补，同时，如果后续航班的规定离站时间与旅客所持客票航班的规定离站时间间隔在 4 小时以内，将给予旅客所持票面价格 30% 的补偿；在 4 小时以上 8 小时以内，将给予旅客所持票面价格 60% 的补偿；在 8 小时以上将给予旅客票面价格 100% 的补偿。另外，当补偿金额低于 200 元时，将按照 200 元的标准做出补偿。

在具体的赔偿及服务细节上，各航空公司有些许差别，表 4-1 所示为国内主要航空公司对超售的具体服务举措。

表 4-1 国内主要航空公司对超售的具体服务举措

航空公司	退票及补偿	改签及后续服务	其他服务
四川航空		1. 安排后续航班的等待时间在 2 小时内，补偿该航班经济舱全票价的 20% 或补偿 300 元，两者取其高者 2. 若安排后续航班的等待时间在 2～4 小时，补偿该航班经济舱全票价的 30% 或补偿 500 元，两者取其高者 3. 若安排后续航班的等待时间在 4～8 小时，补偿该航班经济舱全票价的 50% 或补偿 800 元，两者取其高者 4. 等待时间在 8 小时以上及次日成行的旅客，四川航空安排旅客的食宿（安排标准与不正常航班服务规定标准一致），并向旅客补偿同一航线 1 年期有效的免票 1 张（限定旅客本人使用），或最高补偿该航班经济舱全票价的 100%	在免费改签后续航班和经济补偿的基础上，在用餐时间，四川航空为旅客提供免费餐食和饮料，并安排休息室等候。如签转后续航班等待时间在 2～4 小时，将免费提供宾馆休息服务
春秋航空	1. 向每位旅客提供 200 元补偿 2. 旅客如选择退票，按非自愿退票办理，免收退票费	1. 旅客如选择改乘春秋航空后续航班，按非自愿变更办理，免收变更费 2. 若春秋航空无法向旅客提供当日可成行航班时，征得旅客同意后，可将旅客改签至其他承运人的当日航班，改签费用由春秋航空承担 3. 联程旅客超售，按上述规定（退票和改签服务）对超售航段进行现金补偿，后续联程航段可根据旅客行程安排为旅客办理免费变更、退票、食宿等服务	1. 当后续的航班时刻和原定航班时刻相差 4 小时（含）以上时，为旅客免费安排带盥洗设施的标准间休息 2. 免费提供机场至酒店的地面往返交通工具，并协助旅客重新办理乘机手续
海南航空/大新华航空	1. 按照非自愿退票处理，免收退票费 2. 补偿旅客所持票面价格的 30%，如果补偿金额低于 200 元，则按照 200 元补偿	1. 免费改至后续最早有空余座位的航班 2. 至少补偿 200 元：安排的后续航班时刻和原定航班时刻相差 4 小时（含）以内，补偿旅客所持票面价格的 30%，如果补偿金额低于 200 元，则按照 200 元补偿；相差 4～8 小时（含），补偿旅客所持票面价格的 60%；相差 8 小时以上，补偿旅客所持票面价格的 100%	在免费改至后续航班和经济补偿的基础上，在用餐时间，为旅客提供免费餐食和饮料。当后续的航班时刻和原定航班时刻相差 4 小时（含）以上时，为旅客提供免费酒店休息服务

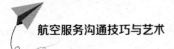
续表

航 空 公 司	退票及补偿	改签及后续服务	其 他 服 务
山东航空	1. 按照非自愿退票处理，免收退票费 2. 补偿旅客所持机票票面金额的30%（如果补偿金额低于200元，则按照200元补偿），或者山东航空执行的同航程免票1张（旅客需自行负担燃油附加费和机场建设费）	1. 免费改签至后续最早有空余座位的航班 2. 补偿：如后续航班为山东航空航班，为旅客提供1张同航程免票（旅客需自行负担燃油附加费和机场建设费），旅客原购机票可全额退款。如不接受免票补偿，现金补偿标准为：后续航班时刻和原定航班时刻相差4小时（含）以内，补偿所持机票面价格的30%；相差4~8小时（含），补偿所持机票票面价格的50%；相差8小时以上，补偿所持机票票面价格的80%。以上补偿金额如果低于200元，则按照200元进行补偿 3. 如后续航班为非山东航空航班，山东航空提供现金补偿，补偿标准参照上面第2款的现金补偿标准执行	在提供免费改签和经济补偿的基础上，将按照航班不正常情况的旅客服务标准提供相应食宿服务
深圳航空		1. 优先安排旅客乘坐后续航班，票款差额多退少不补 2. 后续航班时刻与原定航班时刻相差4小时以内，补偿旅客所持票面价格的30%；相差4~8小时，补偿旅客所持票面价格的60%；相差8小时以上，补偿旅客票面价格的100%。补偿金额低于200元时，将按照200元的标准做出补偿	在等待后续航班时，按照不正常航班食宿服务标准为旅客提供服务
厦门航空	原则上按照旅客到达值机柜台的时间顺序为旅客办理手续；如遇临时申请的重要旅客，或身患疾病需要搭乘此航班前往救治地的旅客，可优先登机		对于已订妥座位并已购票，在航班截止办理乘机手续以前来到办理柜台，且旅行证件符合规定，因航班超售未能如期成行的旅客，将根据旅客要求，酌情采取提供或更改至后续航班，或免费改签，或视具体情况补偿部分费用等措施
西藏航空	1. 免费办理退票 2.给予旅客票面价格的20%作为补偿金	安排最早有可利用座位的航班让旅客尽快成行，同时给予旅客票面支付价格的20%作为补偿金	
中国国际航空	在机场首先征询自愿搭乘晚一些航班或者自愿取消行程的旅客。在没有足够的自愿者的情况下，会按照优先保障乘机顺序拒绝部分旅客登机。对于未能按原定航班成行的旅客，会优先安排最早可利用的航班让旅客尽快成行或者免费办理退票，并给予一定形式的经济补偿		

续表

航 空 公 司	退票及补偿	改签及后续服务	其 他 服 务
中国东方航空	对不能按原定航班成行的旅客，会为其安排最早可利用的航班成行，并根据旅客旅行的具体航线及被延误时间酌情采取不同的补偿措施		
首都航空	以适当的方式告知旅客超售的含义以及超售旅客享有的权利；当航班出现超售时，首先寻找自愿放弃座位的旅客，并给予旅客一定的补偿；当没有足够的旅客自愿放弃座位时，可根据规定的优先登机原则拒绝部分旅客登机；为被拒绝登机的旅客提供相应的服务并给予一定的补偿		

　　注：以上信息仅供参考，准确信息应以各航空公司最新超售管理规定为准。

　　综上所述，无论在服务中遇到什么样的情况，作为民航服务人员，在对旅客进行服务以及沟通中都要时刻理解旅客的需求、想法和心态，把一些服务用语时常挂在嘴边，如"您先不要着急，请相信我们，马上为您解决"；杜绝类似"没看见我正忙着呢吗""这个我们解决不了""这个是你个人造成的失误"等话语，以免引起旅客的愤怒，特别是在旅客运输不正常的情况下，旅客会存在抱怨、焦虑、愤怒的心理，这些心理更会加深旅客对民航服务的不满，造成误会与矛盾。在与旅客沟通中必须热情接待并认真倾听旅客的述说，不要急于辩解反驳或埋怨别的部门，要让旅客感受到我们重视他的问题，并且在沟通中要目视旅客，不时地点头示意，也可以不时地说"我理解，我明白""我们非常遗憾，理解您的心情"等。同时向旅客表明我们能够做到的方案，尽量让旅客知道并同意我们要采取的处理决定及具体措施。如果旅客不知道或不同意处理决定，就不要盲目采取服务行动。总之，态度真诚、沟通及时、服务技能熟练，能够换位思考，善于总结问题，懂得感谢旅客的理解与支持，将会有意外的收获。

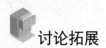 **讨论拓展**

一位机场值机人员的心声

　　大多数旅客接触到的航空公司的第一位员工应该就是机场地面服务部的值机员了。简单来说，帮你办理乘机登记手续、查验证件、办理托运行李是他们的基本职责。

　　值机分国内航班、国际航班、高端旅客等几项业务，除了普通值机员，还有值班经理，或者叫作值机主任，他们一般负责的业务比较多，如帮旅客候补、航班减载、超售的处理，大面积航班延误旅客后续各种保障业务的沟通和处理以及值机柜台处理不了的各种情况等。

　　比起乘务员，我对这份工作有着更深切的体会。如果不是轮岗的契机，我不会接触到值机员的工作。没有想过早上5点多，天还一片漆黑，首都机场T3候机楼大厅里就已经是灯火通明、人山人海；也没有想过晚上10点以后，国际柜台会聚集那么多旅客等待一批凌晨起飞的国际航班。体验值机员工作的每一天，我都顶着凛冽的寒风，披星戴月地上下班，有时早上忙过几小时的早高峰才看见日出，而回家时，可能大半个城市都已睡去。

　　许多人会说，值机工作完全就是简单重复劳动，没有任何技术含量，迟早会被机器替代。的确，值机岗位门槛很低，大部分人都可以做，但要说真正做好，可能就只有少部分

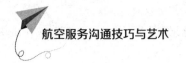

人了。

一个优秀的值机员，熟练掌握值机流程中的指令操作只是最基本的要求，更考验他的是与旅客的沟通能力，以最少的成本满足旅客的需求，解决旅客的问题，了解不同的签证政策和行李政策，帮助旅客顺利去往不同的地方，同时还要最大限度地维护公司利益。旅客的要求各种各样，带的行李千奇百怪，带多了对你软硬兼施想不交超重费；合作联营的航空公司和机场各自有不同的行李是否能直挂的政策，稍一疏忽就可能造成旅客后续的不便；递上来的护照、签证有时候稀奇得不得不临时去查手册；办理特殊旅客时需要查验的证明可能自己都不知道是什么……

即使在航班正常时，每天也会面对成百上千的旅客的千奇百怪的问题，而当遇到航班不正常情况时，如航班超售、延误、取消，各种各样的问题和突发状况更是接踵而来，这就要求值机员以很高的专业素养、沟通能力、应变能力、心理素质甚至咬牙坚持的意志力来独立应对了。这份工作，真的没你想的那么容易。

国内值班经理柜台有一位年纪最大的值班经理（这里称他为L经理），已经50多岁了，有一次处理航班取消问题时给我留下了深刻印象。那时候，大量旅客来到值班经理柜台等待改签、退票、安排酒店，场面嘈杂而混乱。L经理衣着整齐地坐在柜台里面，没有一丝慌乱，既不对着人群大声吼叫，也不回答七嘴八舌袭来的逼问，而是有条不紊地处理排到窗口最前方的旅客的问题。他眼神坚毅而专注，说话声音洪亮又清楚，仿佛久经沙场的军人般有威严。最终这次混乱的场面安然消解，没有造成任何投诉和事故。

我后来思考，在这种情况下，上百人已经把柜台团团围住，其中不少人情绪激动，在人手有限的情况下，想要在短时间内维持秩序、解决问题是不可能的。旅客也许心急，但看到值班经理在镇定而专注地工作，知道自己的问题迟早会得到解决，也就会慢慢冷静下来。如果换作一个面红耳赤、满头大汗、疲于应付的值班经理，面对旅客的逼问，很可能大脑一片混乱，反而解答不当，把旅客的负面情绪进一步激化。

当然，人与人之间的交往，相互尊重是最重要的前提，值机岗位加深了我对这一信条的理解。

我仔细观察过，那些工作中经常保持真诚的微笑，说话清楚而耐心的同事，几乎没有和旅客发生过摩擦、争执，也没有被投诉过。试想，来到柜台的旅客面对一个仪态端庄、面带微笑、主动询问旅客需要的值机员，即使出现因客观原因造成的不便，他也不会轻易发怒。而如果旅客面对的是一个头发散乱、领带系得歪歪斜斜、有气无力、表情呆滞的值机员，他又会是怎样的反应呢？想必结果会大相径庭吧。一个人付出的尊重与他得到回报的尊重一定是成正比的。

只有做到了相互尊重，才能做到既让旅客满意，又让员工省心。在服务旅客的过程中，尊重旅客并不意味着唯唯诺诺、阿谀逢迎，更不等于低声下气，丢掉自己的尊严。只要自己的行为符合岗位规范，礼貌待人，在合理范围内尽可能满足旅客要求，就是做到了最大的尊重。旅客也应当明白，尊重值机员的劳动，讲话礼貌客气，不只是个人修养素质的体现，有时候也可能帮你解决一些小问题。体面是我们每位旅客最好的一张名片。

虽然说现在被曝光的素质低的旅客越来越多，我们的值机员可能会遭受各种各样的委屈，但其实这个岗位还是能为你收获很多美好的回忆。我曾经帮助韩国旅客去外航改票，和他在候机楼里跑上跑下，最终在航班截止办理登机手续的前一分钟为他办好了手续，临走之前，他很开心地握了握我的手，他的女朋友也因为终于能赶上圣诞节回家而高兴不已。我也曾经帮助语言不通而又错过航班的一个俄罗斯家庭成功候补了航班，女主人临走时不但给了大大的拥抱，还专门折返回来塞给同事们一小袋巧克力。

在航站楼里工作一天真的很累，腰酸背痛、口干舌燥，可是当你看见那么多旅客从你这里离开，去和亲人团聚，去异国求学，去外面看大千世界，你会觉得你给他们提供的不只是位移服务，还给他们搭建了桥梁。对旅客来说，你们的一声"谢谢"和多一些的理解会让值机员感到再多的辛苦也值得；对值机员来说，用最真诚的微笑面对旅客，会感受到工作中的美好。

还是那句话，尊重都是相互的，平凡的岗位也会收获幸福的体会。你以为的值机员真的不只是一个办登机牌的，愿他（她）成为你的旅程的美好起点。

资料来源：你以为的值机员真是你以为的值机员吗？[EB/OL].（2016-10-11）[2023-04-25]. https://news.carnoc.com/list/371/371745.html.

提示要点：

1．机场值机工作的特点是什么？

2．机场值机工作的特点决定了值机员需要具备哪些素质？

3．如何成为一个优秀的值机员？

4．阅读了以上资料，你对民航工作有什么新的感受呢？

 思考与练习

一、填空题

1．旅客运输不正常情况主要包括误机_____、_____、_____、_____等类别。

2．_____是指旅客未按规定的时间办理乘机手续或因旅行证件不符合规定而未能乘机。

3．造成旅客运输不正常情况的原因包含_____和_____。

二、判断题

1．航班超售意味着已购票的旅客不能正常乘机。（　　　）

2．由于旅客个人原因丢失登机牌，值机人员不能为其补办登机牌。（　　　）

3．由于承运人原因造成旅客错乘，承运人首先应向旅客赔礼道歉，道歉过程中态度要诚恳、真诚。在始发站发现旅客错乘，承运人应安排错乘旅客搭乘飞往旅客客票上列明地点的最早的航班。如旅客要求退票，按非自愿退票处理。（　　　）

三、思考题

1．简述登机牌遗失旅客的服务要点与沟通艺术。

2．简述漏乘旅客的服务要点与沟通艺术。

3．航空公司发生航班超售时，工作人员应如何与乘客沟通？

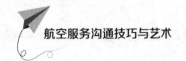
四、技能题

（一）典型案例1

小王：您好，我是CA1644航班去北京的旅客，麻烦给我一个靠窗口的座位，谢谢！

工作人员：不好意思，您的航班超售了，这个航班坐不了了，您联系航空公司改签吧！

小王：超售？什么意思？我来晚了吗？我没有啊，为什么让我改签？

工作人员：先生，和您说太多您也不能理解，总之超售就是您坐的航班票卖多了，超出了实际能乘坐旅客的数量，您是这个航班最后一个到的，所以航班没座了，您抓紧时间联系航空公司改签吧，别在这里浪费时间了。

小王：你不能给我解决一下吗？

工作人员：先生，这是航空公司的问题，非常抱歉，您只能联系航空公司，在机场没有航空公司的直属售票处，我不能帮您改签，您还是拨打航空公司客服电话吧！

思考：

1. 模拟上述情景，分析该工作人员在服务中存在的问题。

2. 遇到航班超售，你该怎么处理？以情景对话的方式模拟出你的沟通方式及解决办法。

（提示：帮助旅客办理乘机手续，询问旅客其他需求，给出解决办法，协助旅客联系航空公司，安抚旅客情绪等。）

（二）典型案例2

付先生在机场候机时，因个人疏忽没有登上正点航班，情绪失控，认为机场工作人员广播提示不够清晰，把责任推到机场方，并来到值机柜台找工作人员要个说法。

思考：

1. 如果你是该服务人员，如何与付先生沟通，并且解决其误机的问题？

2. 请两位学生根据此情景进行模拟沟通，注意沟通的语言、方式以及正确处理误机的服务程序。

学习情境二　航班运输非正常情况下的服务沟通艺术

 学习目标

1. 掌握航班运输不正常的内涵及原因。
2. 掌握航班延误和取消时的服务要点与沟通艺术。
3. 掌握航班中断、补班、返航、备降时的服务要点与沟通艺术。
4. 培养服务爱心、耐心，克服服务困难，坚定职业理想。

导引案例

航班延误+取消+补班

2017年3月28日，A机场一趟执行哈尔滨—长沙—三亚飞行任务的航班JD5122预计23:05从哈尔滨抵达长沙，但候机员接到通知：因哈尔滨大雪天气导致航班在哈尔滨无法起飞，起飞时间待定。获悉该信息后，候机员第一时间通过广播将航班延误的情况告知旅客。这时，不断有旅客前来问询。经候机员耐心解释，大部分旅客表示理解，安心回座位继续等待。0:00，候机员接到通知：航班预计3:00到达长沙。同样，候机员也在第一时间通过广播将该信息告知顾客，并提醒旅客，大约在飞机抵达长沙后的10~20分钟会开始办理登机，请大家不要走远，留意广播通知。很多旅客按捺不住等待的焦虑与不满，纷纷牢骚满腹地来到工作柜咨询、质疑。最后，JD5122航班于3:00到达长沙，3:31完成长沙—三亚段的旅客登机服务。然而，机组又接到来自三亚的通知，说由于三亚天气原因，无法降落，飞机若要继续飞行，只能在三亚附近的机场进行备降，或者取消该航班，次日再进行补班。经机组商定，最后决定取消该航班，于次日进行补班，要求旅客全部下机。这时，100多名旅客几乎全部拥上来讨要说法并且情绪激动，有要求退票者，有要求安排食宿者，有要求赔偿者。航空公司代理和地面服务人员一边为旅客做着相关解释工作，一边迅速为要求退票的旅客办理了无条件退票，为要求改签的旅客办理了改签手续，为要求安排食宿的旅客无条件安排了食宿。最后，乘坐该航班的全部旅客都得到了妥善安置，也使航班延误的损失降到最低。

以上案例中，航班延误是由于天气原因导致的，属于不可抗力因素，但航班延误不仅延误了旅客的出行时间，还可能扰乱了旅客的出行计划，给旅客带来了诸多不便。本着急旅客之所急，帮旅客之所需，尽最大努力让旅客如愿以偿的民航服务沟通原则，候机工作人员做到了航班信息广播到位、食宿安排到位、改退票服务到位、解决困难到位，较好地处理了该起航班延误、取消、补班事件。

理论知识

一、航班运输不正常的内涵及原因

（一）航班运输不正常的内涵

航班正常运输是指飞机在班期时刻表上公布的离站时间前关好机门，并在公布的离站时间后15分钟内起飞，又在公布的到达站正常着陆，反之则称为航班运输不正常。不管是从国内还是国际范围来讲，民航运输行业中的航班运输不正常都是一个常见的现象，主要包括航班延误、取消、中断、补班、返航、备降等不正常情况。其中，又以航班延误最为常见。

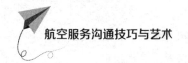

（二）航班运输不正常的原因

既然在世界范围内，航班运输不正常都是较为常见的现象，那么究竟是哪些原因导致航班运输不正常呢？

按照具体原因来划分，导致航班运输不正常的原因通常可分为十二大类。

第一类，天气原因。飞机在空中飞行，犹如一艘小船在大海中漂流一般，无时无刻不受天气条件的影响。例如，云量的多少、云层的高低厚薄等均会直接影响飞行员的视线和飞机的飞行路线；飞机在天空中飞行时，飞机的积冰、颠簸或遭受雷击等均可能危及飞机的安全。在早期的航空飞行中，由于天气原因导致的航空事故占全部事故的三分之一以上。而如今，虽然航空气象学已取得了长足的进步，但天气原因仍然是航班运输不正常的重要原因之一。具体来说，天气原因又包含 12 个方面：① 天气条件低于机长最低飞行标准；② 天气条件低于机型最低运行标准；③ 天气条件低于机场最低运行标准；④ 因天气临时增减燃油或装卸货物；⑤ 因天气造成机场或航路通信导航设施损坏；⑥ 因天气导致跑道积水、积雪、积冰；⑦ 因天气改变航路；⑧ 因高空逆风造成实际运行时间超过标准航段运行时间；⑨ 飞机进行除冰、除雪或等待除冰、除雪；⑩ 因天气造成航班合并、取消、返航、备降；⑪ 因天气（发展、生成、消散等阶段）造成空管或机场保障能力下降，导致流量控制；⑫ 其他天气原因。

第二类，航空公司原因。航空公司在组织一个航班并保障它的正常运输时，通常需要多个部门的协调与配合：机务维修部门需要对飞机进行检查和维修，以决定飞机是否能飞行；航务部门需要收集航空气象情报，以安排机组和制订飞行计划，并将该计划通知空管部门；供应部门需要供应飞机上的用水、配餐和油料等；地面服务部门需要为旅客提供值机服务和办理登机手续等；货运部门需要办理货物托运，将货物和旅客行李装入机舱；配载部门需要计算载重和平衡等。经放行后，飞机才能起飞。飞机抵达目的地机场后，又重复以上过程，再飞往下一目的地。整个工作形成一条完整的工作链，一环扣一环，任何一个环节脱节均将影响航班的正常运输。因此，航空公司原因也是航班运输不正常的一个重要原因。航空公司原因具体表现在 13 个方面：① 公司计划；② 运行保障；③ 空勤组；④ 工程机务；⑤ 公司销售；⑥ 地面服务；⑦ 食品供应；⑧ 货物运输；⑨ 后勤保障；⑩ 代理机构；⑪ 擅自更改预先飞行计划；⑫ 计划过站时间小于规定的机型最少过站时间；⑬ 其他航空公司原因。

第三类，流量原因。生活中，通常很多人认为天空如此浩渺，飞机可在天空自由飞行。实则不然，一如汽车在公路上行驶需遵守交通规则，飞机在空中飞行也必须严格遵守空中飞行规则。飞行中的飞机必须保持一定的垂直间隔和水平间隔，才能避免飞机彼此之间过于接近和由此而引发的相互碰撞，而这些垂直间隔和水平间隔的数值均有具体、明确的规定，正因为如此，在一定大小的空域中所能承载的飞机数量是有限的。而当在同一时间段内，航班流量过大，航路出现拥挤时，为了保证各飞机之间保持一定的安全距离，必须实施流量控制。流量原因主要体现在 3 个方面：① 在非天气、军事活动等外界因素影响下，实际飞行量超过区域或终端区扇区保障能力；② 实际飞行量超过机场跑道、滑行道或停机坪保障能力；③ 通信、导航或监视设备校验造成保障能力下降。

第四类，航班时刻安排原因。航班时刻是指为航班指定或分配的，在特定日期、特定机场出发或到达的计划时刻。航班时刻安排原因是指航班时刻安排超出民航局规定的机场航班时刻容量标准，即超出单位小时内机场能够保障的航空器最大起降架次，主要包括：① 换季航班时刻的协调；② 日常定期航班时刻的协调；③ 航班时刻的交换、调整和归还等。

第五类，军事活动原因。军事活动属于高度国防机密，出于防撞和防止误击的考虑，都会划定一个飞行禁区，禁止一切飞行器通过；而且这种军事活动一般都来得比较突然，不会提前通知。因而，接到军事活动信息后，相关航路的飞行除了原地等待或原路返回，别无他法。尤其是在沿海地区，军事活动会相对频繁，且大多在白天进行，时长通常为 3～5 小时不等。因此，待到军事活动解除，空域已经出现了超饱和状态，拥挤与堵塞严重，不可避免地导致航空运输不正常。军事活动原因具体表现在：① 军航训练、转场、演习、科研项目等限制或禁止航班飞行，造成保障能力下降；② 军方专机禁航；③ 军事活动导致流量控制；④ 其他军事活动原因。

第六类，空管原因。"空管"是空中管制的简称，是指空中"交通警察"——空中交通管制员为了保证飞行安全，对每架飞机从起飞到着陆整个飞行过程中的指挥和调配。近年来，随着我国经济的快速发展，民航运输量迅猛增长，我国空管系统的飞行保障能力趋于饱和，由于空中管制原因导致的航班不正常逐步显现。通常情况下，空管原因包括以下几种情况：① 空管人为原因；② 空管系统所属设施设备故障；③ 气象服务未及时提供；④ 航行情报服务未及时提供或有误；⑤ 擅自降低保障能力；⑥ 其他空管原因。

第七类，机场原因。机场是供飞机起飞、降落、滑行、停放及进行其他活动使用的区域，也是飞机中转的枢纽。同时，机场还是广大旅客办理登机手续、上下飞机所必需的场所。因而，在机场运行保障中的任何一个环节出现问题，都有可能导致航班运输不正常。引起航班运输不正常的机场原因较多，具体如下：① 机场跑道、滑行道等道面损坏；② 机场活动区有异物；③ 人、动物、车辆进入跑道或滑行道；④ 发生在飞机起飞阶段高度 100 米（含）以下或者进近阶段高度 60 米（含）以下，或与机组确认为机场责任范围内发生的鸟害；⑤ 机场所属设施、设备故障；⑥ 等待停机位或登机口分配；⑦ 机场原因导致飞机、保障车辆等待；⑧ 候机区秩序；⑨ 机场运行信息发布不及时；⑩ 未及时开放、增开安检通道或安检设备故障；⑪ 机场施工造成保障能力下降；⑫ 机场净空条件不良造成保障能力下降；⑬ 机场或跑道宵禁造成保障能力下降；⑭ 机场所属拖车等保障设备到位不及时；⑮ 跑道查验；⑯ 其他机场原因。

第八类，联检原因。航空机场联检即我国公安边防检查部门、海关和卫生检疫部门所实施的联合检查。公安边防检查部门是国家设在对外开放口岸以及特许的进出境口岸的入出境检查管理机关，是代表国家行使入出境管理职权的职能部门。其任务是维护国家主权、安全和社会秩序，发展国际交往，对一切入出境人员的护照、证件和交通运输工具实施边防检查和管理，实施口岸查控，防止非法入出境。海关是根据国家法律对进出关、境的运输工具、货物和物品进行监督管理和征收关税的国家行政机关。海关的任务是依照《中华人民共和国海关法》和其他有关法律、法规，监管进出境的运输工具、货物、行李物品、邮递物品和其他物品，征收关税和其他税费；查缉走私；编制海关统计和办理其他海关业务。卫生检疫部门是国家在国境口岸的卫生检疫机关，执行《中华人民共和国国境卫生检疫法》《中华人民共和国食品卫生法》及有关法规，防止传染病由国外传入或由国内传出，保护人体健康；对入出境人员、交通工具、运输设备和可能传播传染病的行李、货物、邮包以及进口食品等实施检疫检验、传染病监测、卫生监督、卫生处理和卫生检验，并为出入境人员办理预防接种、健康体检并签发证件，提供国际旅行健康咨询、预防和急救药品等。联检原因主要有两个方面：① 因联检单位（边防、海关、检验检疫）原因未及时为旅客办理手续，造成旅客晚登机；② 其他联检原因。

第九类，油料原因。油料原因包括：① 未按计划供油；② 油品质量不符合规定要求；③ 加油设施设备故障；④ 加油时损坏飞机；⑤ 其他油料原因。

第十类，离港系统原因。离港系统原因主要有：① 离港系统故障，不能办理旅客登机手续，或离港系统运行效率降低造成旅客办理乘机手续时间延长；② 其他离港系统原因。

第十一类，旅客原因。在民航运输的实践中，由于旅客自身原因导致航班运输不正常的情况也经常发生。旅客原因主要包括：① 旅客晚到；② 旅客登机手续不符合规定；③ 旅客突发疾病；④ 旅客丢失登机牌，重新办理手续；⑤ 旅客登机后要求下机，重新进行客舱及行李舱安全检查；⑥ 旅客拒绝登机或前段航班旅客霸占飞机；⑦ 其他旅客原因。

第十二类，公共安全原因。除上述各种原因之外，公共安全也可导致航班运输不正常。公共安全原因主要涉及以下 7 个方面：① 突发情况占用空域、跑道或滑行道，造成保障能力下降；② 因举办大型活动或发生突发事件，造成保障能力下降或安检时间延长；③ 航班遭到劫持、爆炸威胁；④ 发生可能影响飞行安全的事件，如机场周边燃放烟花导致能见度下降，发现不明飞行物、气球、风筝；⑤ 地震、海啸等自然灾害；⑥ 公共卫生事件；⑦ 其他公共安全原因。

按照责任性质来划分，导致航班运输不正常的原因可分为承运人原因和非承运人原因两类。其中，承运人原因是指造成航班运输不正常的可归责于承运人的航班计划、航班调配、运输服务、机务维护和机组等原因；非承运人原因是指造成航班运输不正常的天气、突发事件、空中交通管制、安检、旅客或公共安全原因。这里需要注意的是，因天气原因造成航班延误，相邻两个航段延误原因归天气原因，如后续航班继续延误则归承运人原因。

二、航班延误和取消

（一）航班延误和取消的概念

一直以来，航班延误是困扰世界各大航空公司和旅客的一大难题，引起航班延误的原因是多方面的，旅客在候机的过程中也是由急到烦直至产生过激行为而逐渐变化的。

航班延误可分为航班到港延误、航班出港延误、机上延误和大面积航班延误等情况。其中，航班到港延误是指航班实际到港挡轮挡时间晚于计划到港时间超过 15 分钟的情况。航班出港延误是指航班实际出港撤轮挡时间晚于计划出港时间超过 15 分钟的情况。机上延误是指航班关舱门后至起飞前或者降落后至开舱门前，旅客在飞机内等待超过机场规定的地面滑行时间的情况。大面积航班延误是指机场在某一时段内一定数量的进、出港航班延误或者取消，导致大量旅客滞留的情况，超出该机场高峰小时保障能力。

航班取消是指因预计航班延误而停止飞行计划或者因延误而导致停止飞行计划的情况。

案例 4-5

统计公报曝光航班延误三大原因

2011 年 4 月 17 日，广东一带暴雨，深圳宝安机场出现大面积航班延误。由于等待时间过长，旅客情绪激动，与深圳航空地服人员发生激烈肢体冲突。2011 年 5 月 8 日晚上，近百名国航的旅客因为航班被取消滞留深圳宝安国际机场，旅客们不满航空公司改签安排而情绪激动。经地面代理服务人员协调，仍有 100 多名旅客滞留，旅客情绪越来越激动。直到 5 月 9 日凌晨两点多，航空公司才陆续说服大部分旅客改签，截至 5 月 9 日早上 8 点多，所有滞留旅客全部改签成行。国航也正式向旅客出具书面致歉信。

航空公司表示："我们也不愿延误。"航班延误后，航空公司一些员工冷漠的态度让旅客感到窝火。当焦急的旅客前去询问原因时，得到的答复往往是简单的几句术语："天气原因""航空管制""机械故障""飞机调配"。至于起飞时间，答案经常是"马上""快了"，然后是一拖再拖，直至旅客情绪崩溃。然而，对于航空公司来说，他们也不愿意航班延误。深圳航空地面服务部的吴潇表示："航班延误，航空公司付出的成本非常高，一架飞机在地面等待一个小时的平均成本为 1 万美元左右，所以无论是从经营、运营还是保障旅客服务来讲，我们都希望飞机能正点起飞，希望旅客能顺利出行。这种心情、立场与旅客完全一致。"

延误原因：空域过小致空中"封路"。央视记者报道指出，目前，排名前五位的航班延误原因为空中管制、公司计划、天气、工程技术、机场，其中空中管制为航班延误的最大原因。而空中管制的根本原因是空域资源不足，不得不在空中"封路"。邹建军表示："现在业务增长量非常快，但是基础服务设施并没有跟上业务量的增长，如空域的问题。"

权威数据：四成延误因航空公司所致。民航局 2011 年 5 月 4 日发布《2010 年民航行业发展统计公报》，公报披露，航空公司自身原因、流量控制和天气原因成为航班不正常的主要原因。其中，航空公司自身原因导致的航班延误占到了 40% 以上，流量控制原因导致的航班延误占到了 30% 左右，天气原因导致的航班延误在 20% 左右，其他原因占到了 10% 左右。

2010 年主要航空公司的航班正常率为 75.8%，中小航空公司的航班正常率为 68.8%。在民航局的统计公报中，2010 年因航空公司自身原因导致的延误数量有所减少，而因流量控制导致的延误则增加了 5 个百分点左右。

资料来源：吴亭. 统计公报曝光航班延误三大原因 民航局重拳治理[EB/OL]. （2011-05-12）[2023-12-10]. https://www.chinanews.com.cn/gn/2011/05-12/3034567.shtml..

（二）航班延误和取消时的旅客心理及其影响因素

1. 航班延误和取消时的旅客心理

航班延误和取消，不管是对航空公司还是机场来说，都是一件不愿其发生但又无法避免的事情，同时也是整个民航业服务的难点。从旅客的心理活动过程来看，旅客购买了机

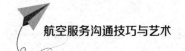
票进入候机室平静地等待，此时的心理需求是飞机按时起飞。一旦听到"我们抱歉地通知您，由于×××原因导致本次航班延误……"的播报，旅客的心理需求与客观现实形成强烈反差，就会出现心理波动情绪。旅客的情绪波动有一定的差异性，但也有其共性，更具有复杂性。归纳起来，航班延误或取消后，旅客的心理特征主要表现在以下几个方面。

（1）怀疑心理。当听到航班因天气原因被延误时，部分旅客顿时对航空公司告知的延误理由持怀疑态度。"天气原因是可以理解的，但是我们怀疑航空公司没有给我们提供真实的信息"，这是很多旅客在遭遇航班延误时的第一心理反应，从而产生怀疑情绪。

（2）焦虑心理。人们之所以选择乘坐飞机外出，主要是由于航空飞行具有快捷、舒适等优势。然而，航班延误，尤其是长时间的延误，将直接打乱人们的出行计划，如公务安排不得不调整，旅游计划不得不推迟或取消，下一段行程的交通票据不得不改签或退票，接机的亲友不得不无奈地继续等待……随着航班延误时间的拉长甚至取消，旅客坐立不安，着急、焦虑心理也将随之加重。

（3）期盼心理。当航班延误时，旅客非常期盼航空公司能更多地、及时地、动态地告知有关航班的信息，如航班所在的位置、航班延误多久、什么时候能够登机等。据此，旅客才能调整或安排行程，预计成行时间，并急切地期盼航班延误能够尽快结束。

（4）窝火心理。部分旅客认为，航班延误或取消并非天天发生，可偏偏被自己给撞上了，觉得自己怎么这么倒霉，从而产生窝火心理。一旦候机员有稍许的服务不周，他们将借机一股脑地发泄心中的怨气和憋屈，也容易做出一些欠理智的事情来。

（5）抱怨心理。当第一次通知航班延误时，旅客一般只觉惋惜。但随着飞机起飞时间的不断推迟，加上旅客也很难准确、及时地获得航班延误的信息，旅客的抱怨心理开始产生并随之加深。

（6）愤怒心理。随着航班延误时间的拉长，旅客的抱怨情绪也持续增强，如若一直没有航班预计抵达或起飞的时间，旅客将感到非常失望，加之长时间等候的疲劳，旅客极易产生愤怒心理。倘若最后又通知航班被取消，此时，旅客将忍无可忍，愤怒情绪随之爆发，并且这种愤怒情绪极具扩散性，从而极有可能引发周围人产生同样的愤怒情绪，进而可能与工作人员争吵、投诉、要求赔偿，甚至破坏机场设施等。

 讨论拓展

讨论题目——目的地机场所在城市天气良好，机场也有飞机起降，
为什么还是通知航班因天气原因延误

提示要点：

1. 覆盖在机场起降跑道附近的低云、雷雨区是常见因素。
2. 飞机在空中的飞行航道是严格受限的。
3. 目的地机场所在城市天气状况良好并不代表飞行航道适合飞行。

2. 航班延误和取消时旅客心理的影响因素

通常，在航班延误和取消现场，旅客的情绪非常不稳定。这种情绪波动的大小主要受以下四个因素的影响。

（1）航班延误时间的长短。航班延误的时间越长，旅客的情绪波动越大且将持续升高，当航班取消时，矛盾更加尖锐。

案例 4-6

因航班延误而大闹机场，结局可想而知

2019 年 4 月 28 日 0 时 10 分许，机场公安接到机场指挥中心来电称：在机场二楼登机口有旅客闹事，扰乱单位秩序，请民警到场处理。机场公安迅速赶到现场，经了解，一名刘姓男乘客因其乘坐的航班由于天气原因延误而心生不满，与工作人员发生争吵，并言语煽动其他旅客拒绝登机，期间还抢夺机场工作人员的广播话筒。

民警按照《中华人民共和国民用航空安全保卫条例》有关规定，对其进行劝阻，要求其保持冷静，合理表达其需求，但刘某仍不听劝阻，继续在现场大吵大闹并将登机口服务台上的告示牌砸坏，该行为已严重影响了机场登机口的秩序，民警在多次劝阻无效后依法将其强制传唤至机场派出所做进一步调查处理。调查期间，民警对其进行耐心教育，要求其配合接受调查，但其态度恶劣，拒绝配合，拒绝回答民警的询问。

机场公安对现场目击人员进行调查取证，并调取了相关视频资料。根据收集到的证据资料，认为刘某的行为已构成扰乱单位秩序，事实清楚、证据充分，根据《中华人民共和国治安管理处罚法》对其处以行政拘留 8 日的处罚。

多一分理解，多一分尊重。机场公安提醒，目前正值雷雨季节，因天气原因导致的航班延误增多，各位旅客应理性正视航班延误的原因，通过合法途径表达诉求和维护权益，采取过激行为不仅于事无补，还可能扰乱单位秩序，受到法律的惩罚。

资料来源：因航班延误而大闹机场，结局可想而知 [EB/OL].（2019-05-07）[2023-04-25].
https://baijiahao.baidu.com/s?id=1632834788387273232&wfr=spider&for=pc.

（2）信息告知的透明性与及时性。在现场情绪控制手段中，信息告知是简单而又关键的影响因素。随着时间的推移，现场服务信息与信息的持续、及时且让人感觉毫无保留的发布，在一定程度上可缓解旅客的情绪波动。但是，如果信息告知的透明性与及时性不能达到旅客的要求，旅客的情绪将会产生波动，波动曲线如图 4-1 所示，可能由图中的实线发展为虚线，即情绪上升更为迅速。

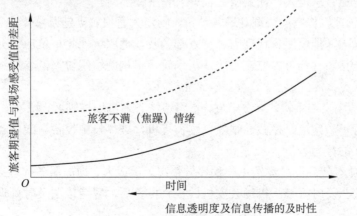

图 4-1　服务现场旅客情绪波动曲线

（3）旅客乘机出行的重要性。旅客乘机外出通常有自己的计划性和目的性，总是为了办某事而出行。需要办理的事情越重要，时间越紧迫，发生航班延误和取消后，旅客的情绪波动就越大，行为就越激烈。

（4）服务补救的有效性。发生航班延误时，延误的时间可能较短，也可能较长。因而，现场的服务补救及其有效性通常成为服务成功与否的关键。如航班延误时间较长时，有效解决旅客的个性化需求与基本的休息需要就非常关键。换句话说，现场是否采取服务补救措施，服务补救措施是否及时、有效，同样会导致旅客心理情绪的波动。

（三）航班延误和取消时的服务

2016年3月24日经第6次交通运输部务会议通过，并于2017年1月1日起施行的《航班正常管理规定》（中华人民共和国交通运输部令2016年第56号）对航班延误和取消时的服务做了具体规定。

1. 一般规定

（1）承运人应当制定并公布运输总条件，明确航班出港延误及取消后的旅客服务内容，并在购票环节中明确告知旅客。国内承运人的运输总条件中应当包括是否对航班延误进行补偿；若给予补偿，应当明确补偿条件、标准和方式等相关内容。

（2）承运人应当积极探索航班延误保险等救济途径，建立航班延误保险理赔机制。

（3）承运人委托他人代理地面服务业务或者销售代理业务的，应当在代理协议中明确航班出港延误后的服务内容和服务标准。

（4）承运人及其航空销售代理人在售票时，应当将旅客联系方式等必要信息准确录入旅客订座系统，并负责及时通告旅客航班动态信息。

（5）航班出港延误或者取消时，承运人、机场管理机构、空管部门、地面服务代理人、航空销售代理人应当加强信息沟通和共享。承运人应当每隔30分钟向机场管理机构、空管部门、地面服务代理人、航空销售代理人发布航班出港延误或者取消信息，包括航班出港延误或者取消原因及航班动态。空管部门应当按照规定将天气状况、流量控制和航班出港延误后放行等信息通告承运人和机场管理机构。机场管理机构应当按照规定将机位、机坪运行情况等信息通告承运人、地面服务代理人和空管部门。

（6）机场管理机构应当协调驻场各单位，制定大面积航班延误总体应急预案，并定期组织演练。承运人、地面服务代理人、空管部门及其他服务保障单位应当分别制定大面积航班延误应急预案。驻场各单位应当服从机场管理机构的组织协调，参加演练，落实各项服务保障工作。

（7）旅客应当文明乘机，合法维权，不得违法进入机场控制区，堵塞安检口、登机口，冲闯机坪、滑行道、跑道，拦截、强登、强占飞机，破坏设施设备，或者实施其他扰乱民航运输生产秩序的行为。

（8）出现旅客扰乱民航运输生产秩序的情况，承运人、地面服务代理人、机场管理机构等相关单位应当及时报警。机场公安机关接到报警后，应当依法及时处理，维护民航运输生产秩序。

2. 航班出港延误或取消的旅客服务

（1）在掌握航班出港延误或者取消信息后，各单位应当按照各自职责，做好以下信息通告工作：其一，承运人应当在掌握航班状态发生变化之后的 30 分钟内通过公共信息平台、官方网站、呼叫中心、短信、电话、广播等方式，及时、准确地向旅客发布航班出港延误或者取消信息，包括航班出港延误或者取消原因及航班动态。其二，机场管理机构应当利用候机楼内的公共平台及时向旅客通告航班出港延误或者取消信息。其三，航空销售代理人应当将承运人通告的航班出港延误或者取消的信息及时通告旅客。各单位应当加强协调，及时传递相关信息，确保对外发布的航班信息真实、一致。旅客对承运人、机场管理机构、航空销售代理人通告的信息真实性有异议的，可在旅行结束后向民航局确认。

（2）航班出港延误或者取消时，承运人应当根据运输总条件、客票使用条件，为旅客妥善办理退票或者改签手续。旅客要求出具航班延误或者取消书面证明的，承运人应当及时提供。

（3）航班出港延误或者取消时，承运人应当按照运输总条件，做好旅客服务工作。

（4）发生航班出港延误或者取消后，承运人或者地面服务代理人应当按照下列情形为旅客提供食宿服务：其一，由于机务维护、航班调配、机组等承运人自身原因，造成航班在始发地出港延误或者取消，承运人应当向旅客提供餐食或者住宿等服务。其二，由于天气、突发事件、空中交通管制、安检以及旅客等非承运人原因，造成航班在始发地出港延误或者取消，承运人应当协助旅客安排餐食和住宿，费用由旅客自理。其三，国内航班在经停地延误或者取消，无论何种原因，承运人均应当向经停旅客提供餐食或者住宿服务。

（5）在航班出港延误或者取消时，承运人、航空销售代理人或者地面服务代理人应当优先为残疾人、老年人、孕妇、无陪儿童等需特别照料的旅客提供服务。

（6）机场管理机构应当在航站楼内为旅客提供医疗服务。

（7）航班延误、取消时，承运人应优先安排旅客乘坐后续航班或签转其他承运人的航班。

（8）航班延误、取消时，如果旅客要求退票，始发站应退还全部票款，经停地应退还未使用航段的全部票款，均不收取退票费。

3. 机上延误服务

（1）承运人应当制定并向社会公布机上延误应急预案，预案内容应当包括机上延误时的信息通告、餐饮服务提供时间和下机的条件及限制。机上延误应急预案应当与机场管理机构、海关、边检、安保部门充分协调。

（2）发生机上延误后，承运人应当每 30 分钟向旅客通告延误原因、预计延误时间等航班动态信息。由于流量控制、军事活动等原因造成机上延误的，空管部门应当每 30 分钟向承运人通告航班动态信息。

（3）机上延误期间，在不影响航空安全的前提下，承运人应当保证盥洗设备的正常使用。机上延误超过 2 小时（含）的，应当为机上旅客提供饮用水和食品。

（4）机上延误超过 3 小时（含）且无明确起飞时间的，承运人应当在不违反航空安全、安全保卫规定的情况下，安排旅客下飞机等待。

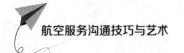
（5）机场管理机构、地面服务代理人应当协助承运人做好机上延误时的各项服务工作。

4. 大面积航班延误的服务

（1）机场管理机构及驻场各单位应当共同建立大面积航班延误联动协调机制，包括信息共享、航班放行协调、旅客服务协调等机制。

（2）机场管理机构应当及时宣布启动大面积航班延误总体应急预案，并协调承运人、地面服务代理人、机场公安机关、空管部门及服务保障单位，共同实施应急预案。

（3）发生大面积航班延误时，空管部门应当按照规定向有关单位通告航班延误原因、预计起飞时间等航班动态信息。机场管理机构应当建立大面积航班延误信息发布工作制度及对外宣传平台，实时向社会公布延误及处置情况。

（4）发生大面积航班延误时，空管部门应当协调承运人、机场管理机构、地面服务代理人等单位，启动航班放行协调机制。

（5）发生大面积航班延误时，机场管理机构应当启动旅客服务协调机制，协调承运人、地面服务代理人、机场公安等单位，组织实施相关服务工作。机场管理机构应当协调海关、边防、检验检疫等联检单位，根据进出港航班运行情况，确保旅客快速办理联检手续。夜间大面积航班延误期间，机场管理机构应当协调相关单位延长机场巴士运营时间。

（6）发生大面积航班延误时，机场公安机关应当增加现场执勤警力，维护民航运输生产秩序。

（7）机场管理机构应当与地方政府建立大面积航班延误处置联动机制，必要时请求地方政府协助。

 **思政拓展**

国内航班取消　外宾拒绝改签

2010年8月18日，由于航空公司计划原因，B机场至北京的某航班被取消，一外籍旅客被改签到次日的B机场至北京航班。由于该旅客需乘坐19日20:25由北京至法兰克福的航班，而后续航班因航班满客无法改期，故该旅客拒绝乘坐19日的改签航班飞往北京。经B机场售票员联系承运航空公司外语服务热线，由其对旅客进行解释，该旅客方肯乘坐改签航班到北京，再与承运航空公司联系其后续航班的签转事宜。

资料来源：李宏斌. 服务创造价值：民航机场服务理念探索与案例剖析[M]. 北京：中国民航出版社，2012.

思考与借鉴：

根据《公共航空运输旅客服务管理规定》第二十七条规定："在联程航班中，因其中一个或者几个航段变更，导致旅客无法按照约定时间完成整个行程的，缔约承运人或者其航空销售代理人应当协助旅客到达最终目的地或者中途分程地。"B机场工作人员积极帮助旅客联系航空公司，最终解决各种遗留问题，在旅客与航空公司之间起到了良好的协调作用。从该事件中也可反映出机场应进一步提高一线服务人员的整体英语服务水平和能力，加强外语对话能力，从而更好地为外籍旅客提供服务。

（四）对航班延误和取消问题的处理措施

1. 信息透明

如若在旅客前往机场办理乘机手续之前获知航班延误超过 60 分钟或取消，由售票处根据旅客订座单的联系电话通知旅客航班变更时间。如果售票处无法与已购票旅客取得联系，则机场值机部门应按原定办理乘机手续时间在柜台等候旅客，并向旅客说明情况，做出相应处理。

无法由售票处提前通知旅客航班延误信息时，按原定时间为旅客办理乘机手续。在办理乘机手续后获知航班延误的，视延误时间的长短，可采取不同方式告知航班延误信息。具体如下：第一，若航班延误时间在 10 分钟之内，可以不通知旅客，而是采取稍微延迟广播登机。第二，如果延误时间在 10～15 分钟，应尽快以恰当的方式告知旅客，并明确告知该航班将延迟多少分钟起飞或登机。第三，如果延误时间在 15 分钟以上或取消，应立即通知旅客，并告知该航班预计登机时间或航班取消后的安排。第四，如果航班延误信息不确定，应每隔 30 分钟通报一次动态信息。第五，如果旅客登机后发生延误或飞机起飞后返航，应立即向各有关部门询问航班可能延误的时间。若延误时间较长，应询问值班领导和机长，旅客是在机上等候还是安排下机休息。第六，如果航班延误信息不确定或航班延误时间超过两小时，旅客被安排下飞机等候且需要重新登机时，若在预计的航班起飞时间之前有后续其他航班可以签转的，应帮助要求签转的旅客卸下其行李，运回出发行李收运处，方便旅客取行李改乘其他航班。

在告知航班延误或取消的信息时，需要特别注意航班信息预告要真实和及时。据统计，航班延误或取消时，旅客最大的心理需求是获得真实、及时的航班信息或者航班取消后的具体安排。因此，航空公司、机场等相关部门应坚持诚实守信的原则，按照《航班正常管理规定》的要求，及时、准确地将航班信息传递给旅客，满足旅客对航班信息知情的心理需求。航班延误时，切忌将机械、人为等原因说成天气原因，一经发现，将受到严厉处罚。

案例 4-7

航班延误信息传递欠准确导致的尴尬

B 航空公司到北京的航班发生延误，接近登机时间，候机厅未见任何登机迹象，于是有旅客前来问询航班情况，候机员在没有完全确定延误原因的情况下，告知旅客该航班之所以延误，是由于对方机场的航班流量控制。殊不知，旅客当中恰有一位旅客对对方机场较熟悉，于是电话联系了对方机场的一位朋友，得知对方机场是正常放行的。此时，该旅客大怒，其他旅客也纷纷愤怒质问为何不如实告知航班延误的真正原因，纷纷指责机场、航空公司不诚信。顿时，该旅客成了群众领袖，代表旅客与机场、航空公司谈判，相关部门也感到十分尴尬。

2. 安排膳宿

发生航班出港延误或者取消后，承运人或者地面服务代理人应当按照下列情形为旅客

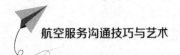
提供膳宿服务：第一，造成航班在始发地出港延误或者取消的原因是承运方的，承运人应当向旅客提供餐食或者住宿等服务。第二，造成航班在始发地出港延误或者取消的原因是非承运方的，承运人应当协助旅客安排餐食和住宿，费用由旅客自理。第三，航班在经停地延误或者取消，无论何种原因，承运人均应当向经停旅客提供餐食或者住宿服务。

3．安排改乘

如果有旅客要求改乘其他航班，承运人或其地面服务代理人应该在航班有可利用座位的情况下给予妥善安排。通常情况下，应该优先安排本公司后续航班。倘若该航班不能满足旅客要求，则帮助旅客签转其他航空公司的航班。

（1）办理改乘手续的顺序。为旅客办理改乘手续时，一般按照以下顺序来安排：重要旅客—有特别困难急于成行的旅客—需在目的站转机的旅客—头等舱、公务舱旅客（旅客自愿降舱旅行）—其他旅客。

（2）办理改乘手续的程序。为旅客办理改乘手续时，一般按照以下程序进行：第一，与接收改乘的承运人联系，确认接收改乘的航班预留座位。如果有转机旅客，通知该旅客。第二，广播通知旅客到候机厅内指定地点或值机柜台办理改乘手续。第三，当预知可能申请改乘的旅客人数较多，而航班可利用座位不足时，可采用不对外公布的限制办理或单个办理的方式进行。第四，办理国内航班改乘时，原自动客票/登机牌无须签转，国际客票应签转，粘贴更改条后，将该乘机联从原航班票据中取出加盖签转印章，交予接收改乘的承运人。第五，如果改乘旅客持有的客票为折扣票，一般不予签转。第六，旅客改乘后，取消原订座记录或在原航班旅客记录上登记减人。第七，与接收改乘的承运人交接改乘旅客的托运行李，并做好交接记录。

4．办理退票

如果有旅客要求退票，在始发站提出退票的，应退还旅客所付的全部票款；在航班经停站提出退票的，应退还未使用航段的票款，但所退金额不得超过原付票款金额。在办理退票时，应按以下程序处理。

（1）收回登机牌，退还旅客乘机联。国内客票在封二注明"航班不正常"字样、签名、加盖业务章，请旅客到原出票地点、航班始发地、终止旅行地的客票所属承运人或其销售代理人售票处办理退票，不收取退票费，并向旅客说明业务规定，做好解释工作。

（2）旅客坚持要就地退票时，如所乘坐的是本公司航班或使用公司客票填开的航班，也可按非自愿退票办理（仅限国内客票），免收退票费，但在退款单上应注明"航班不正常"字样。

（3）退票时，取消原订座记录。

讨论拓展

讨论题目——有时航班因天气原因取消，航空公司为什么过后不补班而直接取消

提示要点：

1．空管能否批准补班计划。

2．旅客次日签转安排情况。

3．机组执勤时间限制。

4．飞机状况。

（五）航班延误和取消时的语言沟通技巧

1．航班延误和取消时的基本语言沟通技巧

（1）语言清晰。工作人员不管是在告知航班延误或取消信息时，还是在回答旅客关于航班延误或取消的咨询时，都要做到语言清晰，力求发音准确、吐字清楚，确保旅客能清晰听见，不要含混不清、羞羞答答，也不要语速太快，更不能应付了事，避免因为语言表达欠清楚而带来不必要的麻烦。

（2）语气平和。航班延误或取消时，旅客本就心情欠佳，这时尤其需要工作人员不要冲动，说话时注意语气柔和，音调不要太高，音量也要适中，确保旅客听得舒服。若语气生硬，容易让旅客感觉不友好、不和善，可能起到相反的作用。

（3）态度和蔼。和蔼、谦恭的态度可以让人心情舒畅，感觉友善，可有效降低旅客对航班延误或取消所产生的窝火、抱怨、愤怒和抵触等心理。工作人员应该秉持"想旅客之所想，急旅客之所急"的服务态度，面带微笑，使用礼貌用语，客气、耐心地为旅客服务，以此来融洽客我关系。

（4）倾听诉求。遭遇航班延误或取消，旅客有抱怨、不满等情绪能理解。这个时候，工作人员应该尽量让旅客将抱怨、不满等说出来，并认真倾听，适当地充当旅客的"出气筒"。在旅客将不满倾诉完后，应详细了解旅客对本次航班延误或取消处理的要求和期待，并按照相关规定尽量满足。

2．航班延误和取消时提倡使用的服务用语

（1）非常抱歉，飞机暂时还未从前站起飞，请留意我们的广播通知，如有最新消息，我们一定会广播告知每位旅客。

（2）您请稍等，我这就去帮您问一下看是否可行。

（3）请您不要着急，再稍等一会儿，大家都会上飞机的。

（4）对不起，我有做得不到位的地方还请您谅解。

（5）请大家少安毋躁，我会逐个地回答大家的问题。

（6）您反映的问题，我将向相关部门和领导反映。

（7）请您配合我们的工作，谢谢！

（8）感谢您对我们工作的配合和支持。

3．航班延误和取消时禁止使用的服务用语

（1）没时间就是没时间。

（2）这个我可管不了。

（3）我就这态度。

（4）这老天要打雷下雨，我们也管不着。

（5）不知道，我也不清楚，不要问我。

（6）有意见你去投诉呀！

（7）没看见我正在忙？

（8）真是麻烦！

（9）等着吧！

（10）自己看！

（六）航班延误时客舱服务语言沟通范例

（1）导致航班延误的原因有多种，不管是承运人原因还是非承运人原因，采取以下的语言沟通方式是最基本的要求。

范例1："先生（小姐），我知道您一定有很要紧的事，很着急，我们也为您着急，但我们有义务将真实情况通知大家，请相信我们。我这就再去询问一下机长看有没有最新进展，好吗？"

范例2："先生（小姐），您的心情我理解，让您那么着急我很抱歉，也很不愿意。一有最新消息我们将马上通知您，我先给您倒杯温开水，好吗？"

（2）如果是航空公司机械故障原因而导致航班延误，客舱服务语言沟通可采取以下方式。

范例："先生（小姐），今天飞机有一点小故障，为了您的安全，我们不能马上起飞，对此给您造成的不便，我们深表歉意。我们的工程师正在抓紧时间修复，我去给您倒杯温水……请用，我还特地给您拿来了一份《环球时报》，看看报纸，时间可以过得快一些……我还可以为您做点什么吗？"

（3）如果是航空公司卸货原因而导致航班延误，客舱服务语言沟通可采取以下方式。

范例："先生（小姐），实在对不起，货物还未装载完毕，大概还要15分钟，请您在座位上稍作休息。我去给您拿点饮料和果仁好吗？您想喝什么饮料？"

（4）如果是航空公司等待旅客的原因而导致航班延误，客舱服务语言沟通可采取的方式如下。

范例1："先生（小姐），真对不起，由于目前还有几位旅客没有登机，但是他们已经办过登机手续，请您在座位上休息一会儿，一有消息我会马上告诉您。我去帮您拿张报纸来好吗？我们有……您喜欢哪种？……这是您喜欢的《新民晚报》，我还给您带来一份《美酒与美食》杂志，先解解闷吧！谢谢您的理解与支持！"

范例2："先生（小姐），真对不起，由于目前还有几位已经办理过登机手续的旅客没有及时登机，他们的行李已经进入行李舱，现在地面服务人员正在查找，一经找到，我们撤下行李就起飞，对于给您造成的不便深表歉意。您想喝点什么吗？我们有特制的"青春飞扬"，给您品尝一下好吗？"

（5）如果是天气原因而导致航班延误，客舱服务语言沟通可采取以下方式。

范例1："先生（小姐），很抱歉，××上空有雷雨，为了您的安全，我们暂时还不能起飞。我去给您冲杯茶好吗？您先休息一下……给您毛毯和枕头，垫着舒服些，还有报纸，喝喝茶，看看报，放松放松，一有最新消息我会立刻告诉您……"

范例2："先生（小姐），我知道您一定很着急，您想换乘其他航空公司的飞机啊，但所有去北京的航班都走不了，我们现在排在第二位，万一您下机了而我们又起飞了，这样不就把您给落下了，我们会内疚的。您先喝杯水定定神，我这就去问问机长有无最新消息，我马上回来……"

（6）如果是流量控制原因而导致航班延误，客舱服务语言沟通可采取以下方式。

范例："先生（小姐），很抱歉地通知您，由于空中交通管制原因，我们不能马上起飞，我们的飞机现在排在第××架等待起飞，每一架次的间隔时间大约是××。一有最新情况我们会及时告诉您，请您在座位上休息……"

（7）如果旅客不忍长时间等待要求下机，客舱服务语言沟通可采取以下方式。

范例："先生（小姐），很抱歉，耽误了您这么长时间，我马上将您的要求报告给乘务长、机长，尽可能帮您联系，您请稍等，我会随时告诉您进一步情况。您需要喝点什么吗？"……"先生（小姐），现在可以下机了，请带好您的所有物品，跟随地面工作人员下机。再次感谢您的理解！祝您旅途愉快！"

思政拓展

客人激动心慌乱　医生救心又暖心

2016 年 12 月 13 日，某机场至哈尔滨的航班，因哈尔滨大雪造成了航班延误，旅客滞留在候机厅。4 个多小时后，有多名旅客情绪渐渐激动，开始大吵大闹。一个小时后，飞机到达机场，旅客开始登机。突然，原本吵闹较凶的一名旅客在登机后突发心慌、胸闷、面色苍白、全身大汗。机组立即报告给了地面。接到信息后，机场医疗急救中心值班主任立即带领医护人员及时赶到机上。经检查，初步诊断该旅客为"恶性心律失常"发作，如不及时抢救，将可能危及生命。医务人员当即采取果断措施：取消该旅客航程，就地抢救。当患者同伴得知这一消息时，开始破口大骂，不予配合。面对情绪激动的旅客，值班医生一边组织抢救，一边耐心地做着旅客同伴的思想工作，劝其以病人健康为重，积极配合医生治疗。经过近 4 个小时紧张而又有条不紊的抢救，患者转危为安。考虑到航班延误了几个小时，患者及同伴尚未用餐，医务人员自己掏钱买来热乎乎的面条，主动送到患者和同伴手中，使患病旅客和同伴很受感动。

原本由于航班延误而产生过激情绪和行为的病人及随行人员，因及时得到机场急救中心医生的专业救治和无微不至的关怀，内心十分感动，同时也转变了态度。几天后，该旅客给急救中心寄来了一封热情洋溢的感谢信和一面锦旗。

资料来源：李宏斌. 服务创造价值：民航机场服务理念探索与案例剖析[M]. 北京：中国民航出版社，2012.

思考与借鉴：

该机场医疗急救中心自 2009 年起，创立了"白衣战士温馨岗"服务品牌，大力提倡"以人为本，一切以病人为中心"的人性化医疗服务。本案例中，该旅客因航班延误导致情绪激动，诱发了心脏病。机场医务人员通过"热心""耐心""贴心""关心""细心"的"五心"服务，有效化解了旅客因航班延误产生的过激行为，认真履行了"白衣战士温馨岗"的服务承诺，优质的医疗服务得到了旅客的肯定。

近年来，该医疗急救中心通过开展"假如我是患病旅客"换位思考大活动，充分考虑

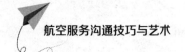

"病人方便不方便，病人接受不接受，病人满意不满意"；医护人员主动换位思考，努力做到尊重和理解患者的需求，诚心诚意为旅客解决一些力所能及的实际困难，以真诚感化旅客，赢得了旅客对机场服务工作的肯定和理解。

一直以来，该医疗急救中心值班领导能坚守一线，充分发挥了现场监控和指挥作用。在遇到航班大面积延误需要出诊的情况下，值班领导能带领医护人员快速赶赴现场，及时、妥善地处理和解决现场发生的各类异常情况，高质量地完成了急症旅客的出诊任务。

三、航班中断

（一）航班中断的概念

因故未在经停站降停或降停非目的地而不继续飞行的航班称为中断航班。

（二）航班中断的服务与沟通

航班中断通常会给旅客带来极大的不便，应进行有效的服务与沟通。一般情况的处理程序如下。

（1）地面旅客服务部门在飞机落地前，向生产调度部门了解航班的旅客人数以及有无重要旅客或特殊旅客等情况。

（2）地面服务人员引导旅客提取行李。

（3）对将继续乘机的旅客，如需提供膳宿服务，按承运人原因航班延误的有关规定处理。

（4）航班中断后，旅客要求改变航程或终止旅行的，按以下规定办理。

① 在始发站，退还全部票款，不收取退票费。

② 在经停站，退还旅客未使用航段的票款，但所退票款不得超过始发站至原目的地票价，不收取退票费；如旅客所付票价为折扣票价，应按相同折扣率计退票款。

③ 改变航程的旅客应退票后另行购票。

（5）航班中断后转其他航班飞行。航班中断后，原则上应使用其他航班将旅客送回原目的站机场，单独设立柜台为中断航班的旅客办理转乘手续。使用"国内航线客运航班中断舱单"逐一登记旅客姓名和客票号码，对于旅客没有提取的行李，由值机柜台换牌或清点后保管和交付运输。

注：中断舱单是指航空运输企业因特殊原因无法按原计划航班完成与旅客的运输合同而填开的由其他航空运输或其他航班完成旅客运输的凭证，既是旅客乘坐接运航空公司的运输凭证，也是接运航空公司与交运航空公司的结算凭证，具有客票乘机联的同等效力，是一种有价证券。

 讨论拓展

讨论题目——航班被更改航线、取消、中断、延期、推迟，旅客的机票如何处理

提示要点：

1. 能否为旅客安排有可利用座位的后续航班。

2. 旅客是否愿意办理签转手续。

3. 变更原客票列明的航程，安排航班将旅客运达目的地点或中途分程地点。

4. 可按非自愿退票的规定办理退票手续。

四、航班补班

（一）航班补班的概念

航班由于天气、突发事件或航空公司飞行故障、航班计划等原因，无法按原班期时刻完成运输，造成旅客在始发地滞留，确定起飞时间后于次日完成航班任务，则此航班叫作补班。

（二）航班补班的服务与沟通

航班补班飞行时，应按以下要求处理。

（1）要了解清楚执行补班飞行的机型、机号、座位布局等信息。

（2）未办理乘机手续的，起飞当日按正常办理乘机手续办理。

（3）已办理乘机手续的，起飞当日应重新登记，收回原航班登机牌，换发新登机牌。

① 如原登记旅客未到，值机柜台应向生产调度报告。

② 登机前派人到登机口为可能未换新登机牌的旅客补办乘机手续。

③ 如果未到的旅客有行李托运，应将行李牌号码告知装卸部门将行李拉下，待旅客到机场后，为其安排后续航班。

④ 个别旅客因故退票或签转其他航班，由此形成的载量变化，工作人员需做到心中有数，载量尚余时，可以办理非补班航班旅客的购票、乘机手续。

五、航班返航

（一）航班返航的概念

航班返航是指航班从始发地机场飞往目的地机场的途中，由于受到天气变化、突发事件、空中交通管制等原因，不能继续执行航班飞行任务，返回始发地机场降落的情况。

（二）航班返航的服务与沟通

（1）航班起飞后返航，应立即向有关部门询问航班返航原因及将延误的时间。

（2）如果起飞时间不能确定或等待时间较长，应安排旅客下机等候，并做好航班长时间延误、取消的准备工作。

（3）了解相同航段后续航班座位的可利用情况，提前做好旅客签转的准备工作。

（4）协助旅客办理退票、改签工作，并确保已收回已退票或改签旅客的登机牌和行李提取牌。

（5）航班重新登机时，需要重新核对旅客人数及行李件数。

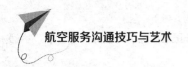

案例 4-8

航班起飞后电脑发生故障　天空盘旋后返航

六、航班备降

（一）航班备降的概念

航班备降是指由于天气或机械故障等原因，航班临时降停在非预定的经停地点。

（二）航班备降的服务规定

《航班正常管理规定》对航班备降时的服务做了如下规定。

（1）承运人、机场管理机构、地面服务代理人应当分别制定备降航班地面服务保障工作程序和应急预案。

承运人与备降机场管理机构、地面服务代理人有备降保障协议的，备降机场管理机构和地面服务代理人应当按保障协议做好备降航班服务工作。

承运人签订协议的备降机场无法接收备降，航班需在其他机场备降时，相关机场管理机构应当按照有关规定积极创造条件，在保证安全的前提下，提供备降保障，不得借故不予保障。

（2）国内航班发生备降，无论何种原因，承运人均应当向备降旅客提供餐食或者住宿服务。

讨论拓展

**讨论题目——快到目的地机场时被告知因天气原因无法降落，需备降
其他机场或返航，但是为什么有些飞机却能正常落地**

提示要点：

1. 天气情况不断变化。

2. 飞机油量是否足以继续盘旋等待。

3. 当天气处于标准边缘时，不同的机长对天气等因素的判断有差异。

（三）航班备降的服务与沟通

航班备降时，要做好以下服务与沟通工作。

（1）飞机落地前，向生产调度部门了解航班的旅客人数以及有无重要旅客或特殊旅客等情况。

（2）安排有经验的工作人员处理备降航班，并按航班过站提供服务。

（3）与机场调度部门联系，确定机上旅客是否留在飞机上等候。若在机上等候，则乘务人员应通过机上广播通知旅客航班备降原因、预计停留时间。

若旅客下机等候，则按以下方法处理。

① 由地面服务人员接待旅客，并发过站登机牌，引导和安排旅客休息。

② 如有重要旅客、头等舱旅客或特殊服务旅客，应派专人做好其服务工作，提供相应的休息室。

③ 如有旅客行动不便不愿下机，则应考虑留在机上休息等候。

④ 确定备降航班在当地停留时间，联系配餐部门提供餐饮。

⑤ 如遇备降航班取消后续航班飞行，按航班中断飞行办理。

⑥ 如遇旅客要求改变航程或终止旅行，退还未使用航段的全部票款，但所退票款不得超过原付票款金额，不收取退票费，并协助变更航程的旅客另行购票。

⑦ 对继续旅行的旅客，如需要为旅客安排膳宿服务，按承运人原因航班延误的有关规定办理。

⑧ 航班在原入境点之前备降，如需在备降地点办理全部入境手续，应按国际到达航班办理运输手续。如继续飞行，做国内航班处理。

⑨ 航班起飞前，载量如有变动，重新填制载重表并将情况报生产调度部门。

（4）及时了解航班信息，以便向旅客提供准确的航班动态。

（5）及时了解并尽量满足旅客的要求。

案例 4-9

西藏航空一客机偏出跑道起火　5 个航班安全备降

2022 年 5 月 12 日 8 时许，西藏航空执行的重庆飞往林芝的航班 TV9833 在重庆江北机场起飞过程中，机组发现飞机异常而中断起飞，飞机偏出跑道。据民航西南地区管理局通报，旅客和机组全部安全撤离，在撤离过程中有 36 人擦伤、扭伤，已及时送当地医院检查。

事件发生后，民航西南地区管理局、重庆监管局已启动应急预案，并于第一时间赶赴现场开展调查处置。据西藏航空通报，受伤旅客均为轻伤，已送往医院治疗，飞机起火受损。西藏航空第一时间启动一级应急预案，全力做好应对和善后工作。

该事件发生后，分别由深圳、无锡、长沙、武汉、西双版纳飞往重庆的 5 个航班安全备降至成都双流、成都天府两场。

资料来源：薛冰冰. 航班起飞阶段偏出跑道并不常见，可能有这些原因[EB/OL]. （2022-05-12）[2023-12-10]. https://www.jiemian.com/article/7455432.html..

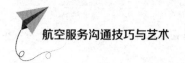
七、不正常航班服务沟通案例分析

案例与点评4-1

航班信息不明确　旅客抱怨受冷遇

【事情经过】2011年5月10日，上海飞往贵阳的某航班由于贵阳天气原因，于19:50备降到G机场。飞机落地后，机组通知机场先安排旅客在机上等待。21:33仍未得到贵阳天气好转的消息，机场方接到机组通知，安排旅客下机到候机楼休息等候。机场对旅客解释了航班备降和延误情况，并配发了餐食和饮料，积极安抚旅客情绪，此时旅客情绪也一直比较平稳。次日凌晨0:10，机场地勤公司接到机组通知："贵阳天气好转，旅客可以登机"，便赶紧组织旅客登机。旅客登机后，因贵阳天气迅速变差，无法达到飞机降落的天气标准，就再次安排旅客在机上等待。至2:18，机场接到机组通知："航班取消，组织旅客下机，安排宾馆休息，补班时间为15:00。"旅客下机后，部分旅客情绪十分激动，强行冲入机坪并要求上机与机组进行交涉，但被公安民警、机坪监护和服务人员在飞机客梯车下拦住。机组为了避免不安全事件发生，将机舱门关闭。随后，旅客采取坐在机下进行声讨的方式对航空公司表达不满。

【事情处置】机场在接到航班取消的信息后，立即安排旅客分批乘车前往宾馆休息，并与航空公司驻场工作人员一道向旅客做解释、协调工作。发生旅客冲入停机坪事件后，安检站、公安分局立即加派人手维持现场秩序，以防发生不安全事件。

滞留在机坪上的旅客向航空公司提出了三点要求：一是进行道歉；二是进行赔偿；三是安排早晨的补班。因航空公司无法满足旅客这三点要求，静坐场面僵持至5:52。为保障当日机场的正常运营，机场公安干警在对静坐旅客宣读《告知词》后，采取了强制措施，将滞留在机坪的旅客请上摆渡车撤出机坪，并让他们分批乘车前往宾馆休息。

【处置效果】此次事件的发生主要是因为天气变化的不确定性，航空公司和机组未能根据天气演变趋势及时果断取消航班，导致旅客两次机上长时间等待后两次下飞机。旅客两次在飞机上等候的时间都较长，已经产生了不满情绪。航班决定取消后，旅客向航空公司提出的三点要求无法得到满足。再加上当时处于旅游旺季，团队旅客数量大幅度增加，各酒店一直处于接待饱和状态，机场联系可接纳旅客住宿的酒店花了不少时间，也导致旅客滞留机场时间过长。虽然机场方已经为旅客提供了相应的服务，但是旅客因航空公司无法满足所提出的要求，仍然以过激的行为表示了不满。

一位旅客回到贵阳后，向《贵阳都市报》反映，声称"他和贵州100多名乘客在G机场受冷遇，机场对待乘客态度漠然"。此报道被多家网站转发，对G机场造成了负面影响。

资料来源：李宏斌. 服务创造价值：民航机场服务理念探索与案例剖析[M]. 北京：中国民航出版社，2012.

【案例点评】不正常航班的服务保障工作近年来成为机场服务工作的重点和难点，特别是非承运人原因导致的航班延误，因为服务双方都处于被动状态。作为机场服务方，服务的主导权掌握在地面服务方；关键在于航班信息的发布和及时的信息更新；重点在于可能存在的食宿安排；细节在于旅客个性化需求的满足；核心是能否体现服务的主动性；困难在于及时与旅客进行沟通与协调。

本案例中，发生航班延误、取消后，机场方和承运人都进行了信息告知、安排了酒店、提供了食物，航空公司安排了补班，符合《中华人民共和国合同法》[①]第一百一十七条规定："因不可抗力不能履行合同的，根据不可抗力的影响，部分或者全部免除责任，但法律另有规定的除外。当事人延迟履行后发生不可抗力的，不能免除责任。"

根据民航资源网所做的一项调查，可以清楚得知旅客在延误后的真实需求。数据调查显示：航班延误后旅客并非想要赔偿，在面向旅客的"航班延误后您最期望得到哪些服务"的调查中，可以清楚地知道，航班延误后，位居第一的旅客期望是能及时掌握航班确切的预计起飞时间，占 50.7%；其次是延误情况及时地通报，占 42.5%；而提供餐饮、茶点、休息等服务占 36.3%。在对民航业内关于"延误后哪种服务最难提供"的调查中，航班确切地预计起飞时间占 56.3%；告知旅客延误的真实原因占 28.6%；现金赔偿、帮旅客换航班或其他交通工具均占 22.9%。更令人意外的是，旅客对赔偿措施（占 12%）、现金赔偿（占 23%）的需要并非那么强烈，只有不到 25% 的人会提出赔偿要求。根据此调查情况，机场可以从以下几方面进行改进和完善。

（1）提高获取不正常航班的信息源的准确性。运行指挥中心可在天气情况不确定是否能够好转的情况下，提示机组果断取消航班，尽量避免在"犹豫不决"中被"拖延"，出现"反反复复"的情况。运行指挥中心获取信息并定性后应及时向机场各保障单位发布，各保障部门也应该将相关信息上报至运行指挥中心。机场各部门之间要加强沟通与协调，尽量避免因信息的不确定性和信息不畅所导致的服务难度加大。

（2）耐心、细致、周到地向旅客做好解释和服务工作。地勤服务人员都应熟悉非正常状态的服务流程和标准，最大限度地取得旅客的理解和配合。对特殊旅客的需求给予重点关注，尽量为旅客提供充足、舒适的休息空间。

（3）做好候机楼内的服务保障，如灯光、空调、视频系统等（如有条件可增设航班延误娱乐室），采取各种手段转移旅客因延误而产生的烦躁情绪。对于一些情绪开始激动的旅客进行适当分离，最大限度地避免延误旅客的聚集。加强航站楼内的治安检查和管理，以防止由于个别旅客或者部分旅客的过激行为而引发"群体性"事件。

（4）相关保障单位应提前对不正常航班的情况做出预判，未雨绸缪，将服务工作提前、沟通提前、协调提前，如机场宾馆提前准备好住房，运输公司提前统筹运输车辆并掌握可提供住宿的酒店的数量和可接纳的人数，保证旅客能在较短时间内得到及时的疏散，得到妥善的安排。

（5）不断完善不正常航班的服务保障预案。根据延误范围的大小与自身服务资源的供给情况，划分不同的服务等级，制定相应的预案。通过划分不同响应级别，保证相关保障单位能够及时做出服务决策，确保在保障现场能够及时做出服务响应。

此外，需要特别提醒旅客一定要遇事冷静、依法维权。如果旅客强占飞机和飞机活动区域，强行登机，冲击安全检查通道、候机隔离区或者飞机活动区，强行堵塞安全检查通

[①]《中华人民共和国合同法》已于 2021 年 1 月 1 日废止。同时施行《中华人民共和国民法典》。

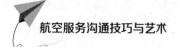

道或者阻止其他旅客安全检查，强行堵塞旅客登机桥、登机通道或者登机口，拒绝登机或者阻止他人登机，故意阻挠其他旅客办理登机手续，强占机场道路，阻止人员、车辆通行，扰乱机场正常经营以及威胁、侮辱、殴打机场和航空公司工作人员或者其他人员，损毁机场公共设施或者其他物品等，都属于扰乱机场治安秩序、航空运输生产秩序和侵害他人合法权益等的违法行为，除会被公安机关依法制止外，还可能被追究相关法律责任。

案例与点评 4-2

航班夜间两次延误，旅客受折腾有怨气

【事情经过】2010 年 2 月 23 日晚，旅客韦女士和很多旅客赶到 N 机场，准备乘坐预定 20:45 起飞的航班。通过安检后在候机厅候机时，机场方面通知旅客：该航班由于前方始发站天气原因（大雾），不能按时到达 N 机场，延误到 24 日 0:30。2 月 23 日 22:30，该航班的 100 多名旅客被安排乘坐大巴来到 N 市区的一家酒店休息。当时所有旅客对于天气造成的飞机延误都表示理解，加之机场方面又积极安排去酒店休息，所以旅客都很配合机场的安排，其中少部分另有打算的旅客则选择退票或改签其他航班。

24 日凌晨 0:50 左右，N 机场接到通知：该航班飞机已在前方站起飞，预计于 2:00 到达本机场。于是，N 机场赶紧联系酒店：请通知旅客飞机快到了，让大家抓紧时间起床，乘坐大巴车去机场乘机。1:30，正睡得迷迷糊糊的旅客被叫醒，再次赶到机场，经过安检并在候机室等候了很长时间后，有机场工作人员过来对旅客说：由于 N 市现在也有大雾了，无法达到飞机降落标准，为确保安全第一，飞机只能去邻近的 G 机场备降。根据天气变化的不利情况，航空公司取消了该航班飞行，改为第二天补班飞行。飞行计划修正为 8:40 从 G 机场起飞，预计 9:20 到达 N 机场，10:30 从 N 机场起飞飞往目的地。于是机场方面再次安排该航班旅客乘坐大巴车去市区的酒店住宿。

24 日上午 8 时许，100 多位旅客被叫醒吃早餐，并被告知抓紧时间吃早餐，然后乘坐大巴来到 N 机场候机。9:30 左右，本场天气开始好转，N 机场方面考虑到该飞机按计划将于 10:30 到达本场，随即再次将旅客于 10:00 左右接到候机楼，做好乘机准备。

由于每天 10:00 后是 N 机场国内航班出港高峰时段，加之当日早晨天气原因导致大面积航班延误，国内候机厅基本无位置提供给旅客休息，故 N 机场方马上灵活处理，将该航班旅客安排到国际候机厅休息，等候飞机。10:30 左右，由于有国际航班离港，无法再让该延误航班的旅客继续在国际候机厅休息，遂又将旅客引领到国内候机厅等候航班。与此同时，机场方面又接到通知：由于天气原因，该航班未能从备降的 G 机场按预定的补班计划的时间起飞。

原本就有部分旅客到达 N 机场后，因没有见到该航班飞机，便开始抱怨机场方面工作态度马虎，没有对旅客实话实说，通知假信息折腾大家。加上当时 N 机场的天气已明显好转，得到飞机仍未起飞的信息后，旅客无法接受 N 机场方所做出的解释。11:00 左右，还迟迟接不到登机通知的 100 多位旅客情绪开始激动起来，出现了辱骂机场工作人员、强占服务台、敲打办公电脑等混乱的情况。旅客们认为是 N 机场方面一直没说真话，便找 N 机场地勤公司客运部讨说法。机场一方面通知机场公安到现场维持秩序，与咖啡厅协调将部分

旅客安排至咖啡厅就座，并为旅客安排餐食；另一方面多次与航空公司联系，要求其尽快了解清楚飞机延误原因，地勤公司值班领导也亲自到现场向旅客做解释工作。但旅客情绪依然异常激动，认为地勤公司领导的解释不合理，他们要求机场的领导出来做解释。11:50，机场方面接到通知"该航班已从备降 G 机场起飞"，现场解释工作方告一段落。飞机于 12:30 到达 N 机场，旅客们的情绪才缓和了些。13:30，飞机终于起飞。该航班前后共延误了 16 个小时。

事后，韦女士等旅客抱怨机场"忽悠人"，服务不到位，要讨说法，并将此航班延误事件投诉到新闻媒体，25 日此事见诸报端，并被部分网站转载。

【事情处置】首先，做好当天航班保障工作，尽快让旅客成行。对由于航班长时间延误，被耽误行程的旅客产生的激愤，机场方面在安抚的同时也表示理解。其次，积极与相关媒体联系，协调对类似事件的报道事宜。N 机场分管服务质量工作的领导与多家主流媒体相关负责人进行了联系，向其解释事件发生的原因，介绍航班保障流程，阐述机场对事件高度重视的态度及处理经过，在表示欢迎媒体继续关心和监督机场服务质量的同时，希望媒体亦能从历史原因、行业现状、机场硬件实际情况及形象等多角度考虑，再遇到类似事件发生时，能与机场加强沟通，谨慎、客观报道。最后，积极寻找联系方式，多次致电韦女士，希望能向其表达机场方诚挚的歉意，听取其对机场服务的意见和建议，但她一直没有接听电话。

【处置效果】在本场航班大面积延误的情况下，较好地完成了航班保障工作，但服务效果欠佳。

资料来源：李宏斌. 服务创造价值：民航机场服务理念探索与案例剖析[M]. 北京：中国民航出版社，2012.

【案例点评】纵观整个事件，该航班是受连环延误因素影响，航班延误时间过长，加上又在春节期间，旅客在经受了半夜折腾后心里产生了很大的怨气。本案例中，N 机场在航班大面积和长时间延误的情况下，按照常规为旅客做了大量的服务工作，服务工作基本上是到位的，如将航班延误的信息及时通知旅客，并及时安排旅客到宾馆休息；在机场硬件难以满足服务要求的情况下，积极想办法，启用国际厅和咖啡厅，安排旅客休息、候机；在航班长时间延误的情况下，能始终保持服务工作的连续性，直到航班补班完毕。但是，旅客在无意中确实被折腾了，N 机场在处理突发事件的应变能力和工作经验、对可能的情况的预估能力等方面仍有待提高。

本案例中机场可吸取的经验教训包括以下几个方面。

一是起飞站因天气原因可以导致航班延误，目的地机场的天气也可以导致航班延误。本案例中先是起飞站天气不好，接着是目的地机场天气不符合标准，后来备降场的天气也不合格。因此，当出现天气原因导致航班延误时，应对起飞站、降落站的天气进行全面了解和掌握，以便更好地向旅客做好解释工作，同时做好由于天气原因导致航班延误情况下的服务工作，争取工作的主动权也是十分有益的。

本案例中，航班延误第一次起飞后，机场方面如果能够密切了解和掌握本站天气变化，当得知本场天气转坏时，可以等飞机降落后再从机场宾馆送旅客到候机楼，然后办手续登机。这样可以避免由于本场天气原因，飞机备降其他机场，还要来回接送旅客往返机场宾

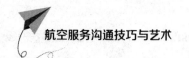

馆的麻烦；同时也可以让旅客继续休息，减少旅客的不安情绪；此外，还可以减少航班大面积延误给候机楼带来拥堵的压力。

二是向旅客提供航班延误原因的信息一定要准确、要及时。本案例中，24日10:00后，本场天气明显好转，但仍向旅客告知天气不好导致航班进一步延误，旅客自然无法认可。

三是机场人员平时要关注航班计划、航班动态信息，以此来开展各项工作。但天气原因造成航班延误，特别是航班出现大面积延误的情况下，要转而密切关注天气变化并随时掌握变化的信息，这对掌握服务工作的主动权也是相当有益的。

四是要注意挖掘和利用城市候机楼的价值。它在分流延误航班的客人、提高出行舒适度、减少路途周折和候机楼现场保障难度等方面有着特殊的功能与作用。

五是要关注长时间延误航班旅客的心理和情绪的变化，提前安抚和化解。

此外，不正常航班保障过程中和完成后，都要注意做好服务过程和处置结果的记录，以便备忘和备查。

 案例与点评 4-3

航班延误焦心，主动服务暖心

【事情经过】来自台湾的陈先生一行5人来到机场贵宾服务室。他们购买了当日FM××航班的体验头等舱舱位机票，该航班计划11:30飞往广州。当时，由于执行该航班的飞机尚在上一站没有起飞，因天气原因而处于延误中，并且难以确定延误后的预计起飞时间。贵宾服务员在通知陈先生航班延误的信息后，发现陈先生在贵宾服务总台前踯躅徘徊，并不停地拨打电话，似有为难之事。贵宾服务员见状，立即主动询问是否需要帮助。陈先生告诉服务员，他们一行5人下午两点都要在广州衔接后续国际航班，如无法按时抵达广州，将会导致全体都赶不上出境飞机。

假如你是这位贵宾服务员，你将如何处理这件事情？

【事情处置】得知情况后，贵宾服务员首先热心地帮助陈先生查询最近可签转的航班信息，并查看了当日的离港系统：最靠近的航班是原计划10:50起飞的CZ××航班，但此航班因为流量控制也在延误中。然后，服务员根据以往的工作经验，温馨提示了陈先生航班签转的多种可能性，并提出建议：优先关注两个从广州起飞的航班动态，从中选择乘坐最先起飞的航班；最先起飞的航班有了确定的到达本场时间后，服务员立刻将航班信息告诉陈先生。陈先生采纳了服务员的建议。获悉CZ××航班最先从广州起飞的信息后，陈先生确定更改此航班。

根据陈先生的决定，贵宾服务员马上联系相关航空公司和有关部门，争取在最短时间内将客人的相关手续办理好。但是当服务员打电话到航空公司柜台确认是否同意陈先生签转航班时，该航空公司的工作人员拒绝了陈先生的请求，理由是：体验头等舱的机票是不可以办理签转手续的。此时距离CZ××航班落地时间只有五分钟了，为此陈先生非常着急，因为只有乘坐CZ××航班才能赶上后续航班。贵宾服务员这时先安慰陈先生不要着急，接着又提出新建议：退掉FM××航班的客票，购买CZ××航班的机票。

在陈先生采纳了此建议的前提下，贵宾服务员立即通知有关部门先将陈先生一行的行李从FM××航班待运的行李堆中找出来，以便节约后续转入CZ××航班的时间。在服务员的大力帮助下，终于在CZ××航班到达之前将旅客的乘机手续全部办妥。同时在剩余的候机时间内，陈先生也将退票手续一一办理完毕。CZ××航班上客时，服务员全程陪伴并引导陈先生一行顺利登机。

【处置效果】由于该名贵宾服务员工作经验丰富，从旅客的言谈举止中能感受到旅客需要帮助，利用自己娴熟的业务知识和临场处理问题的能力，在旅客未开口求助时便主动热情地帮助旅客解决乘机过程中遇到的实际困难，最终为该旅客争取到了宝贵时间，使该旅客顺利搭乘上了最利于签转的航班，未使旅客耽误下一个行程。登机途中陈先生非常感动，连声道谢，并留下了一封热情洋溢的表扬信。

资料来源：李宏斌. 服务创造价值：民航机场服务理念探索与案例剖析[M]. 北京：中国民航出版社，2012.

【案例点评】根据2021年9月1日起施行的《公共航空运输旅客服务管理规定》第二十三条规定："旅客自愿变更客票或者自愿退票的，承运人或者其航空销售代理人应当按照所适用的运输总条件、客票使用条件办理。"此案例中，在关键时刻，该服务员能在遵守相关规定且不违反原则的情况下，为陈先生提供热情周到的服务，表现出了善于动脑、思维敏捷、果断处理问题的职业能力。在旅客遇到特殊情况时，该服务员能主动全程陪同、协助旅客办理各种相关手续，辅之以"急旅客所急，想旅客所想"的亲身感受，使旅客感受到了快速变更航班、快速通关的便捷服务和贵宾礼遇。

一个优秀的员工除了业务能力强，还应具备良好的职业素养和职业道德。机场各单位都要注意加强员工，特别是新员工"服务意识+服务技能+服务艺术"的综合培训，以及处理突发事件的能力培训，增强员工按章办事、严格遵守操作程序的遵章意识。同时，服务人员还应具备为旅客提供优质、快捷服务的大局意识，要有一颗随时随地主动、真诚为旅客服务的心。

贵宾接待工作决定了机场在旅客心目中的"第一印象"和"最后印象"，这些印象（工作人员的工作态度、责任感、言谈举止、礼貌礼节等）决定着旅客对机场高端服务的总体评价，这些评价又影响着高端旅客对服务单位的选择。正确回答旅客的询问，帮助旅客解决实际困难，都会给旅客留下良好的印象和服务体验。在工作中细心观察，主动、及时地给予旅客最为贴心的服务，是贵宾服务工作的重点。

案例与点评4-4

活物装错舱，调舱误航班

【事情经过】某日，机场货运收运了60件共1200千克的活体动物。当日承运该票货物的航班执飞机型为A320，该机型因通风设备原因，只有后舱才可以装载活体动物。值班货运配载人员在配货时，没有考虑到A320机型的特殊性，错误地将活体动物装至了前舱。货物装舱完毕后，工作人员与机长交接时才发现此问题。机场货运立即组织力量，进行了前后舱货物的装卸调换，导致该航班延误了两分钟起飞。

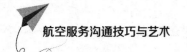

【事情处置】由于货运装配原因造成了航班延误，机场公司对货运部进行了处罚，货运部也按相关规定对当班配货人员进行了相应的处罚。

【处置效果】活体动物运输的包装、收运和装载都有严格要求。货运部通过结合本案例及其他相关案例的讲解、培训，使每个员工充分了解活体动物的收运及装载流程，强化员工规范操作意识，杜绝此类事件再次发生。

资料来源：李宏斌. 服务创造价值：民航机场服务理念探索与案例剖析[M]. 北京：中国民航出版社，2012.

【案例点评】本案例是由于工作人员对业务不熟悉或工作不认真造成的。在《货运地面服务代理手册》附表及各航空公司货运业务手册的特种货物运输章节的附表中，都详细提供了适合装载动物的常见机型货舱情况。以上资料均明确指出：A320机型前货舱无通风系统；后货舱和散货舱有通风系统，适合装载活体动物。

该货运配载人员配货时未考虑到相关机型的货舱通风系统情况，以及活体动物运输过程中的需氧问题，这暴露出工作人员的业务知识不扎实、工作责任心不强等问题。

通过此案例，可得出以下几点建议。

（1）详细了解关于活体动物的航空运输相关规定，掌握各个机型的动物装载限量标准及各个机型适合装载活体动物货舱的情况。

（2）严格落实货物配载双复核制度。

（3）收运活体动物时，在订舱环节要查阅航空公司手册，确认每种活体的最大收运量；重点检查活体动物的包装是否符合要求。

（4）在配载环节注意各种不同机型的货舱有无供氧设备和空气循环系统，同时考虑动物在运输过程中的耗氧量。

 思考与练习

一、填空题

1. 因故未在经停站降停或降停非目的地而不继续飞行的航班称为_____。

2. 如遇备降航班取消后续航班飞行，按_____办理。

3. 发生机上延误后，承运人应当每隔_____分钟向旅客通告延误原因、预计延误时间等航班动态信息。

二、判断题

1. 按照责任性质来划分，导致航班运输不正常的原因可分为承运人原因和非承运人原因两类。其中，承运人原因是指造成航班运输不正常的可归责于承运人的航班计划、空中交通管制、航班调配、安检、运输服务、机务维护和机组等原因。（　　）

2. 因举办大型活动或发生突发事件，使得机场保障能力下降或安检时间延长，造成了航班延误，这属于承运人原因。（　　）

3. 国内航班在经停地延误或者取消，无论何种原因，承运人均应当向经停旅客提供餐食或者住宿服务。（　　）

三、思考题

1．简要分析如何做好航班备降的服务与沟通工作。

2．简要分析航班延误时的旅客心理与服务要求。

3．简述地面工作人员要如何做好航班延误时的服务沟通工作。

四、技能题

（一）典型案例 1

因张家界天气原因，航线为上海浦东—张家界的 FM9341 航班备降长沙，机上有 119 人，机场运调通知该航班的起飞时间为 12:00。

思考：

假如你是该备降航班的服务人员，你会如何做好该航班旅客的服务沟通工作？

（二）典型案例 2

某航空公司由长沙飞往沈阳的某航班原定于 20:45 起飞，但电子屏幕上打出飞机延误至 1 小时后起飞的信息。乘坐该航班的旅客只能耐心等待。1 小时后，即 21:45，旅客终于可以登机，可登机后半个小时飞机还未起飞，这时飞机广播通知说，由于对方机场起大雾，本次航班取消，请所有旅客下飞机，等候安排住宿。机上 100 多名旅客只能下机，并被送往机场附近的一家酒店休息。在此期间，没有一名该航空公司的工作人员出现在现场，也没有任何人向旅客说明航班推迟到何时等信息。第二天早上 6:00 左右，酒店服务员敲门并通知所有乘坐该航班的旅客于 6:30 出发去机场等候 8:30 的飞机。等到了机场，旅客被告知原定于 8:30 的登机时间再次延误。于是有旅客生气地拨打了航空公司的投诉电话，可是连续打了 14 分钟，投诉电话不是占线就是电脑语音服务，此情此景下很多旅客非常愤怒。最后，将近 9:50，旅客才被安排登机。一直到旅客离开，该航空公司都没有给出解释和答复，所有旅客均感到十分愤慨。飞机抵达沈阳后，有一名旅客拒绝下飞机，要求航空公司出面解释和赔偿。

资料来源：李宏斌. 服务创造价值：民航机场服务理念探索与案例剖析[M]. 北京：中国民航出版社，2012.

思考：

1．认真阅读以上案例，分析在发生了航班延误后，该航空公司的应急处理措施是否恰当。

2．如果你是现场负责处理该事情的工作人员，你会如何处理？

 **本章小结**

非正常旅客服务和航班服务历来被认为是民航地面服务工作的难点，提高管理水平、提升保障能力、理顺工作程序、增进服务和提高沟通技巧是解决问题的关键。基于此，本章从旅客运输和航班运输两个不同的视角来讨论民航运输非正常情况下的服务与沟通技巧。其中，旅客运输针对较为常见的误机、漏乘、错乘、登机牌遗失、航班超售五种情况

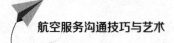

展开详细论述，具体包括导致以上五种情况的原因及对应的服务和沟通技巧。航班运输针对较为常见的航班延误和有可能发生的航班取消、中断、补班、返航、备降六种情况进行讨论，具体包括概念分析、原因分析、对应的服务规定和沟通技巧。通过本章的学习，学生不仅能够掌握非正常情况下旅客运输和航班运输的基础知识，还能充分理解乘机旅客的感受，照顾其情绪，回应其需求，以优质的服务沟通化解旅客的不良情绪，解决冲突和矛盾。

 荐读

1．军事快播．飞机备降　河南武警紧急处置[EB/OL]．（2018-04-16）[2023-04-23]．https://www.iqiyi.com/v_19rrc2c8dg.html．

2．央视网．备降救人！飞机空中放油 39 吨　飞机为何要空中放油？[EB/OL]．（2019-03-28）[2023-04-23]．http://tv.cctv.com/2019/03/28/VIDEuBsKpxwpbAAkKZjRs4R5190328.shtml．

参 考 文 献

[1] 陈淑君. 这才叫服务[M]. 北京：人民日报出版社，2011.

[2] 科里·帕特森. 关键对话：如何高效能沟通[M]. 北京：机械工业出版社，2017.

[3] 李永，张澜. 民航服务心理学[M]. 北京：中国民航出版社，2006.

[4] 陈淑君. 民航服务、沟通与危机管理[M]. 北京：中国民航出版社，2006.

[5] 刘文清. 老年服务沟通技巧[M]. 北京：机械工业出版社，2017.

[6] 何蕾. 民航机场地面服务[M]. 2版. 北京：化学工业出版社，2014.

[7] 李泓. 服务沟通实务教程[M]. 青岛：中国石油大学出版社，2015.

[8] 向莉，岳继勇. 民航服务心理[M]. 北京：科学出版社，2013.

[9] 中国民用航空局职业技能鉴定指导中心. 民航客运员[M]. 北京：中国民航出版社，2015.

[10] 韩瑛. 民航客舱服务与管理[M]. 北京：化学工业出版社，2012.

[11] 金恒. 民航服务与沟通[M]. 北京：化学工业出版社，2013.

[12] 宋文静，余辉. 民航服务与人际沟通[M]. 北京：科学出版社，2013.

[13] 田静. 机场旅客运输服务[M]. 北京：中国民航出版社，2009.

[14] 马广岭，王春. 民航旅客运输[M]. 北京：国防工业出版社，2011.

[15] 李宏斌. 服务创造价值：民航机场服务理念探索与案例剖析[M]. 北京：中国民航出版社，2012.

[16] 贾晓慧. 值机与行李运输[M]. 北京：中国民航出版社，2014.

[17] 邹建军，高翔. 民航服务与人际沟通[M]. 上海：上海交通大学出版社，2015.

[18] 马歇尔·卢森堡. 非暴力沟通[M]. 北京：华夏出版社，2021.

[19] 吴舟. 浅析机场旅客漏乘的原因及相关服务[J]. 空运商务，2007（2）：18-20.

[20] 赵影. 关于航班座位超售的后续服务探析[J]. 民营科技，2013（1）：181.

[21] 卢竹. 民航旅客运输[M]. 上海：上海交通大学出版社，2016.